川上郁雄・三宅和子・岩﨑典子 編

移動とことば 2

Kurosio

くろしお出版

『移動とことば2』

目　次

第1部　「移動とことば」の語りとアイデンティティ

序章

なぜ「移動とことば」の語りなのか

川上郁雄

1.　はじめに

　私たちの生活と人生は、移動（mobility）と密接に関係している。移動をめぐっては社会科学全体を捉え直そうという「移動論的転回」（mobility turn: Urry, 2007）の主張があるように、移動は、今や、私たちの研究に欠かせない視点となっている。人間の生活が「静止」「定住」「単一」というよりは、「動態」「移動」「複合」の生活世界であるという捉え方である。また、言語やアイデンティティの研究にも新しい視点と捉え方が提起されている。例えば言語をもはや静的かつ固定的なものではなく、動態性や複合性のあるものとして捉えるというパラダイム・シフトが主張され、私たちの使用することばやコミュニケーションのあり様に捉え直しが求められている（García & Li Wei, 2014；Pennycook & Otsuji, 2015）。つまり、「流動的なプロセスこそ、ことばの本質」であり、「ことばにおける移動」は常に起こっているという主張である。また、人のアイデンティティも、同様に、変容し続け、複合するものという視点が提起され、他者との多様な関係性から交渉され、人生を通じて形作られ変容していくという捉え方が広く支持されるようになった（Hall & du Gay, 1996）。

　以上のような認識と視点に立つ編者の三人は、「移動」と「ことば」というバイフォーカル（bifocal）なアプローチから、移動性、複文化性、複言語性を持つ人のあり様を考察することが21世紀の重要な社会的課題であると

考え、そのテーマに収斂する多くの研究成果を、『移動とことば』（川上・三宅・岩﨑編，2018）に収録した。それらの研究成果は、複数言語環境で成長する子どもから、日本国外で日本語を外国語・第二言語として学ぶ大学生、移住女性、ろう者、中国帰国者など多様な人々の移動性、複文化性、複言語性を明らかにするものであり、改めて「移動とことば」の視点の有効性を示したものだった。

　同時に、『移動とことば』（川上・三宅・岩﨑編，2018）は、移動を扱ったこれまでの研究の限界も明らかにした。人の移動に注目する研究では、たとえば、日本の外から大量の外国人労働者が入国し定住すると、それらの人々がどのように日本語を学び、日本社会に「適応」していくか、彼らの伝統文化や習慣はどう変化するか、また彼らの子どもたちはどのように母語を継承し、エスニック・アイデンティティを形成するかといった研究がある。ここで着目したいのは、それらの「研究成果」の妥当性ではなく、研究者の視点と姿勢である。これらの研究には、外部から入国する人々を「定住者」（定住する研究者）の視点で見るという固定化された視点と姿勢がある。私たちは、このような「定住者」の視点からの研究を「天動説的研究」と名付けた。つまり、私たちが目指す研究は、「定住者」の視点からの研究ではなく、「移動とことば」の実態を理解し、研究者自身が協力者と共に移動を続けながら研究テーマに向き合うような「地動説的研究」ではないかと確信するようになった。その「地動説的研究」の研究方法は、必然的に、「動く」視点から見るからこそ、研究者の不安定性、動態性、矛盾を含んだ研究となろう。しかし、それこそが、現代の「人とことばと社会」のリアリティを把握する新たなアプローチを創造することになると考える。

　したがって、本書では、執筆者自身の主観的世界を考察するオートエスノグラフィ（自己エスノグラフィ）研究や、複数の執筆者による共同的オートエスノグラフィ研究、ライフストーリー研究、また言語ポートレート研究などによる多様なアプローチから、歴史学、言語学、人類学、心理学、文学等の領域における、移動に生きる人々の生を探究する野心的な研究を幅広く集めた。

2.　なぜ「移動とことば」の語りなのか

　ではここで、「移動とことば」というテーマをめぐり、本書の執筆者たち
が行った「地動説的研究」とは現代社会においてどのような意味があるかを
考えてみたい。

　本書の主題は、研究者、協力者を含め、現代社会に生きる人間の認識を探
究し、理解するということになる。人間の認識を探究し、理解する研究の方
法論は多様にあろうが、本書の多くの執筆者がとった方法は、自分自身の経
験と記憶を語る、あるいは協力者に経験と記憶を語ってもらう、あるいはそ
の双方を組み合わせた方法であった。

　では、なぜ当事者の「経験と記憶の語り」なのか。その意味を、改めて、
考えてみよう。

　20 世紀後半から 21 世紀にかけて、学術的思想、「知」のパラダイム転換
があった。その大きな流れは、モダニズムからポストモダニズムへの転換で
ある。端的に言えば、国や社会は固定的な枠組みと客観的事実によって成り
立つと見る見方（実証主義）から、社会的に生成される歴史や言説を疑い、
個別性、複合性、動態性から人や社会を捉える見方への変化である。このよ
うなポストモダニズムを支える思潮にはいくつかの関連する流れがある。そ
の一つは、ポスト実証主義（postpositivism）である。実証主義が科学的・客
観的事実から現実を捉えようとするのに対し、ポスト実証主義は普遍性より
も個別の視点から多様な現実を捉えようとする見方をとる。もう一つはポス
ト構造主義（poststructuralism）がある。構造主義は人間の世界観や文化に二
分法的な捉え方といった普遍的な構造があると見るが、ポスト構造主義は人
間の認識には時間軸や権力、言説など多様な社会的な要素が影響すると見
る。さらに、社会構築主義（社会構成主義：social constructionism）の流れが
ある（ガーゲン，2004）。現象学的社会学から続く社会構築主義は、社会的
現実は社会的相互作用によって生じる主観的認識であると見る。また言語あ
るいは言説によって意識や社会が構築されると見る「言語論的転回」も社会
構築主義の基点のひとつであり、人のことばや語りの重要性を示唆する（上
野編，2001）。

　このように、本書が言う「地動説的研究」の視点から当事者の「経験と記

憶の語り」の意味を考える作業は、国や社会の視点よりも個々の視点から人間や社会のあり様を捉えるポストモダニズムの思潮に位置づけられる研究であると言える。

ただし、「経験と記憶の語り」は真空に浮かぶ「語り」ではなく、社会的、歴史的、文化的な文脈の中にあるのである。例えば、現代社会に生きる人々の「経験と記憶の語り」に影響を与える力で外せないものは、20世紀後半の経済のグローバル化にともなう新自由主義（neoliberalism）とポストコロニアル思想（postcolonialism）の台頭である。

新自由主義は資本の自由化、労働力の移動、規制緩和、福祉政策の削減、自己責任を謳い、世界を席巻した。その結果、貧富の差や格差が拡大した。この考え方やそれにもとづく政策は移民国家では移民の選別となって現れている。社会の発展に役立つ移民を優先し、難民など社会負担の多い移民を受け入れない政策をとりながら、国内的にはマジョリティを優遇し自国経済第一主義の政策となるが、経済的格差や差別は依然解消されないまま、時には拡大する傾向さえ出現する（例えば、塩原，2010）。他国へ移動する人々は社会的マイノリティとして生活することになり、このような新自由主義的政策の影響を強く受けることになる。

また一方で、ポストコロニアル思想の影響もある。20世紀後半から西欧諸国の植民地が独立していくが、旧宗主国と旧植民地の支配・被支配の関係は政治や経済や文化（言語）の面で独立後も依然違う形で維持されているという見方である。旧社会主義国の大国から独立した新興国家でも同様の関係性が見られる。さらにもっと長い時間の中で形成された、西欧諸国がその外側の地域や人々へのまなざしを捉えるオリエンタリズム（サイード，1993）がある。

これらの政治経済的政策や思想史的捉え方は、時空間を超えて現代の私たちにも影響している。例えば、現代社会で国境を越えて移動する人々が移動先での生活で体験することにも当然、強く影響し、その結果として移動する人々の主観的認識の形成にも影響することになる。だからこそ、そのような観点からも、「移動とことば」に焦点を置いた、当事者の「経験と記憶の語り」を考える必要がある。

では、新自由主義とポストコロニアリズムの世界で生きる人々の主観的認

識の形成をどのように捉えたらよいのであろうか。そのヒントを考えるために ポストコロニアリズムの思想家であるホミ・K・バーバ（H. K. Bhabha）の 議論を追って見よう。

　インドで生まれインドの大学とイギリスの大学で学んだバーバは、ポス トコロニアリズムを論じた著書『文化の場所 —— ポストコロニアリズムの位 相』（以下、『文化の場所』）で「第三空間（the Third Space）」という概念を提 示した。「異種混淆性」（hybridity）、「中間領域性」（in-betweenness）、「両価 性」（ambivalence）、「擬態」（mimicry）等の観点を示して、ポストコロニアル な現実について次のように説明した。

　　この〈第三空間〉は、それ自身では表象不可能なものだが、発話の言 　　説的条件を構成し、文化の意味や象徴が、太古以来の統一性や不変性な 　　ど持ってはいないことの証しとなる。同じ記号でさえも、領有され、翻 　　訳、再歴史化されて、新たに読まれるのである。

（バーバ，2005: 66）

　バーバは、被植民地のアルジェリアを解放しようとした人民を「混淆した アイデンティティの持ち主」と捉えたフランツ・ファノンの比喩をもとに、 「翻訳と交渉という不連続な時間」を指摘しながら、「第三空間」について次 のように説明する。

　　発話の分断された空間を理論的に承認すれば、民族的なものを横断す 　　る文化、それも多文化主義のエキゾチズムでも複数文化の多様性でもな 　　く、文化の混淆性の記述と分節化に基づく間民族的文化を概念化する 　　道が開けてくるかもしれないということである。そのためにも我々は、 　　文化の意味をになっているのが、「間」—— 翻訳と交渉の切先、中間的 　　な空間 —— であることを、覚えておかなくてはならない。そのことが、 　　「人民」の民族的で反民族主義的な歴史たちを構想することを可能にす 　　るのだから。そしてこの〈第三空間〉を探求することによってこそ、私 　　たちは二項対立の政治学を回避し、我々自身の他者として現れ出ること

が可能となるのである。

（バーバ，2005: 68）

　このようなバーバの「第三空間」の議論は本書のテーマである「移動とことば」を考える上でも参考になるだろう。ただし、その議論の前に、このようなバーバの主張に対する批判を見ておくことも意味があろう。

　バーバのポストコロニアルな批評言説に対する多様な批判を、Kubota（2014）は次の5点にまとめている。第1は、「異種混淆性」（hybridity）の前提に文化本質主義があるのではないか、さらに、結果として出来上がる新たな「異種混淆性」を固定化するという文化本質主義化を招くのではないかという批判である。第2は、「異種混淆性」は新自由主義も含めたヒエラルキーを生み出したり正当化したりすることに与することになるのではないかという批判である。第3は、「異種混淆性」は文化的ナショナリズムや政治的結束性を無視しているという批判である。例えば、先住民が自分たちの存在や権利を主張するときは「異種混淆性」よりも自分たちの文化の独自性や結束性が役立つのではないかという指摘である。第4は、「異種混淆性」は「第一世界」で活躍する旧植民地出身のエリートのことで、旧植民地で社会的、政治的、経済的な権力から疎外された人々（サバルタン）の苦悩を表現していないという批判である。第5は、以上の点から、ポストコロニアルな批評を展開する人々の理論と実践には齟齬があるという批判である[1]。

　このようなバーバへの批判等があることを確認するが、ここでは、それらの批判の妥当性の検証は一旦保留する。むしろ、バーバが主張する「第三空間」で起こっていることを考えてみたい。なぜなら、そのことが本書のテーマを考えることにつながると考えるからである。

　バーバは、『文化の場所』の結論で、「記号と象徴の時間的二重化のうちにある文化空間を押し開こうとしてきたのである」と述べ、次のように説明している。

1　Kubota（2014）はこれらの批判を提示した上で、「第一世界」の高等教育機関に勤務する自身を例に、英語ヘゲモニーを批判し、英語以外の言語で書かれた業績も評価すべきだと主張する。

　　私はまた近代のただなかにあって、二分法的境界線（過去と現在、内
　部と外部、主体と客体、シニフィアンとシニフィエ）を掘り崩すような、
　文化的差異のエクリチュールを提供しようともしてきた。

（バーバ，2005: 418）

　バーバは、また近代の言説にあるポストコロニアルな時間のずれを指摘
し、次のように言う。

　　投影的な過去をもって初めて、近代の言説は他性の歴史的語りとして
　刻印されることになる。この語りは、いまだ適切な表現を得ていない社
　会的対立と矛盾の諸形式 —— 形成過程にあるさまざまな政治的アイデン
　ティティや、異種混淆のさなかにあって、文化的差異の翻訳と再評価が
　進行中の文化的発話などを模索する。

（バーバ，2005: 419）

　つまり、バーバの言う「第三空間」では、このような「模索」が常時起
こっているのである。本書の研究はバーバのようなポストコロニアルな批評
を目指すものではない。しかし、バーバの言う「第三空間」の核心は本書の
テーマに通底すると考える。
　そう考える理由として以下の諸点があるからである。私たちは日常世界の
現実認識を他者との関係性において日々更新しているが、その認識枠が大幅
に変更せざるを得なくなる契機は移動によってもたらされるだろう。そのよ
うな意味で、移動を経験する人々は、移動先の生活において、マジョリティ
とマイノリティ、定住者と移民、中心と周縁といった関係性に直面する経験
を積む。さらに、そこにオリエンタリズム、新自由主義やポストコロニアリ
ズムなどの影響も加わり、移動先における他者からのまなざしと、自己表象
と名乗りの相克の中で、移動を経験する人々は日常世界の認識を再構築せざ
るを得なくなる。その認識の再構築に拍車をかけるのが、言語である。情報
の送受信、社会の規範性、経済活動の理解など、すべてが複数言語を介して
行われる。政治的、経済的、社会的な権力とヘゲモニーの中で、また、中心
と周縁の関係性の中で、「境界」を超えて移動する人々は「二分法的境界線」

を日常的に越境しながら、多様な言語資源を「総動員」して自らのロケーションを模索しているのである。それは、バーバの言う「第三空間」で見られる「異種混淆のさなかにあって、文化的差異の翻訳と再評価が進行」することと重なると考えられる。

　「移動する時代」に日常的に見られる、そのような現代的な営みは、サバルタン（スピヴァク，1998）だけではなく、「第一世界」で活躍する旧植民地出身のエリートも同様に経験している。例えば、インド出身でアメリカ合州国の大学で教鞭をとる文化人類学者のアルジュン・アパデュライ（A. Appadurai）は近くのバス停である黒人女性と英語で話していても「東インド人」と見られたエピソードを語りながら、「自分の顔色や少数派の身体的特徴が果たす役割や、街角にある人種的偏見との遭遇から、複数文化主義と愛国主義の間の関係や、ディアスポラ的なアイデンティティとパスポートやグリーンカードによって与えられる（不）安定性の結びつきなどを再考せざるをえない」と語る（川上，2021: 20）。

　バーバは「第三空間」について「主体の位置に関する認識である」と述べ、「「中間地点の」空間こそは、こうした自己の主体性についての戦略を磨く領域となる」（バーバ，2005:2）とも述べている。この「自己の主体性についての戦略を磨く領域」には、「異種混淆性」（hybridity）、「中間領域性」（in-betweenness）、「両価性」（ambivalence）、「擬態」（mimicry）等の「戦略」が浮上することになる。繰り返すが、本書はバーバを追ってポストコロニアル批評を展開するものでも、バーバに対する批判に追随するものでもない。例えば、先述のバーバに対する批判に、バーバの言う「異種混淆性」の前提に文化本質主義があるとか、結果として出来上がる新たな「異種混淆性」を固定化するという文化本質主義化を招くといった批判がある。しかし、人は眼前の事象を認識する際に過去の経験をもとに認識するものである。特にその事象が経験を超えた事象に見えた時、「二分法的境界線」を設定しがちである。つまり、「異種混淆性」を持つ人でも、文化本質主義的見方から事象を理解し、また新たな「異種混淆性」を作り出すとみるべきである。また、「異種混淆性」は新たなヒエラルキーを生み出したり正当化したりすることに与することになるのではないかという批判もあるが、「異種混淆性」は常に生まれてきていると見るべきだろう。「異種混淆性」が問題なのではなく、「異種

混淆性」を人々が社会的文脈でどう認識するか、あるいは「異種混淆性」と「ルーツ」(rootedness) の葛藤こそ見るべきで、「異種混淆性」自体を否定する理由とはならないと考えられる。

したがって、むしろ、バーバの「第三空間」を敷衍して考えられる研究主題は、時空間の移動と多様な言語間の移動によって見られる「空間」で人の認識に何が起こっているのかを探究し、知ることであると提起したい。その「空間」は「主体の位置に関する認識」であり「自己の主体性についての戦略を磨く領域」であるゆえに、本書では「移動とことば」という二つの焦点で捉えるバイフォーカル (bifocal) な視点から当事者の「経験と記憶の語り」の意味を考えるために、ライフストーリー、オートエスノグラフィ、インタビュー、言語ポートレート等の研究方法を駆使した研究を収録することになったのである。

3.　本書のラインアップ

では、本書にどのような論考が収録されているかを述べる。本書の第 1 部では、「「移動とことば」の語りとアイデンティティ」と題して、4 本の論考を配し、第 2 部では、「「移動とことば」の語り方と書き方」と題して、5 本の論考を掲載した。以下、各章を簡潔に紹介しよう。

第 1 章の Laura Sae Miyake Mark・三宅和子の論考は、英国の国際結婚家庭で生まれた娘が幼少期に日本に移動し、名前の表記と身体的特徴から学校で「ハーフ」と呼ばれ葛藤し、12 歳の時、単身で渡英し、英国で生活する中で名前を英語名にした経験、その過程で感じた自己の複層性と自己表象への思い、周りとの折り合いをつけながらどう生きるかを軸に、母の視点と娘の視点を交差させながら「移動とことば」と「帰属感」の関係を論じた。

第 2 章の尾辻恵美の論考は、アメリカで生まれ、幼少期にスコットランド・エジンバラで過ごした経験のある尾辻が日本で教育を受けた後、シンガポール、オーストラリアへと移動し、グローバル社会に生きる人の経験と言語と行為の関係性を主題とする研究で学位を得た自身の経験を振り返りつつ、その後の研究テーマの変遷を語ることによって、人と言語と場所、モノの集合体を捉えるようになった問題意識を語る。「移動とことば」をめぐる

「地動説的研究」の視点の意味について新たな解釈を提示している。

　第3章の半嶺まどかの論考は、石垣島で生まれた半嶺が沖縄、東京、米国からスコットランド、フィンランドへ移動する間に、危機言語に関心を寄せ、石垣島のことばの再活性化という課題に取り組むようになった半生を辿りながら、危機に瀕することばに対する人々の思いと半嶺自身の経験と記憶をオートエスノグラフィとして語る。日本の中の沖縄、琉球列島の中の石垣島というロケーション、さらに半嶺の家族の複数世代の時間性の中で、「移動とことば」の意味を問う。

　第4章の岩﨑典子の論考は、スロバキア出身の女性を取り上げる。彼女は幼少期からチェコとスロバキアを行き来し、成長してオーストリアや米国に留学した経験があった。さらに日本語と言語学を専攻するためにロンドンの大学に進学し、日本留学を2度経験した。これらの空間やことばの移動の経験を重ねた女性が自分自身の「移動とことば」をどう捉えたか、言語レパートリーはどのように変容したかを6年間に5回描かれた言語ポートレートと語りをもとに分析する。

　第5章の南誠の論考は、中国生まれで中国帰国者三世の南が中学生の時に来日し、その後、日本語を学び、大学、大学院へ進学し、中国帰国者をテーマにした博士論文を書いた、その半生を、オートエスノグラフィを通じて記述しながら、中国帰国者研究という当事者研究を行う自身をどう記述するのかという思いと葛藤を論じる。中国と日本の歴史的な時間、ポストコロニアルな状況の中で、「移動とことば」から、誰をどのようにカテゴライズするのかという課題の意味を探究する。

　第6章のリーペレス・ファビオの論考は、韓国人の父とメキシコ人の母のもと韓国で生まれた著者が日本、マレーシア、韓国などを移動しながら成長し、米国、カナダ、メキシコを経て、日本の大学で博士号を取得するまでの半生を語りながら、自己認識と他者との関係性がどのように変化したかを論じた。さらに、同じような移動の経験のある若者への聞き取り調査の過程で自身の経験を問われ、調査する側と調査される側を超えて、「移動する子ども」の経験をどう語るのかという研究方法論の課題を提示した。

　第7章の辻晶の論考は、ドイツ人の父と日本人の母のもと、ドイツで生まれた辻が、オランダ、米国、フランス、日本へと移動した経験と、使用す

る言語（ドイツ語、日本語、オランダ語、フランス語、英語）への思いを語りつつ、新生児の言語習得のメカニズムを探究する心理言語学者となった半生を語りながら、英語で書く意味を考えた論考である。その結果、本稿は英語で綴られた。

　第8章の川口幸大・津川千加子の論考は、関西で生まれた川口と津川が仙台の東北大学に入学してから「関西人」を意識するようになった経験と、その後、文化人類学者として、川口は中国で、津川はメキシコ、南米でフィールドワークをしたが、その移動の経験と中国語、スペイン語から二人にとっての関西方言と、アイデンティティについての思いを、往復書簡の形で語り、「移動とことば」を考察した。

　第9章の川上郁雄の論考は、フランス系アメリカ人の父と日本人の母のもとで生まれ、横浜で成長し、やがて芥川賞作家となり、慶應義塾大学文学部の教授としてフランス文学を講じる荻野アンナさんへのインタビューをもとに、語られたライフストーリーから彼女の文学世界を探究した。幼少期より複数言語環境で成長した経験と記憶、そして「移動する家族」の系譜が、どのように文学世界を構築するか、新たな文学作家論を提示した。

4　本書の特色と主題

　以上が本書のラインアップであるが、本書の特色はこれらの論考の執筆者のプロフィールにもある。執筆者全員が高等教育を受け、修士号／博士号を取得している専門家であり、論考を発信する力がある。また考察対象となる自身や調査協力者も高等教育を受けた人であり、「第一世界」に居住している。先述のアパデュライや Kubota と同様に、サバルタンではないという意味で、先述のバーバのポストコロニアル批評への批判と同じ批判を受けるかもしれない。しかし、本書の執筆者たちは全員、「移民経験」（海外居住・複数言語使用・社会的少数派の経験）があり、そのため、現代に生きるゆえの複言語複文化の経験と記憶を持つ。本書が焦点とするのは、その「移民経験」者の「経験と記憶の語り」である。

　先述のように、バーバはポストコロニアル批評という文脈における人間の「主体の位置に関する認識」、「自己の主体性についての戦略を磨く領域」を

「第三空間」として提起し、そこに見られる「異種混淆性」、「中間領域性」、「両価性」、「擬態」等の「戦略」を論じたが、その議論は「第三空間」に限定されるものではなく、そのアナロジーは「第三空間」を超えて広がっていくと考えられる。つまり、越境を繰り返す「移民経験」を持つ人々には、現代社会における歴史的、経済的、社会的文脈で生まれる、ヘゲモニーと新自由主義、中心と周縁、オリエンタリズム、ポストコロニアル事情等の影響下で、自らの「移動とことば」の経験を通じて、自らの生のあり方とロケーションをめぐる「思索」を続ける「空間」があるのだ。

　その「空間」がバーバの言う「第三空間」と同じかどうかは問わない。むしろ、「第ｎ空間」と呼んでもよい。ここで大切なのは、その「空間」が「第三空間」と同じかどうかという議論よりも、その「第ｎ空間」で何が起こっているかを知ることである。それが本書の主題である。

　先述したように、本書の基本的視点が「地動説的研究」の視点であり、「移動とことば」に焦点化しながら個の「経験と記憶の語り」を論じるのは、個の認識から現代社会に生きる人のあり様を探究しようとしたためである。だからこそ、ライフストーリー、オートエスノグラフィ、インタビュー、言語ポートレート等の研究方法を駆使し、当事者の「認識世界」を探究した。その「認識世界」は、本書収録の各論考が示すように、当事者の「弁証法的現実理解」（バーガー・ルックマン, 2003）、「文化翻訳の過程」（バーバ, 2004）、「感情・感覚・情念」の世界（川上, 2021）でもあろう。だからこそ、「経験と記憶の語り」とは、当事者にとっては時間を超えて自身の過去と向き合い、その意味を反芻し、再構成する作業であり、時に身を削る時間ともなろう。本書の執筆者たちの試みは、以下のようにバーバが言う試みに通じることだけはここで確認しておこう。

　　　思い起こす（リメンバリング）とは、内省とか回顧とかいった静かな行為ではあり得ない。それは苦痛を伴う再構成（リ・メンバリング）であって、散逸してしまった過去を再び集めて、現在の痛みを理解しようとする試みだ。

（バーバ, 2005: 111）

参考文献

上野千鶴子（編）（2001）『構築主義とは何か』勁草書房

ガーゲン，K. J.（2004）『あなたへの社会構成主義』（東村知子訳）ナカニシヤ出版

川上郁雄（2021）『「移動する子ども」学』くろしお出版

川上郁雄・三宅和子・岩﨑典子（編）（2018）『移動とことば』くろしお出版

サイード，E. W.（1993）『オリエンタリズム（上・下）』（今沢紀子訳）平凡社

塩原良和（2010）「ネオリベラル多文化主義とグローバル化する「選別/排除」の論理」『社会科学』86, 63-89.

スピヴァク，G. C.（1998）『サバルタンは語ることができるか』（上村忠男訳）みすず書房

バーガー，P. L.・ルックマン，T.（2003）『現実の社会的構成──知識社会学論考』（山口節郎訳）新曜社

バーバ，H. K.（2004）「グローバリゼーションとマイノリティ文化──語る権利の復興」『立命館言語文化研究』15(4), 221-231.

バーバ，H. K.（2005）『文化の場所──ポストコロニアリズムの位相』（本橋哲也・正木恒夫・外岡尚美・阪元留美訳）法政大学出版局

ファノン，F.（2020）『黒い皮膚・白い仮面』（海老坂武・加藤晴久訳）みすず書房

Appadurai, A. (1996) *Modernity at large: Cultural dimensions of globalization.* Minneapolis: University of Minnesota Press.［アパデュライ，A.（2004）『さまよえる近代──グローバル化の文化研究』（門田健一訳）平凡社］

García, O., & Li Wei (2014) *Translanguaging: Language, bilingualism and education.* London, UK: Palgrave Macmillan.

Hall, P., & du Gay, P. (Eds.). (1996) *Questions of cultural identity.* London, UK: SAGE.

Kubota, R. (2016) The Multi/plural turn, postcolonial theory, and neoliberal multiculturalism: Complicities and implications for applied linguistics. *Applied Linguistics, 37*(4), 474-494.

Pennycook, A., & Otsuji, E. (2015) *Metrolingualism: Language in the city.* Routledge.

Urry, J. (2007) *Mobilities.* Cambridge, CA: Polity.［アーリ，J.（2015）『モビリティーズ──移動の社会学』（吉原直樹・伊藤嘉高訳）作品社］

第1部

「移動とことば」の語りと
アイデンティティ

第1章

名前をめぐるアイデンティティ交渉

「ハーフ」の娘と母の「移動」の軌跡から見えるもの

Laura Sae Miyake Mark・三宅和子

1. プロローグ

　本稿は、日本で「ハーフ」と名ざされた国際結婚家庭の子どもが、国をまたいで移動し成長する過程で遭遇した出来事や気づきを、その母と共同して語り、相互参照して振り返りつつ、「移動」の意味を考えるエスノグラフィカルな論考である。越境を繰り返しながら、周囲から受ける名ざしと自己の名のりの間で交渉を続け、帰属への希求の中でゆらぐ個人のアイデンティティを、幼いころから「名前」が表象した他者性という視点で捉え考える。

　一人の人間の「移動とことば」には、様々な経験と記憶が重なり、それが綯い交ぜになって現在を形成している。その何を掬い取り、何を捨てて語るかは、何をどのように語るか、何が語られないか、何に焦点を当てたいかなどのジレンマが錯綜する難しい選択である。本稿のように、娘と母という、たとえ同様の時間を共有していても異なる視点があり、別々の人生の軌跡がある二人が、どのような視点からテーマを選び、一つの物語として編み上げていくかには、さらなる困難がつきまとう。記憶の中に繰り返し現れるキーワードを選ぶことでそれを乗り越えようと、本稿では個人の生涯につきまとう「名前」に焦点を当てることから出発した。「移動する人」は、異なる環境に身を置くことによって新たに名ざされ、名のりながら、自分とは誰かを

絶えず自問しつつ答えを探していく存在であり、それが名前に象徴的に現れ
ると考えたためである。ただし、名前そのものの選択の変遷が問題の中心に
あるわけではない。「名ざされる」ことの呪縛に苦しみ、乗り越える過程に
注目している。また、国籍や戸籍を問題にしているわけでもない。移動する
人間の帰属への希求とは、そのような書類上や登録上の問題として解決でき
るものではない。

　娘は幼少期に「ハーフ」と名ざされることを、自身の名前と身体的特徴ゆ
えであると思いこんだ。名前をめぐって自己のアイデンティティの大きなゆ
らぎを経験するが、思春期の葛藤を経て成人としての新たな世界が広かった
後も、自分自身を問い続ける旅を終わらせることはない。名前は葛藤の象徴
ではあったが原因ではなかったことは、早い段階で理解するようになってい
た。しかし、だからといって、自分の中にある複層性と周りの文化との折り
合いをつけるという課題が解決したわけではない。

　本稿では、娘と母が同じ時代と環境に身を置いた経験を複数の目で語るこ
とによって、一人語りにはない多角的で複層的なリアリティを炙り出した
い。また、語り手二人が研究者の視点でその振り返りを批判的に考察すると
いう試みを通して、私的で個別的な経験から普遍性を浮かび上がらせること
ができればと考えている。

2.　背景

　執筆に際してまず、「移動」の経験を娘の成長に焦点を当てて辿るという
方向性と、娘と母が当事者として自らを語り分析する方法をとろうと決め
た。このような手法は、近年日本でも注目されるようになった質的研究の
一つ、オートエスノグラフィ（Autoethnography）に近い。オートエスノグラ
フィは「ジャンル的には自叙伝的な記述とそれを通した研究に属し、個人
と文化を結び付ける重層的な意識のあり様を開示する」（エリス・ボクナー,
2006: 135）と説明されるが、その特徴の一つとして「一人称で語る「私」の
存在が前面に登場すること」（井本, 2013: 104）があげられる。それが主観
的・自己陶酔的な語りに陥らないために、「感情を再帰的に補足して得られ
た知見を手にした自己そのものを改めてとらえ直し、それが自分自身に何を

もたらしたかまで追求する」点を川口（2019: 155）は強調する。本稿もこれ
と軌を一にしているが、母親と娘という複数が関与している点では、オート
エスノグラフィから発展した Collaborative autoethnography（Chang, Ngunjiri
& Hernandez, 2016）だという捉え方もできる[1]。個人か複数かの違いは単なる
作業的な問題ではなく、その過程や結果のあり方にも影響を与える。これに
関しては最後の振り返りのところで触れる。

　「移動」をめぐっては、「モビリティ」の観点から、現代の多様な事象と
関連した議論ができるが（三宅，2021a）、本稿も時空間の移動のみではない
様々な移動を扱っている。本稿の移動体験とは、「「空間」「言語間」「言語教
育カテゴリー間」の移動経験」（川上，2021: 5）と時間軸が交差することに
加えて、文化的な移動、家庭環境の移動、そして視点の移動を含む。同じエ
ピソードや時期であっても、個人の異なる視点から感じたり語ったり、過去
と現在間を移動したりする共同のオートエスノグラフィの過程そのものが、
このような視点や位置どりの移動・シフトを要求するといえよう。

　本稿は、国際結婚家庭の子どもが、他の子どもと同じようにふるまっても
「ハーフ」という「名ざし」から逃れられず、親からの「名づけ」にその元
凶を求めるところから出発する。娘の語りは、そのメタフォリカルな「名ざ
し」とどのように戦い、自分を発見していくかの過程を描き出している。的
外れの他者把握からくる「名ざし」は、「名ざされた」子ども自らの立ち位
置や帰属感を揺さぶり苦しめる[2]。「名ざし」と、「名のり」という表現が示す
のは、「名ざし」が「名ざされる」子どもに対する周縁化や他者化として機
能し、それに抗う「名ざされる」個人の叫びとして「名のり」に駆り立てる
という構造である。カテゴリー化やステレオタイプ的な視点の他者理解と
もかかわり、異種なものを排除しようとする、日本社会の「単一民族国家」
「単一文化」「単一言語」志向の根深さを示す典型例となりうる。

　「名ざし」と「名のり」はしたがって、アイデンティティとも深くかかわ

1　Duoethnography（Norris, Sawyer, & Lund, 2012）のように、複数の異なる領域の研究者に
よる対話の形をとり、特定の現象に関して議論を深める研究もある。

2　「ハーフ」が「カッコいい」、「うらやましい」という語りも存在するが、それを含めた
他者化、周縁化を問題にするべきである。ヘフェリン（2012）はそのような日本社会に蔓延
する幻想と誤解をコミカルなタッチで批判している。

る。ポスト構造主義的・社会構成主義の立場からは、アイデンティティは確固とした不変なものとして個人がもっているのではなく、動的かつ共同的過程（Bucholtz & Hall, 2005; 岩﨑, 2018）の中で形づくられていくものである。コミュニケーションの中で、話者の位置どりによって、その場その場で形づくられ交渉される（Bamberg & Georgakopoulou, 2008）ものとしてのアイデンティティは、「移動する人」にとって絶えず大きなゆらぎを内包している。

　以下の語りでは、娘の語りを「娘」、もう一人の語り手である母親の語りを「母」と記載する。二人が互いを引用する場合は、母親は娘に「冴」、娘は母親に「母」という呼び名を使用している。

3.　移動する家族

娘:

　私は 1986 年に、日本人の母とイギリス育ちのアメリカ人の父の間にイギリスで生まれた。生後 4 か月から日本で育ち、12 歳でイギリスでの寮生活を始める。大学までイギリスで教育を受け、フランス、アルゼンチン、ベルギーなどに住んだり仕事をしたりした。日本を立って今に至る 23 年間、帰省する以外はほとんどの時間を海外で過ごし、現在はイギリス南部の町に住んでいる。この間の私自身をめぐる物語を、アイデンティティの葛藤を基軸に、母と共に語っていきたい。

母:

　私は 1981 年から 1986 年の間、イギリスに住んでいた。編集者の仕事を辞めて渡米した 1 年後、日本で様々な仕事をつまみ食いした挙句にイギリスにやって来た。そしてイギリスに根をおろして人生を築こうとしていた矢先、冴の父親 N と巡り合い、私の人生はまた大きく展開し始めた（三宅, 2021b）。N が日本の大学に職を得て旅立ち、2 年後には私も日本で合流することになったのだ。帰国前に臨月を迎えた私は、イギリス北部の大きな病院で娘を出産する。娘の名前は、日本にいる N と相談し、日本名を「朝の冴え冴えとした空気のようなさわやかな人柄と知性をもった人」とイメージして「冴」と決めていた。英語名はそのころ私の好きだった Laura Ashley の

ブランド名から Laura をとった。イギリスには戸籍制度はないが、住民は子どもが生まれると Birth Certificate（出生証明書）を役所に提出する。それが日本の戸籍のように人のアイデンティティを証明するものとなる。まずは名前＋夫の姓で Laura Mark とし、日本名の冴を middle name に、ついでに私の姓も middle name に入れてしまおうということになり、Laura Sae Miyake Mark で登録した。

　4か月後、迎えにきた N と共に、娘と私はイギリスを後にした。日本では早速娘と私の戸籍をつくる。娘の姓も三宅となったが[3]、英語名がまったくないと本人のアイデンティティが不安定だろうと考え、Laura も名前に加えた。イギリスのメンタリティに馴染んでしまっていた私は、こういったところが日本の常識から外れており、「ローラ冴」と書いて提出したときに、「これは一語になりますけど」と係員にいわれた意味がピンと来ていなかった。

　こうして娘は正式名がイギリスでは 'Laura Sae Miyake Mark'、日本では「三宅ローラ冴」となった。N と 3 人での岡山での生活が始まり、半年後には横浜へ。その後息子が誕生し、ほどなく私の大学院入学を機に一家はつくばに移動する。

4.　幼少期──ことばと名前の呪縛

4.1　幼年期のコミュニケーション
母：

　イギリスでの 4 か月間、冴には英語で話しかけていた。「よしよし」、「オムツ変えてほしいの」、「ねえ、もうねんねしようね」と語りかけたり英語の子守歌を歌ったりした。インターネットもなく電話料金も高い 1980 年代前半をイギリスで過ごした私は、日本とはほぼ断絶していた。周りや TV などで見た母親と乳児をまねていたのだろうが、英語が出てくるのが自然で、日本語で話しかけるような「違和感のある」ことはしなかったと記憶してい

3　外国人は日本の戸籍に入れないため、外国人と結婚した日本人は自分の戸籍が必要となる。従来の姓を使うか、夫の姓を使うか、新たな姓を名のる（2022 年現在、日本国籍の結婚も同様）。なお、2012 年の入管法改正まで外国人には住民票が作成されなかったため、私たちは住民票上は母子家庭であった。

る。日本に帰ってしばらくすると、娘への語りかけは自然に英語から日本語
に変わった。

　冴が幼少の頃から、家族はほぼ毎夏イギリスに「帰った」。私にとっては
定住するつもりだった国、N にとっても小学校高学年から教育を受け、仕事
をし、兄家族や母親がいる国だ。学期中貸している家が夏には空く。そこに
滞在して友人に会ったり、北部の義兄家族や母親に会いに行ったり、家族旅
行をしたりする。子どもたちが少し大きくなると、地元のサマースクールに
も入れた。

表 1　Laura（冴）の移動のタイムライン

年	移動	出来事
1986	イギリス（Oxford）	誕生、生後 4 か月で日本へ
1986	日本 （岡山〜横浜〜つくば〜東京（府中））	1986-1990　横浜：保育園 1988　弟誕生 1991-1995　つくば：保育園〜小学校 2 年 1995-1998　府中：小学校 3 〜 6 年（中退）
1998	イギリス（York）	1998-2000　寮生活 2000-2002　家族生活：父、弟と住む 2002-2004　寮生活（弟も男子校の寮生活）
2004	フランス（Paris）	Au pair としてフランス人家庭住込
2005	イギリス（Edinburgh）	2005-2009　大学入学 フランス・スペイン語文学 アルゼンチンの NGO でボランティア（半年）・ベルギーで語学留学（半年）
2009	フランス（Nancy）	2009-2011　小学校と大学で英語教師
2011	ベルギー（Brussels）	インターンシップ（EU →教育関係 NGO）
2013	イギリス（Hull）	2013-2014　大学院修士（TESOL with Translation Studies）
2014	イギリス（Brighton）	2014- 現在　サセックス大学英語講師 2020- 現在　大学院博士課程

　乳児から幼児になるにつれ、コミュニケーションの問題がでてきた。あ
る年 N の母親が「2 人とも言語が専門なのに子どもは英語も話せないの！」
と不満を吐き出した。話しかけてもことばが多く返ってこず、どこまで通じ

ているかわからないことに業を煮やしたのである。これがきっかけで、私は日本でも子どもに英語で話しかけることになる。子どもは保育園に預けていたので、Ｎが家にいるとき以外は日本語だけの世界だ。私が英語を話せば聞いてかなり分かるレベルになるのではないかと実践を始めた。ただ、子どもたちには自分にとって最も自然なことばで話しかけたかった。周りに日本語話者の子どもがいる中で英語を話すのにもかなりの抵抗があった。それから2年ほどたって、ある程度の成果を感じたところでやめたが、この不自然なコミュニケーションから解放されて、私はほっとした。

　聞いてわかるとはいえ、日常的な英語の会話は社会生活や勉強に必要な英語とは違う。日本における英語習得の戦いは、この後もずっと続いていく。

4.2　名前にまつわる幼い記憶 —— 違和感の幕開け
母：

　つくばは国際都市である。大学・大学院にも研究所にもたくさんの外国人がきている。子どもたちが通った、中心部から離れた旧住民が多い保育園でも、たまに外国人の子どもが預けられることがあり、冴とその弟は特別に目立った感じはしなかった。とはいえ、折に触れて「違う」まなざしを感じたことはあり、今でもそんな断片が浮かんでくることがある。

娘：

　名前に関する私の記憶は、小学校に入ったころから始まる。保育園では、自分が周りの子どもと違うという意識はあまりなかったが、小学校に入ると、日常の中で「違い」を感じさせられる出来事がいくつもでてきて、今でも鮮明に思い出す。

　名前にカタカナ（ローラ）が入っていたため、周りの子どもから「ロールパン」、「ローラーブレード」などと、あだ名でからかわれた。名前だけではない。体育の授業のとき、「走り方が変」だといわれた。そして「それ、アメリカの走り方？」などと、「違い」をことさら指摘されたり、それを「アメリカ」と結びつけられたりした。次第に周りとの「違い」にとても敏感になり、目や髪の色が多少明るいのも、イギリスの従姉妹のお下がりの派手な服を着ることがあるのも恥ずかしく、目立つのがとても嫌だった。

　他の子どもとの常識や世界観のズレを感じることが多々あった。本当はどんな家庭にでもあるような違いも、国際結婚の家庭だからだと思ったり、外国人の親がいるからだと感じたりした。ズレといっても、とても些細なことだ。絵をかいたときの色使いや表現法の違いについて感じたズレは、そのいい例かもしれない。あるとき、図工の授業で友達と自分を描いた絵（図1）が「大胆で表現力に溢れている」と先生に高く評価され、確か、市の絵画コンクールで優秀賞をもらったことがある。だが、私は嬉しさよりも、他の女の子のように丁寧に描いたり色を塗ったりしていない、自分と友達の目を青色に塗ったりした自分は変だと感じていた。もう一つ例を出そう。クラスの工作で、狐とたぬきが登場する紙芝居を作って上演したことがあった。自分が描いた狐とたぬきは、服を着て2本足で立っていたのに、他の子どもたちの狐とたぬきは、みんな裸の4本足で描かれていたのを見てびっくりした。

図1　図工の授業で描いた絵

　こんな経験が、自分の世界観が周りとズレているのではないかと意識し始めるきっかけとなった。
　そこには、intersectional な（交差する、共通部分のある）ものも混ざっていたようだ。見かけとしての「外人」・「日本人」の違いだけではなく、日本

の教育の中で強調される「女らしさ」なども関連していた。他の女子と比べてガサツだと先生に言われたりしたこともある。両親が共働きで自分が鍵っ子だったことも「違い」の要素だった。一つ一つは他の子どもにもある要素なのに、それが総合され、「違い」として周りに認識されているようで、私は強迫観念で押しつぶされそうになるときがあった。

母：

　保育園から小学校に上がると、娘がだんだん日本社会に染まっていくように感じるときがあった。その一方で、他の子どもと同じではないという違和感に悩まされているようにも見受けられた。先に娘が出したエピソードの紙芝居の発表は、ちょうど保護者会と同時に行われたものだったと記憶している。私は狐やたぬきの絵の違いよりも、保護者の前で6〜7人の子どもが並んで絵を高くあげ、たぶん日本の教育を受けた人ならすぐに思い起こせると思う、あの（呼びかけに似た）独特の抑揚で、順番に物語を語っていく娘の姿を、少しばかり衝撃を受けながら見守っていた。普段の家族シーンでは見ない娘の、「日本の教育に馴染んだ」姿だった。

娘：

　周囲からまなざされ、名ざされ、自分も感じる他者性に悩まされ、周囲の目にとても敏感になり、「普通」でありたい気持ちが募った。「ローラ」という名前は、その「違い」を象徴するものになっていった。例えば医院の待合室で診察券の名前が呼ばれるとき、「みやけ」の後に一瞬の間がある。日本語の姓の後についたカタカナに一瞬戸惑うのだろう。その後に発せられる「ろーら さえ さん」に、待合室の全員が顔をあげてその名の持ち主を探す。そんな瞬間がものすごく嫌だった。日本語名だけ使えば目立たないのに、「ローラ」を名のっているために、外国人として扱われたり周りとは違うと思われたりすることに、耐えがたさを感じていた。どこかにうまく溶け込み、目立たない普通の子でいたかった。

　そんな様子をそばで見ていた母は、小学3年生で府中に引っ越して学校が変わったとき、担任の先生に直談判をして「ローラ」を使わないで欲しいと頼んだ。そのときから私は「三宅冴」に変わった。もちろん、外見は変わら

ないしハーフというのを隠していたわけではない。しかし名前が普通の日本人に見えることが大事だった。私はこのころから、名前はどこに所属するか、周りにどう扱われるかに影響を与える大きな要素だと感じていたようだ。

4.3 「ハーフ」というカテゴリーをめぐって

娘：

　振り返れば、様々な経験が自分の中で「ハーフ」の問題としてカテゴリー化されていたのかもしれない。それは人からの名ざしとして当初意識されたのだが、次第に自分が「ハーフ」だからだと、単なる個人差であっても、文化差や自分の他者性と結びつけて考え、逃れられない呪縛となっていった。

母：

　府中市に引っ越してからも引き続き公立の普通の小学校へ通わせた。日本に住んでいる以上、「ハーフ」であれ何であれ、日本語を話し日本のことがわかる人間として生きてほしいと考えていた。だから「外人だからわからない」という排除のされ方は許せなかったし、逆に子どもにはそのような言い訳をしてほしくなかった。人から見れば不思議かもしれないが、「見かけ」の違いについて、あまり気に留めていなかった。名前も日本の姓で、日本語も周りと変わらず話し、日本的行事や様々な作法もわかっている。見かけは少々違うかもしれないが、周りは自然に接してくれるものと思っていた。

　子どもには、「日本のことは日本人と同じように理解し、その上で批判できるようになる」ことを求めていた。今思えば、そもそも「日本人と同じ」という基準は何なのか、そんなものなどありようもなく、知識の量や質、物の見方はひとりひとり違って当然なのだが。一方で、家庭での世界観やものの見方や行動は、外とはかなり違っていたのではないかと思う。Ｎも私も、日本社会で前提とされていることや思考回路に批判の目を向けることも少なくなく、子どもたちの前で文句をいったり議論したりすることもあった。「わかった上で批判しろ」と、同化と批判の両方を同時に行うようなことを小さな子どもに期待していたのだと思う。当時を振り返り、大人でも難しいことを要求していたと反省している。

娘：

　みんなと同じであるためには、教室や友達間の会話の中で当然なものとしてあった規範や前提や知識が必要だが、それがよくわからなかった。例えば、観ていたテレビ番組は一時期セサミストリートなどの英語のものが多かった。学校に登校してみんなが前夜の放送の話や物真似をしているとき、自分だけついていけない気がした。人気番組のMステ（ミュージックステーション）は夜9時に放送されていたが、私の家では寝る時間だった。このような、なんとなく感じる疎外感や「拠り所のなさ」みたいなものには、子どもの寝る時間から家の構造や家族関係まで、環境の微細な違いが反映していたようだ。

　これは cultural schema（文化スキーマ）の違いといえるのかもしれない。そしてそれは、夏休みをイギリスで過ごすたびに拡大した。1か月以上海外にいた私は、夏休みが明けて小学校に戻ると、日本で夏を過ごした子どもたちとの間にギャップを感じる。そこには embodied な（具現化された）側面があり、イギリスの涼しい夏ではいくら外で遊んでも白いままの私と、日本の真夏の日差しを一身に浴びて真っ黒に日焼けした子どもたちがいた。もともと肌の白さで距離を感じていた私は日焼けが羨ましかった。夏休み中に自分が経験したことも、他の子には想像できない世界の出来事で、話が合わない。そのころの私の日本の生活では、イギリスの経験や家族は cultural capital（文化的資本、文化の中心性）(Bourdieu, 1986) をもっていなかったので、自分が周りの子たちと比べて足りないことばかりが目についた。一度でいいから、セミの抜け殻を集めたりディズニーランドに行ったりする普通の夏休みを過ごしたかった。

　こうして名ざされることを通して自らを違うものとして意識し、そのうち名ざされなくとも違いを意識するようになった。その意識は、自らの「外人性」や「他者性」への過剰な注視と、自分という存在の拠り所のなさ、居場所のなさの感覚に収斂していった。

母：

　女の子の成長は早い。第二次性徴が始まる前後からそれまでとは違った言動をみせるようになる。冴は数人で交換日記をつけて回したり放課後に一緒

に遊んだりと、友達との楽しい交流もあったようだ。だが一方で、小学校 4
年生の後半くらいだったろうか、仲間外れにされたりいじめとも取れるよう
な扱いを受けたりしていることに私は気づいた。仲間を作って首謀していた
のは、クラスでいちばんかわいく見えた女の子だった。凄惨ないじめを受け
たわけではない。しかし、その仲間外れは、娘の「他者性」という、自分で
はどうしようもないものと結びつけてなされていたように思う。学年が進む
につれて、娘の周りに息苦しさを感じるようになったが、私にはそれをどう
すればいいのかわからなかった。

5.　旅立ちの予感

5.1　お父さんのことばがわかるということ —— 英語との戦い
母：

　英語は引き続き悩みの種だった。英語というよりも、父親の言語ができる
ようになってほしいと思い、家族で共有できる言語の大切さを思った。国際
学校は選択肢ではなかったのかという疑問が湧くかもしれない。つくばでは
当時国際学校のような組織はなかった。府中に居を構えることを決めたとき
は、近くにアメリカンスクールがあることも意識し、何かのときにはという
気持ちがあった。高学年になって転校を検討した時期がある。問い合わせる
と、ESL[4] が必要な子どもの入学は受け入れていないということだった。長
いウェイティングリストがあることも知り、諦めざるをえなかった。

　家庭では、N と私は英語を話し、私と子どもたちは日本語、N と子どもた
ちは英語をという方針で進んでいた。4 人で話すときは英語としながらも、
細かいことになると日本語に変わった。子どもたちの英語は、日常生活では
なんとかなるが、複雑な話はわからないし表現できないレベルだった。英語
は子どもに聞かれたくないときに使う N と私の秘密のことばともなってい
た。一方、日本語がなかなか上達しない N は、子どもの成長につれ、会話

4　ESL（English as a Second Language）は、「第二言語としての英語」とも訳される。英
語が話される環境において、非ネイティブスピーカーが使用または学習する英語をさす。
EFL（English as a Foreign Language：外国語としての英語、注 8 を参照）とは区別される。

が日本語になると自動的に聴覚がシャットダウンするようになっていった[5]。

　お父さんのことばが使えるようになってほしい、このままではいけないと焦り、英語教師をしていた友人に週一度アルファベットの書き方を教えてもらったり簡単な読み物をいっしょに読んでもらったりしたことがある。公文に行かせた時期もある。だがその教育方式には違和感が残り、教科書の変な英語の例文を家族で笑ったりもした。

　そうこうするうちに、中学校進学を考える時期になってきた。校区の中学校には不安があり、とりあえず中学受験を決めたものの、塾に行かせることに抵抗感のあった私は、冴ののんびりした態度、中学受験、塾の全部にしっくりしない気持ちを抱え、先が見えにくくなっていった。

5.2 「Apple はアップルじゃない」——「英語話者」としての未来は？
娘：

　小学4年生のころである。担任の先生はちょっと変わった人で、カリキュラム以外のものを教えるのが好きだった。クラスでは惑星の名前から魚の健康効果まで様々なことを学んでいた。そんな中で、当時は小学校で教えられていなかった英語も紹介されたことがある。先生はカタカナと英語の発音がいかに違うかを説明して、「Apple はアップルじゃなくて、アッポーっていうんだよ。三宅さん、そうでしょ？」「みんなにいってみて」と急に私に振ってきた。私は戸惑った。家庭の中では英語を話していたものの、英語とカタカナの違いを考えたことはなかった。二つの言語をはっきりと区別していなかったのかもしれない[6]。だから先生のいっている発音の違いがよく分からず、仕方なく「あっぽー」といったものの、自信はなかった。この英語話者として位置づけられた経験は、自分の将来を考えるきっかけになった。それまで興味があまりなく努力もしていなかった英語だが、中学校に入った

5　海外の国際結婚家庭の調査においても、日本語話者の母が子どもと日本語で話を続けること自体が、日本語のわからない父親を排除する構造になってしまうことに悩んでいるというコメントが聞かれる。

6　複数の言語環境で育つ子どもは複数の言語を別々に分けて把握したり使用したりしているのではなく、コミュニケーションの資源として分け目なくトータルに使用しているとする Translanguaging（García & Li Wei, 2014）の考え方に通ずる。

ら自分のアイデンティティとセットで繋げられるものなのだと初めて気づいた。そして、ネイティブスピーカーとしての英語が期待されるのだろうと想像し、それに答えられなかったらどうしようと不安になった。

　中学受験に向けて準備するにつれて、自分の未来がとても狭く思えてきた。そんな悩みを父に話したとき、イギリスの boarding school（寄宿学校）も選択肢としてあるといわれ、心が軽くなった。今まで貼られ続けてきたレッテルや悩みを捨てて、新しく生まれ変わるチャンスのように感じた。親は心配したようだが、私は自分なりに考えて、行くことを決意した。

母：

　5 年生も終盤のころ、冴がイギリスの学校に行きたいと言いだして驚いた。しかし内心ほっとした気持ちにもなった。それほど私も行き詰っていたのかもしれない。一方で、どんな覚悟でそんなことをいっているのか半信半疑でもあった。毎夏のように帰っていたイギリスは、夏休みののんびりした時期しか知らない。楽しい毎日の記憶だけを頼りに、イギリスの学校生活を思い描いているのではないか、英語も満足にできずに「言語習得の臨界期」[7]に達しつつある子どもの未来は果たしてどうなるのか、親も助けてあげられない所に行くのがどんなものかわかっているのか、と心配した。私もイギリスがまったく視野になかったわけではなく、ぼんやりと思い描いてはいたが、小学校も終わらぬ間にとは考えていなかった。

　提案に衝撃を受けたものの、前向きに探し、N の兄家族に近く友人もいる北部で、宗教色の強くないクエーカー教の私立女子校がよさそうだということになった。6 年生の春学期に 1 か月のトライアルを経験した後、いったん小学校に戻って夏までを過ごし、9 月の新学期に向けて飛び立っていった。

7　失語症や母語の喪失の研究として始まった臨界期仮説（critical period hypothesis: CPH）は、言語は幼児期から思春期（12 〜 13 歳）ころまでに完全に習得され、それ以降に学習を開始しても十分な習得に到達しないという Lenneberg（1967）のものが最も広く知られ、一般に浸透している。しかしこの仮説および第 2 言語習得にも拡張できるかに関しては要因が複雑に絡まるために、その後様々な研究がなされてきたものの、十分に統制された科学的な実証が難しいとされる（白畑、2014）。

6. イギリスの学校生活 ──「イギリス人」の私

6.1 「Laura」と呼んでほしい！
娘：

　イギリスに移ると、また名前が大きく焦点化された。寮に住む学生は、自分の持ち物が他の学生と混ざらないようにすべてに名札をつける。それまでほとんど使ってこなかった英語名（Laura Mark）が使われることになる。その名札（図2）を鞄から靴下まですべてのものに縫い付けていく作業は、三宅冴から Laura Mark へと「変身」する自分を象徴するようなプロセスだった。名札のついた服は寮で洗濯され、それぞれ持ち主に返される。戻ってきた服を見るたびに、私は Laura Mark という名が自分なのだと認識を新たにする。1年目はその名前に慣れるまで少し時間がかかった。授業で出席をとるときなど、呼ばれたら応えられるか心配で、緊張して座っていた。しかし毎日呼ばれたり書いたりする中で、自分にしっくりするようになり、使い慣れていった。

図2　持ち物すべてにつけた名札

　そもそも Laura という名前は、それまであまり使われていなかった。日本ではその戸籍上のカタカナ名で苦しんだのに、家族の中では英語のときも日本語のときもいつも「さえちゃん」と呼ばれていた。弟の場合は、英語のときはイギリス名、日本語のときは日本名と使い分けられていたのに。必然的に、イギリスの親戚も家族に倣って、Sae-chan と英語なまりの発音で私を呼んでいた。イギリスの学校に通うことになって、私は彼らに改めて、

「Laura と呼んで欲しい」とお願いした。この名前の選択には、それまでの日本での苦い経験が大きく影響していたのだと思う。周囲と同じ扱いを受けたい、自分は英国籍も英語の名前ももっているのだから、イギリス人を名のる権利があるといいたかった。だが、日本での経験と枠組みをそのまま当てはめた、このナイーブな期待が通用しないことは、その後すぐにわかった。

6.2　Foreign student から home student へ
娘：

　寄宿学校の生活が始まると、Laura の名前は新しい意味をもつようになる。この新しい環境の中で Laura と名のることは、foreign student（外国人留学生）と home student（本国学生）のアイデンティティ・カテゴリーの間を操縦するための道具となった。はじめの 1 年ほどは英語の取り出し授業を受けていた。香港からの留学生が増えてきていたため、EFL[8] の授業では一緒だった。その授業を受けている間、普通のイギリス人学生は国語（英語）の授業を受けていた。私は、このままでは置いていかれるばかりだ、早く追いつきたい、と願った。EFL の授業を受けている限り、foreign student としての扱いから逃れられない、英語を向上させることイコール home student として認められることだと直感的に感じていた。当初は 5 〜 6 歳向け絵本（図3）で英語の読み書きを始めたが、英語力は急激に伸びていった。

　2 年目からは EFL のサポートを多少受けながら普通の授業に参加、3 年目にはイギリス育ちのネイティブスピーカーと思われるレベルで英語が使えるようになった。それまでの英語との接触も役立ったとは思うが、努力がこれを可能にしたのだと思う。ここにある underlying motivation（根底の動機）は、自分を home student として認めてもらいたい、位置づけてもらいたいという切なる願いであったと思う。イギリス人として扱われるためには、文化的知識も必要だが、まずは第一印象としての英語である。そしてそれらしい名前が、自分のアイデンティティを示す大切なリソースだと感じていた。

8　EFL（English as a Foreign Language）は英語が話されない環境において非ネイティブスピーカーが使用または学習する英語をさす。しかし、この学校では当時、EFL が ESL を含む概念として使われていたため、この用語をそのまま用いる。

図3　*Mog the Forgetful Cat*──留学したての頃に読んでいた絵本 [9]

6.3　成績レポートと名ざしの混乱
娘:

　学校側は私のことをどう見ていたのだろうか。今でも鮮明な記憶が残る当時の成績レポートを探し出して、先生たちによる私の名前の呼び方を確かめた。私の名前は正式には、Laura Sae Miyake Mark と登録されていたが、普段は Laura と呼ばれていた。しかし、先生たちが学期末に書いて渡してくれる成績レポートの名前欄には、Mark Sae Miyake や Sae Miyake Mark が統一感なく使われ、記載内容欄の私の呼び名は Laura もあったが，Sae Miyake だったりもしていた（図4）。当時の私はそれを見て、「あんなに英語を頑張って、イギリス人として扱ってもらえるように努力したのに、名前さえも普通に呼んでもらえないのか」、「もうイギリスに来て2年以上たっているのに」と悲しみと怒りがこみ上げてきた。どうしてもいやで、イギリスに来ていた親に頼んで学校に指摘してもらい、それからは成績レポートでも Laura と書かれるようになった。

　今振り返れば、この混乱の原因はおそらく、香港からの留学生が英語の名前を使っていたからだと思う。クリスチャンとして正式に英語名（Graceなど）をもっている子もいれば、気に入った英語名を使っていた子もい

9　Judith Kerr の *Mog the Forgetful Cat*（1970, HarperCollins Publishers）は発刊から50年間継続して刊行を続けているイギリスの代表的な子ども向け絵本である。Mog をめぐる様々な物語のシリーズがあり、日本語を含め世界中で翻訳されている。

た（Peach など）。先生たちは登録されている名前を正式なものとして成績レポートで使うのが無難だと思ったのかもしれないし、生徒の「本当の名前」を使うことで敬意を示そうとしていたのかもしれない。Home student か foreign student かに分かれるカテゴリーに私はうまく当てはまらず、英語名を名のっている留学生として扱われていたのかもしれないと思った。Sae も Miyake も英語話者からはわかりにくく、姓の Mark は男性の名前として使われることが多いため、混乱が深まったのかもしれない。

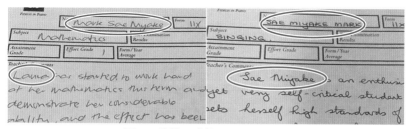

図4　学校の成績レポートの例

　この経験は、日本でもイギリスでも名前に関して悩んだことと相まって、私のアカデミックな興味にも影響を与えた。後に書いた修士論文のタイトルは *Identity and interaction in second language acquisition: An investigation of Chinese learners' use of 'English' names* である。

6.4　Finding my voice ── 自分の「声」の発見
娘：

　イギリスで2年が経ったころ、父が大学のサバティカルをとってイギリスに来た。これを機に、ちょうど日本の小学校を卒業した弟もイギリスの教育を受けることになり、2年間の3人の家族暮らしが始まった。この経験は私の言語発達にとってタイムリーで大きな助けになった。というのは、そのころにはネイティブ並みに話せていたとはいえ、読み書きはまだまったく追いついていなかったからだ。イギリスの教育システムでは、16歳で受ける全国統一試験 GCSE に向けて、14歳〜16歳の2年間は進学に関わるとても大事な時期とされている。取り出し授業が必要なくなったものの、国語やフ

ランス語などの授業についていくのは大変だった。父が毎日宿題を見てくれたおかげで、2年遅れで始めたフランス語も楽しく勉強でき、次第に得意になっていった。ここは父のterritory。文化面でも言語面でも頼りになった。父とのことばの壁がなくなり、新しい親子関係を築くきっかけになった。

　文学などessayで評価される科目は特に難しかった。はじめは私の言語能力の限界を超えていて、父が代わりに書いてくれていた。ただ、それは宿題を全部やってもらっていたということではない。Essayの課題について自分の考えを述べて話し合い、父が書いたものを私が読んで、「ここは違う。そう言いたいんじゃない」と、また書き直してもらう。そんなことを何度も繰り返すという、とても時間のかかるプロセスの結果だった。自分の考えがうまく表現できないのが悔しくて、父に向かって半分喧嘩腰で意見を投げつけていた記憶がある。諦めずに付き合ってくれた父には感謝している。そのessayには私の思っていたことが、自分にはまだない表現力で書かれていた。怒ったり、悔しがったりしながら、私は少しずつ自分で書けるようになっていった。見て真似て、読んだものを吸収して言語力にしていった結果は、成績に確実に反映されていった。私はこの作業を通して、自分の「声」を見つけることができた。自分の考えを理解されていると感じたからこそ可能だった共同作業の中での獲得だった。

　実は本稿の舞台裏にも、今では英語ほどの自信がなくなってしまった日本語で書くという母との共同作業・共同作成のプロセスがある。私は母のことばに助けられながら、今度は日本語の中に新しい「声」を発見していった。

6.5　変わる言語と家族の位置どり
母：
　イギリスでの家族生活には参加できなかった。Nと同じタイミングでサバティカルをとることができず、日本に残って仕事をした。年に2〜3回は渡英してなるべく長く4人で生活するようにした。子どもたちは次第に英語が伸び、英語での日常生活が普通になっていった。Nと子どもたちは英語で深い話ができるようになり、親子関係に大きな信頼と理解が育まれた。私という介入者がいない中で関係が築けた時間は、本当に貴重だったと思っている。

　3 人の家族生活が始まって私が家族に会いに行った最初のときである。到着直後の家族団らんで、息子が「お母さんの英語、そんなに下手だったの」とからかい半分にいった。来英わずか数か月の間に、アクセントがある、表現がネイティブスピーカーと異なる私の英語に気づいたのだった。短期間で聞き分けられるようになったことを嬉しく感じる一方で、家族の中での私の位置づけが大きく変化したことに衝撃を受けたのを覚えている。それまで私は、日本での家族の統率者だった。家族の中で唯一日本語も英語も高いレベルで、しかも日本社会がしっかりわかっている人でもあった。だから日本では夫を含めみんなを率い、導く道案内役。家族のことは私がほとんど決め、責任をもって遂行していた。ところが家族の移動を契機に、最も英語ができない人、イギリス社会の細かいあれこれがわからない人になったのである。

　それからしばらくして、子どもを連れてデパートに制服のズボンを注文しに行ったことがある。カウンターで必要なズボンのサイズや色を説明しようとしたとき、店員が子どもたちに話しかけ始めた。細かい説明が欲しかったようなのだが、私は瞬時に自分が「移民」として扱われていることに気づいた。私自身が昔から見てきた、南アジア地域からやってきた移民の女性たち、子どもたちを携え、その子どもたちに英語を通訳させて用事を果たす人たち、その人たちと同じように自分が扱われている。英語力は多少落ちたものの、用事くらいきちんと果たせるはずの私に、その店員が与えたレッテルは、「子どもに助けられて生きる英語のわからない移民のお母さん」であった。

　この体験も私の独立した個人としての意識を傷つけた。次第に意識の中で、イギリスのことはよくわかる夫にまかせ、それに従っていた方が楽だという姿勢が醸成されていったように思う。家族の空間的移動が、家族構造やメンバーの位置どりの変化（移動）に反映することを示す出来事であった。

6.6　日本語の保持

母：

　英語中心の生活になると、今度は冴の日本語が保てるかに不安を感じるようになった。ことばだけでなく、日本の社会や文化の理解が小学校で止まってしまうことを危惧した。当時日英で夏休みがズレることを利用して海外の国際結婚家庭が行うようになっていた中学校の体験入学を 2 度、少し大き

くなると長い夏休みの間のファミリーレストランなどでのアルバイトを積極的にするようにした。

　小学校のころから好きだったマンガは大きな助けになった。冴から送られてくるマンガリストをもって書店で買い、段ボールに詰めて郵送した。小学校以降の冴の日本語（特に漢字）は、マンガに負うところが大きい。日本社会の理解には、中学校での体験入学やアルバイト体験、後に大学での日本人留学生との付き合いなどが、特に敬語を含む対人関係に依存することばの使い方に役立ったと考えている。

　イギリスに旅立って以来、冴と日常生活を長く過ごすことはなくなった。冴はNのサバティカル期間以外は、学期終了ごとに帰国するのが常だったが、ハーフタームという学期の途中の1週間ほどの休暇もある。当初は兄家族のところに行ったが、次第にNとの共通の友人Sのところにお世話になることが増えていった。冴を娘か姪のように大切に世話してくれるSと過ごす時間は、高校の終わりころからは私といる時間より多くなっていった。私は何でもない日常を共に過ごすこともなく、日々起こる様々な問題を一緒に考えたり解決したりすることもない関係性に、母としての役割が揺らぐような不安を覚えることがあった。

7.　移動を振り返る

娘：

　これを書いている現在、高校を出て17年が経過している。入学したエディンバラ大学では得意だったフランス語とジョイントディグリーでスペイン語文学を専攻し、今でも交流が続いている多くの友人も得た。アルゼンチンとベルギーへの1年間の留学も自分の世界観や社会への目を開かせてくれた。しかし、卒業するに際して大きな目標がもてず、自分のことも世界のこともまだ知らないことが多いと感じていた。大学2年の時から付き合っていた彼はフランスへ行くことを決めていた。私もしばらくフランスに住んで言語も文化的知識も自分のものにしたいと思い、言語・文学領域の学生の典型的なパターンだが、英語教師の資格をとってフランスへと向かった。それからの4年間は exploration period だった。トルコやアルジェリアの移民

家族の多い工業地帯の小学校で英語を教えた。それから都市に移って大学の英語教師を務め、ベルギーでは EU や教育関係のインターンシップも経験した。これらの仕事場では、英語の母語話者としての立場を求められたが、日本文化を背景にもつ人間としての日本の知識、料理、日本語も期待された。

　ヨーロッパ中から有能な若者（未来の政治家など）が集まるブリュッセルでは、数言語を話せるのは珍しくもなかった。ここで私はまたしても、だが違った意味でのアイデンティティ・クライシスを経験した。それまでは multilingual/multicultural であることが自分の特性のように人に言われ、自分でもそう思えていたのだが、自分の個性とは何なのかと考え始めた。そして自分にはほかの誰にもない、「日本」という個別性、強みがあると考え、日本とヨーロッパの橋渡しのような仕事がしたいと思った。そこで EU の日本支部や海外展開をする日本企業の就職試験を受けたりしたが、本当に自分がしたいことなのかどこか半信半疑な気持ちが消えず、結局どの道にも進まなかった。将来を悩む過程で、それまでやってきた中でしっくりきたのは英語教師の仕事だったと気づき、修士課程へ進むことに決めた。6 年間付き合った彼と別れてイギリスに「帰る」、これは久々に自分のために自分で決めた大きな決断だった。先が見えない道に胸が騒いだ。12 歳でイギリス行きを決めた時の大胆な行動と比べたら大したことではなかったかもしれないが、そのときの感覚ととても似ていた。

母：

　ブリュッセルで働く冴の Facebook を見ると、様々な言語や背景の人が英語、フランス語、スペイン語の他、よくわからない言語で書き込みしていることにびっくりした。娘の生きる時代と環境は、簡単に言語の壁を越えて、リアルにもバーチャルにも集まり話せるのだと実感し、時の流れを感じた。

　息子も、イギリスの大学院を出て 2 年ほど翻訳の仕事をした後、アメリカに渡って落ち着いた。娘同様、良かれと思ってしたことも思うようにはいかないし、こちらの望むようにも動かない。親が子どもにしてやれることなど限られている、彼らの人生を彼ららしく生きることができるよう願い、何かできそうなことがあれば力を貸すという気持ちに変化していった。子どもが 12 歳でイギリスに行くことになったとき、私は悲しみもせず、ベストな

選択だといって送り出し、周囲を驚かせた。しかしそれを境に同じ屋根の下に住むことがなくなるとは考えてもいなかった。それを自覚させられたのは、子どもたちが自分の力で移動を始めた、大学を出てからのことであった。

娘:

　修士号を得た 2014 年からは University of Sussex で英語を含めた言語教育に関わる仕事をしている。定職を得た今でさえ、私の exploration は続いているような気がする。英語講師から出発したものの、大学では求められるままに異文化理解教育を担当したり、フランス語を教えたり、日本語の査読の仕事を引き受けたりした。自分の人生やアカデミックな背景がこれらの仕事を引き寄せてしまうようだ。その要請に応える理由はきっと、自分の中にある Britishness 以外の側面を表現したいからだと思う。イギリスの日常が普通になっていくにつれ、日本とのつながりや自分の日本性を引き出したいと思うようになる。だがイギリスの日本人コミュニティに積極的にかかわりたいわけではない。そういった場には共通点をあまり感じないし、自分とは違う気がする。25 年近く日本の外で暮らして、気がつけば日本と自分の位置づけが変わっていた。もう日本人と思われなくても傷つかないし、日本社会や言語の知識が欠けていても自分を責めない。完全な日本人性やイギリス人性などを求めて自分を縛りつけるより、自分の中にある色々な要素をどんなふうに表現していこうかと考えるようになった。

　2020 年から Ph.D. の勉強を開始した。研究のテーマは「名のり」と強い関係がある。「ハーフ」を自称する人々が、他者化され、周縁化されてきたそのアイデンティティのラベルづけ（Williams, 2017; Shaitan & McEntee-Atalianis, 2017; Murphy-Shigematsu, 2000）をめぐって、ソーシャルメディアでどのように自己表象し、互いに関係を作っていくかを探究するのが私のテーマである（Mark, 2021）。私は自分の越境と帰属への希求を自分なりのやり方で調整し生きてきたが、どこかで共通する経験をもつであろう「ハーフ」たちの苦闘、解決、調整はどのようなものか、個人的にも知りたい。

　最近、「ハーフ」のオンラインのディスカッショングループに参加した。参加者は全員「ハーフ」（クオーターでもいくつも混じっていてもかまわない）で、「移動」を背景にもつ人たちだ。日本語と英語をチャンポンにして

話すのだが、地理的にも社会や常識の上でも日本とは距離のある空間で、それぞれ違う背景をもちながら「日本人性」を主張する人たちと話していて、私自身をどのように表現し、どのような話し方をすればいいのか戸惑った。話を合わせる基準がわからない、パラメータが分からない。ある時は英語、ある時は日本語、ある時は敬語を使い、ある時は若者言葉でと、定まらない話し方の自分自身に解放感と新鮮さを感じた。

　この体験は、私が自身について感じていたことを改めて確認する機会になった。長い間のアイデンティティのゆらぎの中で身につけたことがある。私はどこにいても、集まりの中心にいて自分の意見を高らかにしゃべるタイプではなく、人の話を観察するのが自然になっている。日本に行けば日本語を話している相手の話を聞き、話し方をよく観察してそれに合わせて接する。友達に対してもそうだが、知らない人やあまり親しくない人に対してはさらにそうだ。振り返ってみると、日本語だけではなく、フランス語や今は第一言語である英語でさえ、そのように相手に合わせる、あるいは相手の期待に合わせた自分を表現しているように思う。それがフランスでよく現地人だと思われたり、イギリスに来て数年の間にネイティブスピーカーと思われたりした大きな理由だと思っている。私のことばは、プラグマティックに獲得されたもので、文法の間違いや語彙の不足が多少あっても、ものの言い方や表現の自然さがカバーしてくれているように思う。

　長い年月を経て、自分は何者かを証明させられ続けた呪縛、名ざしの恐怖からは遠のいた。名前は正式な書類以外でも Laura Mark ではなく Laura Sae Miyake Mark と書くようになった。イギリスの学校に入ったころ、「名前が自分のアイデンティティを表象するリソースのひとつ」だと感じ、Laura Mark にこだわったときの必死さとは異なるが、名前が少しでも自分の背景と個性を表すものであってほしいと感じるようになった。「名ざされた自分から名のる自分へ」の変化と捉えられるかもしれない。しかし、アイデンティティのゆらぎがまったくなくなったわけではない。自ら様々な国境や地域、文化やコミュニティを移動し続けながら、いまだに帰属への希求から逃れられてはいない。アイデンティティのゆらぎや帰属への希求は国籍の問題ではない。国籍があっても、その言語が完璧に話せても、自分が自分としてcomfortable に感じること、しっくりくること、そして受け入れられている

と感じることが大事なのだと思う。だが、私のアイデンティティは子どもの
ころのように流動的でぐちゃぐちゃに傷つきやすくはない。移動を繰り返す
ことで変わらない要素や残っていくものがある。経験を通して「核」が形づ
くられてきた。それはゼリーのように振動で揺れるかもしれないが、崩れな
い硬さがある。何人という単純なカテゴリーには入らず、どこという国も地
域も決まっているわけではなく、生涯にわたって同じ職業をもつことはない
かもしれない。だが、「移動」のゆらぎの中で、自分は自分以外の何者でも
ないという何かが、確かに形成されてきたように感じている。

8. エピローグ

　「名ざし」と「名のり」の過程をたどっていくと、「日本人」として、ある
いは「イギリス人」として扱われたい、何人になりたい、という願いとは
異なる、sense of belonging への希求が見えてくる。自分の居場所、帰属先、
よって立つところなど、使われるコンテクストによって日本語の表現は異な
るが、人には sense of belonging が必要だということである。Liu-Farrer（2020）
は日本における「移民」の研究において、「移民」の sense of belonging に注
目し、身の安全、人とのつながり、人から認められること、という強い心理
的な希求が満たされることが、生きていく上で不可欠なものだとしている。
世界中でグローバル化とデジタル化が進行し、移動が常態となる一方で、移
動せずとも世界中の人々と繋がり影響し合える現在、sense of belonging は
「ハーフ」というあいまいな境界に置かれた子どもだけの問題ではなく、こ
れから考察を深めるべきテーマとして浮上してくるであろう。
　家族の軌跡を振り返る過程で改めて鮮明になったことがある。父親と母親
の移動性である。父親のNこそ、「移動する子ども」の典型だった。幼少期
から、主に父親の仕事で世界中の様々な土地を転々としたNは、イギリス
に最も長く住んだものの、「故郷」と呼ばれるものをもっていなかった。母
親も高校を出るまでは福岡県に住んだが、その後の振幅は大きい。この父親
と母親の両親も移動を経験している。地理的な移動のみならず、社会、職業
などを含む様々な移動であった。移動する家族のモビリティがもたらすモビ
リティを改めて考える必要があろう。

　もう一つは、Laura（冴）の弟が決めた「移動」についてである。弟は両親の希望でイギリスの私立（寄宿）学校に入るが、16 歳で日本に戻り、2 年間国際学校に通う。このことに関して本人は多くを語らずにきたが、娘と母の共同執筆の最中にその時の心境を語ってくれた。白人が圧倒的に多いイギリス北部で、弟は学校で英語ができないアジア系の外国人として扱われ、いじめも受けた。後に成績もよくなり今に続く友人ができたにもかかわらず、そのレッテルづけから心理的に抜ききれなかったという。日本に戻ったのは、そのレッテルをリセットして自分らしい自分を生きたいと考えたからだったという。ここにも「名ざし」がもつ暴力 [10] が示唆されるが、弟の「移動」の意思決定は、それを跳ね返す力と「名のり」の empowerment だった。姉の移動とは逆方向の、しかし同じような意味をもつ移動を、弟も行っていたのである。親の「移動」に伴う子どもの移動は「せざるを得ない移動」であるが、子ども自らが「選択する移動」（三宅，2018）が、その人生に大きな意味をもたらすことがわかる。弟はまた、日本の国際学校で、多くの、まさに多様で複雑なバックグラウンドの若者たちに出会った。自身を悩ませた国籍や言語、身体的特徴が、ここではいかに普通で平凡なものであるかを身をもって悟った経験も、もう一つの empowerment につながっている。

　「移動する家族」や国際結婚の家庭では、国籍や肌の色がそれぞれ異なり、それぞれの立ち位置や扱われ方が違ったり、その状況が人生の中で変動したりすることは珍しくもない [11]。娘の名ざしと名のりをめぐる物語とそれが浮き彫りにした帰属感への希求は、「ハーフ」であることのみに起因していたのではない。「移動する家族」全員がもっているものである。いや極論のそしりを承知で敢えていえば、地球上のすべての人が抱えているものではないかと考えている。

　帰属感の議論はこれまで、国民国家論や国籍問題、企業や学校などの集団的な枠組みなど、厳然と存在し固定していると想定された環境における個人

10　川上（2016: 183）は「名付けることの暴力性」という表現を使っている。本稿では、親が子どもにつけた名前を「名づけ」、他者が自己の世界観に則った相手理解の結果として相手を呼ぶことを「名ざし」として区別している。

11　本稿の家族の場合はさほど複雑ではないが、国籍は日本、アメリカ、イギリスに分かれる。

の問題として語られることが多かった。しかし帰属感は、個々の一人一人の問題であり、アイデンティティと深くかかわりながら変化していくのである。「移動」は、それがまざまざと見える状況に人を置き、葛藤を生み出す契機となる。そして、「移動する家族」は、それぞれの「移動」を背負いながら、それぞれの関係性から相互に影響を与える存在なのである。このような動態的な視点から、移動や帰属感を議論していくことが必要であろう。

　最後に、娘と母による二人三脚の執筆の試みに関して振り返る。まず、この作業には膨大な時間を要した。Chang（2013: 111-112）も指摘するように、collaborative であることは、複数の視点をもって語るゆえに、個人のオートエスノグラフィに欠けるとしばしば批判される、客観性の担保や主観性の偏向の回避というメリットがあろう。しかし複数の人間のそれぞれの主観性や視点のコンフリクトをどのように交渉し、調整していくかには忍耐と時間が必要となる。

　Collaborative autoethnography（Chang, 2013; Chang, Ngunjiri & Hernandez, 2016）は、ひとつのテーマに関して異なる領域の研究者がアプローチすることによって上記の特徴を有するが、本稿は互いに深く相手の人生に関わった者同士が、同じテーマについて振り返り批判的に考える、という特有の側面がある。必然的に、研究者同士というだけではない複雑性、複層性が表出する。取り上げる内容や見方、語り方などの議論に多くの時間を要した。

　物語の構築という点でも、いくつか考えさせられることがあった。家族メンバーの語りは、家族の中で繰り返し共同して語られた結果という側面がある。子ども自身による子ども時代の語りの場合は、さらにその様相が強くなる。また、インタビューなどのように一人で語る場合は、語り手の視点が決定的な「真実」として語られ、ゆるぎない立場で自身が語られる。今回の娘と母の共同オートエスノグラフィは、このいずれでもない。読者や研究者に向けて共同で語ることは、自然な語りというよりもシナリオの共同構築の側面を有し、一人の視点から過去の経験を語るように過去を固定化できない。互いの話を聞きつつ過去は絶えず更新されていく。二人で執筆しながらどこかに後味の悪さを感じたが、それは相互参照することで過去の理解が流動的で修正可能であることに気づきながら、物語を成立させるために固定化を余儀なくされたからなのかもしれない。本稿で展開されたのは、語る執筆者の

意図に沿った経験のほんの一部だけである。聞き手や読み手に向けて語るという行為の、複雑な側面が、共同作業の中でにじみ出ることになった。

　結果として、ここで語られたことは、協働作業の過程の中で記述からは削除された重層的な物語を内包している。このことは、私たちの物語が新たに書かれることがあれば、違う内容や違う側面である可能性を意味する。旅の途上の物語には完成というものがない。しかし、未完成の、多声性を帯びたプロセスが垣間見えることの方が大切なのではないだろうか。この私的で個別的な経験の語りから、何らかの気づきが生まれ、普遍性が導き出されることを期待したい。

参考文献

井本由紀 (2013)「オートエスノグラフィー」藤田結子・北村文（編）『現代エスノグラフィー――新しいフィールドワークの理論と実践』(pp. 104-111.) 新曜社

岩﨑典子 (2018)「「ハーフ」の学生の日本留学――言語ポートレートが示すアイデンティティ変容とライフストーリー」川上郁雄・三宅和子・岩﨑典子（編）『移動とことば』(pp. 16-38.) くろしお出版

エリス，C・ボクナー，A. (2006)「自己エスノグラフィー――個人的語り・再帰性：研究対象としての研究者」N. K. デンジン・Y. S. リンカン（編）（平山満義監訳・大谷尚・伊藤勇編訳）『質的研究ハンドブック』3巻 (pp. 129-164.) 北大路書房

川上郁雄 (2016)「ベトナム系日本人――「名付けること」と「名乗ること」のあいだで」駒井洋監修・佐々木てる（編著）『マルチ・エスニック・ジャパニーズ――○○系日本人の変革力』(pp. 168-184.) 明石書店

川上郁雄 (2021)『「移動する子ども」学』くろしお出版

川口幸大 (2019)「東北の関西人――自己／他者意識についてのオートエスノグラフィ」『文化人類学』84(2), 153-171.

白畑知彦 (2014)「言語習得の臨界期について」『Second Language』3, 3-24.

ヘフェリン，S. (2012)『ハーフが美人なんて妄想ですから!!――困った「純ジャパ」との闘いの日々』中央公論新社

三宅和子 (2018)「国際結婚家庭2世代の「移動」と「選択」」川上郁雄・三宅和子・岩﨑典子（編）『移動とことば』(pp. 126-148.) くろしお出版

三宅和子 (2021a)「モビリティ、21世紀に問われている社会言語学の課題」三宅和子・新井保裕（編著）『モビリティとことばの挑戦――社会言語学の新たな「移動」』(pp. 3-27.) ひつじ書房

三宅和子 (2021b)「モビリティと周縁性」三宅和子・新井保裕（編著）『モビリティとことばの挑戦――社会言語学の新たな「移動」』(pp. 28-29.) ひつじ書房

Bamberg, M., & Georgakopoulou, A. (2008) Small stories as a new perspective in narrative and identity analysis. *Text & Talk, 28*(3), 377-396.

Bourdieu, P. (1986) The forms of capital. In J. Richardson (Ed.), *Handbook of theory and research for the sociology of education* (pp.241-258). Westport, CT: Greenwood Press.

Bucholtz, M., & Hall, K. (2005) Identity and interaction: A sociocultural linguistic approach. *Discourse Studies, 7*(4–5), 585–614.

Chang, H. (2016) Individual and collaborative autoethnography as method: A social scientist's perspective. In S. H. Jones, T. E. Adams & C. Ellis (Eds.), *Handbook of autoethnography* (pp. 107–122). London, UK and New York, NY: Routledge.

Chang, H., Ngunjiri, F. W., & Hernandez, K. C. (2016) *Collaborative autoethnography.* Abingdon, UK: Routledge.

García, O., & Li Wei (2014) *Translanguaging: Language, bilingualism and education.* Basingstoke, UK: Palgrave Macmillan.

Kerr, J. (1970) *Mog the forgetful cat.* Glasgow, UK: HarperCollins Publishers.

Lenneberg, E. (1967) *Biological foundations of language.* New York, NY; Wiley and Sons.

Liu-Farrer, G. (2020) *Immigrant Japan: Mobility and belonging in an ethno-nationalist society.* Ithaka, NY and London, UK: Cornel University Press.

Mark, L. S. M. (2014) *Identity and interaction in second language acquisition: An investigation of Chinese learners' use of 'English' names.* [Unpublished master's thesis].

Mark, L. S. M. (2021) *We are hafugods: A case study of narrative co-constructions of mixed-Japanese identities and community-building on Instagram.* [Unpublished master's thesis].

Murphy-Shigematsu, S. (2000) Identities of multiethnic people in Japan. In M. Douglass & G. S. Roberts (Eds.), *Japan and global migration: Foreign workers and the advent of a multicultural society* (pp. 196–216). London, UK and New York, NY: Routledge.

Norris, J., Sawyer, R. D., & Lund, D. (Eds.) (2012) *Duoethnography: Dialogic methods for social, health, and educational research.* Abingdon, UK and New York, NY: Routledge.

Shaitan, A., & McEntee-Atalianis, L. J. (2017) Haafu identity in Japan: Half, mixed or double? In Z. L. Rocha & F. Fozdar (Eds.), *Mixed race in Asia: past, present and future* (pp. 82-97). Abingdon, UK: Routledge.

Williams, D. R. (2017). Introduction. In D. R. Williams (Ed.), *Hapa Japan: Vol. 1. History* (pp. III-XXVIII). New York, NY: Kaya Press/Ito Center Editions.

第2章

湯呑の貫入に投げ込まれた
「移動とことば」

尾辻恵美

1.　Making people happen

　最近 BBC 制作の *The Repair Shop* というイギリスの人気テレビ番組が、オーストラリアでも放映され始めた。このテレビ番組では、参加者が、家の片隅でホコリをかぶって使い物にならないが思い出が詰まった「家宝」に息吹を注ごうと、それぞれの道で一流の職人に「家宝」を持っていく。「家宝」といっても、必ずしも金銭的価値が高いものではなく、第二次世界大戦中にアウシュビッツに強制収容されていた叔母が所有し、収容所の弦楽合奏団で奏でていたバイオリンのように、長い歴史が刻まれたものから、母親がいつも花を生けていた花瓶のような身近なものまで、多種多様なモノがある。しかし、それぞれの「家宝」には思い出や軌跡の痕跡が刻まれている。オランダ製のすり減ったラタンの椅子（ラタンの椅子のスタイル自体が、オランダの東インド会社の歴史を物語っている）を張替える時に隙間から出てきた綿ぼこり、花瓶のひび、バイオリンの指板の指痕が人の人生を投影し、ストーリーを語っている。そして、持ち主が「家宝」にまつわる思い出と思い入れを熱く語る時、モノは単なる語られる対象ではなく、その持ち主のライフストーリーを紡ぐ共著者と化しているように思えてならない。そして、社会言語学者の Kell（2015: 442）が Making people happen（人の行動を起こさせる）

と主張しているように、*The Repair Shop* の様々なエピソードを見るにつけ、日常生活の一部として繰り返し使われているモノと人との関わりの中での、モノの人へのアフォーダンスにも目を向けることの大切さを感じずにはいられない。

　本稿では、本編書の「移動」と「ことば」という二つの焦点で捉えるバイフォーカル（bifocal）なアプローチにマルチモダル・マルチセンソリー（詳細は後述）などのセミオティックな視点をも含め、さらに、ことばの移動性と複合性を、本著川上の序章で語る「「動く」視点から見る研究者の不安定性、動態性、矛盾」（川上，2022: 2）という切り口から考えてみたい。つまり、私の研究者としての「不安定性、動態性、矛盾」、さらに自分の生い立ち、経験、私自身の移動によって、私の研究テーマのひとつである「ことば」や「言語イデオロギー」に対する理解の変容が起きたと言えるからだ。固定的な視座に立つ天動説に対して、地動説は既存の支配的な視点を疑い、新しい可能性を生み出すことができる。「不安定性、動態性、矛盾」こそが、進歩をもたらすという観点に基づいて、その過程を語りたい。

　さらに本稿では「天動説」から「地動説」への転回に準ずる私なりの解釈も加える。人を動かない軸として捉える「固定」的な視点に依拠する天動説的な世界観からの脱却とは、人の視点の動態性のみを指すのではなく、その不安定性は人間中心的な世界観からの脱却とも繋がるのではないかと提唱したい。このような提唱に至る過程を、私の人生の軌跡と私の研究の軌跡を照らし合わせながら振り返ってみる。

2.　長いプレリュード

　私の博士論文（2008）*Performing transculturation: Between/within 'Japanese' and 'Australian' language, identities and culture* は下記の引用（Usher, 1996: 31）で始まっている。要約すると、研究者はニュートラルな存在ではなく、研究者個人の社会的オートバイオグラフィーがいかにその人の研究に影響を与え、研究そのものを形作っているかを述べている。それに呼応するように、博士論文の冒頭でも研究はグローバル社会における自分の人生の経験に喚起され、言語や文化行為の存続（繰り返し）や変化、境界や混淆性、そし

て両義性などについて自分の経験や日常活動に照らし合わせて考察すると記している。

Chapter 1: Introduction

As researcher we all have an individual trajectory which shapes the research we do, the questions we ask and the way we do it. But as researchers we are also socio-culturally located, we have a social autobiography, and this has an equally if not more important part to play in shaping our research and directing the kinds of reflexive questions which need to be asked but rarely are. (Usher, 1996: 31)

　私は父の仕事の関係でアメリカ（フィラデルフィア）で生まれ、帰国後日本国内でも、成人するまで東京、大阪、福岡、東京と点々とした。その間、小学校の時エジンバラ（ウィスキー好きの父にとってエジンバラ大学勤務は夢だった）に1年住むという貴重な体験も人生の形成期に得ることができた。東京女子大学の哲学科を卒業後、研究生として国際基督教大学で言語学、日本語教授法など学んだが、その研究生課程の終了後、シンガポール国立大学に勤務した。オーストラリアに留学する前には、オランダにも半年住んだ経験がある。このような移動の軌跡の中、私にとって、ことば・文化の境界線は常に、存在したり、崩されたり、交渉されたり、再構築されたりするものであった。

　例えば、エジンバラで学校の帰路マッシュルームを採りながらおしゃべりしている時や、アパートの裏にあった Queens Park でかくれんぼをしている時など、何かにつけアパートの階下に住んでいた同級生の Mandy[1] にスコットランドのアクセントで "You dinnae (don't) speak English, You speak Scottish" と何度も言われた。「英語」すらほとんど話せずにエジンバラに移った私にはその意味がわからず、家に帰って親に簡単なスコットランドと

1　Mandy だけに限らず、他の同級生の口からも同様にイングランドとスコットランドを対立させたことばがよく出てきていたのには驚いた。

イギリスの確執の歴史を教えてもらったり、そのあと Mary, Queen of Scots[2]
のことを知ったりして、Scottish と English の違いは博多弁と標準語の違い
より、もっと深くて残酷な歴史と関係しているのだと子どもなりに理解し
た[3]。緯度の高いエジンバラは秋に入るとめっきり日が短くなるがその薄暗
さ、マッシュルームのひだの薄ピンク、きのこ独特の匂い、そして Mandy
の "You dinnae (don't) speak English" を発する時の高低感のあるイントネー
ションを鮮明に覚えている。歴史、地理、ことば、匂い、色が一体となった
時空間を超えた記憶が今でも蘇ってくる。

　当時のエジンバラには、日本人の子どもは珍しく、もちろん日本人学校も
なかった。午前中はバスに乗って、弟とエジンバラの街の西の端から東の端
にある移民の子どもたちのための英語学校に通い、午後はまたバスに乗って
地元の学校に戻って授業を受けて、家に帰るというのが日課だった。午前の
学校には、香港、パキスタン、スーダンから来た子どもたちがいて、片言の
ことばを寄せあわせて会話をし、休み時間にはお菓子を交換したり、持ち物
を見せあったりしていた。そして、現地校の放課後にはビネガーがかかった
フライドポテトをほおばりながら、「Scottish」で話していた。しかし、フラ
イドポテトの最後の 1 片を取り合うときには、「Scottish」も何も関係なかっ
た。ただ私たちの間には 1 片のポテトと、ビネガーと油が染み込んだ新聞
紙と、ビネガーとフライドポテトの混じった香りとポテトの熱の余韻が残っ
ているだけだった。

　エジンバラに住んでいた 1970 年の半ばは日本食のレストランはおろか、
日本食の食材自体も手に入らなかった。それに比べ、30 年後の博士論文執
筆中のシドニーでは、キューピー・マヨネーズが「平然」とスーパーの棚に
オーストラリア名物ベジマイトと一緒に並び、現地の人が寿司ロールをサン

2　メアリーはスコットランドの女王でありながら、ヘンリー七世の王女マーガレットの孫
であることより、チューダー王朝の血を引き、イギリスの王位継承権をも持っていた。ヘ
ンリー八世の庶子とみなされていたエリザベス一世は、メアリーのイギリスの王位継承権
を奪われることを恐れていたため、メアリーを長年に亘って幽閉した後、処刑する。

3　家の近くにある郵便局に切手を買いに行くたび、私と弟にゲール語（Scottish Gaelic）で
の数の数え方をおしえてくれる職員もいた。スコティッシュと別にゲール語の存在にも気
づいた。

ドイッチ代わりに頬張りながら、道を歩いている姿も珍しくない風景となっていた。そのような、様々な言語・文化・モノ・経験に容易にアクセスできるシドニーの生活をエジンバラ時代と比較し、下のような疑問を博士論文では提起している。

　　For example, it happens that I have frequently drunk Chilean wine with so-called Dutch food, a recipe learned in Holland, in the company of people from Germany, Mexico and Malaysia while listening to Madagascan music in Australia. (…). If, then, globalisation is to be understood beyond a notion of 'diversity', what are the implications of eating a 'Dutch' dish, made of Shoarma meat (originating from the Middle East), sauerkraut and mashed potatoes, with Chilean wine, with people of three different origins? Is it more than a mere mix of different and discrete cultures? Where does this practice lead in terms of a macro level of the construction processes of a global culture? And what sort of person will I become if I repeatedly engage in these types of practices? (Otsuji, 2008: 14-15)

　ここでは、人、モノ、文化の移動と変遷の例として、マダカスカルの音楽をかけ、チリ産のワインを飲みながら、オランダに住んでいた時に友人のお母さんから教えてもらった中近東の Shoarma のスパイスで味付けをした肉をオランダ風にマッシュポテトとザワークラウトで仕立てた料理を囲んで、メキシコ、ドイツ、マレーシア系の友人と歓談する自分の食卓の風景を振り返り、グローバライゼーションを単純に「多様性」として片付けていいのかという疑問を投げかけている。これらの現象が単なる複数の言語、文化などの撚り合わせなのか、また、このような活動を日々繰り返して営むことによって、自分（広く言えば人）はどのような人となるのだろうか、ましてやこのような日常の活動がマクロレベルのグローバル文化の形成にどう関わってくるのか、などという疑問を投げかけている。実際の食事、ことば、などが複雑に絡み合っている日常の活動のみならず、オランダの移民の歴史、オーストラリアの移民政策、グローバライゼーションというマクロな要素との繋がりにも注目している。

　このように自分の人生の移動の軌跡や日常生活を振り返る中で生まれた上記の疑問を博士号の研究では、Judith Butler のパーフォーマティブ論（Butler, 1997a; Butler, 1997b; Butler, 1999）と Mary Pratt Louise の Transculturation（Pratt, 1992; Pratt, 1994）の 2 つの理論を軸として、実際の会社における雑談の自然会話やインタビューのデータをもとに前述の疑問を紐解いていった。データ分析から、個人の言語使用は「日本語」「英語」「中国語」といった明確な境界線が必ずしも常に引けるものではなく、個人はさまざまな言語を始めとする資源を駆使して日常の言語活動を営んでいることが明らかとなった。そして、分析結果をもとに、バイリンガリズム、マルチリンガリズムという現存の枠組みに一石を投じ、日々の活動が繰り返される中で、様々なことばや文化が適用されたり、適応されたり、交渉されたりする（Transculturation）行為の過程（Performativity）でことばや文化が創造的に絶え間なく生まれ、更新されていくという議論を展開した。博士論文は、ことばはシステムではなく、パーフォーマティブ（日々の実践行為の蓄積・Sedimentation から生まれるもの）なプラクティスであるという視点に依拠することで、固定的で個別的な言語理解に基づいた近代主義的な言語イデオロギーからの脱却が大きなメッセージであった。

　また、その頃から、Butler のエージェンシーの議論（1997b）に則り、人の主体性の限界についても考えていた。Butler のパフォーマティブ論とは、制約から自由なパフォーマンスではなく、人のエージェンシーがいかに権力や言説に根本的な制約を受けているかという議論である。それに則り、ジェンダー同様、ことば、エスニシティやアイデンティティも、ある歴史、文化や政治や権力の制約下において繰り返し従事する活動の蓄積から形成されると博士論文でも提唱するのだが、そこでも、人に行為の全てのエージェンシーをもたせるわけではなく、より大きな歴史、文化や政治的な要素が絡みあったものの一部として人、ことば、エスニシティやアイデンティティを捉える姿勢が垣間見られる。人間中心的に考えることへの疑問がこのころから芽生えていたと言えよう。

　論文提出直後に執筆しはじめた論文 Where am I from: Performative and ‘metro’ perspective of origin（Otsuji, 2010）は、本編著の手法の一つであるオートエスノグラフィーに基づいたもので、自分のオリジンと軌跡をたどる論文であった。

図 1　大学時代に使っていた部屋

　当初の計画では、この論文は、東京の笹塚の実家で、父が生前に使っていた机に向かって書きあげる予定だった。その机は、大学時代に私が使っていた部屋に他の家具とともにまだ残されている。古い本棚の半開きのガラス戸から覗く高校や大学の時に読んだツルゲーネフの本や Great Gatsby の本の背表紙、そこから漏れ出る古い本特有の匂い、ピアノの鍵盤の両脇の傷跡（10 円玉 10 枚をそこに置き、1 曲練習する度に 1 枚ずつ右から左、左から右へと移しながら 10 回ずつ練習をするのが常だった）、エジンバラのベッドルームの窓から見えた（マッシュルームを採ったり、隠れんぼをした）Queens Park の景色を帰国後に描いた油絵など、たくさんの記憶が詰まっている部屋で、Where am I from の問いに答えようと過去を回顧した。この部屋がある家は、父が他界した数年後、母が祖母と住むために東京の実家に戻ってきた時に建て直した家で、母の実家であり、今は、母が住んでいる私の実家でもある。父の仕事で移動が続いていた私にとって、この家こそがいつも戻って来る拠り所、いわば、錨がおりている場所だと自分では思っていた。しかし、この論文の執筆中に笹塚を歩き回ったり、父や祖父母のお墓参りをしているうちに、自分の中に矛盾や迷いが生まれ、なかなか筆が進まな

かった。矛盾に悩んでいるその時の文章がこれである。

> I feel as if I am a free floating entity with a ghostly connection to Japan.
> The sense of alienation and the sense of connection within me co-exist
> and yet do not co-exist: they present an expected-unexpected, paradoxical-
> orthodox, resonant-disruptive interplay. Immersed in unidentifiable feelings,
> I wonder where to compromise and negotiate my position between 'where I
> came from', 'where I am' and 'where I am going'. (Otsuji, 2010: 187)

　悩んでいるうちに夏休みも終わり、シドニーに戻る時期になった頃、戻る挨拶のために恩師の John Maher を国際基督教大学（ICU）に訪ねた。その時にもらった一本の論文 Metroethnicity, language, and the principle of Cool（Maher, 2005）が執筆中の論文のみならず自分の研究に多大な影響を与えることになるとは、その時には思いもよらなかった。その論文は、イタリア料理のシェフになることを夢見て、イタリア語を勉強しているアイヌの若者のエピソードから始まっている。その若者はアイヌ語は話せないが、自分のアイヌ性を決して否定しているわけではなく、イタリア文化・言語に興味のある自分を通して、新しい Cool なアイヌのアイデンティティを構築しようとしている。言語への Loyalty ではなく、Aesthetic や Cool さの中に創造的でオープンなエスニシティのアイデンティティの可能性を見出している。"Cultural essentialism and ethnic orthodoxy are out. In Japan, Metroethnicity is in. Cool rules"（Maher, 2005: 83）という文章にも象徴されているように、メトロエスニシティとは固定観念に縛られた文化・言語のアイデンティティを開放する策略である。John は ICU の食堂に向かって歩きながら、メトロエスニシティのメトロとは、地下鉄のメトロのように、何か地面下にうごめいても見えない、複雑に絡み合ったネットワークで、しかもメトロセクシャルのように既存のバイナリーなカテゴリーを超え、既存と違った基準（cool で aesthetic）でアイデンティティを捉える概念であると説明してくれた。

　この論文は新鮮で、オリジンは一つであるという固定観念や、「わたしの部屋」や記憶のしがらみからも解放されていくきっかけとなる。さらに、シドニーに戻って、自分が時間的、空間的なこだわりから自由になり、その時

点まで、動かないと思っていた過去だけを軸にして考えていたために（天動説）、そこから生まれる矛盾を認めようとしていなかった自分から抜け出せた。すると、自然と筆が進み、論文を無事に書き終えることができた。今から考えると、時間と空間両方の固定的な軸に基づく天動説的な見解から解放された地動説への転回だったのかもしれない。

　　　All these factors (such as 'where am I from' and 'where am I now') affect my future decisions and this in turn may rewrite how I perceive these questions. In other words, this whole process of past, present and future is organically intertwined and reconstitutes itself. This accordingly allows my 'origin' to be multivalent, ambivalent and in flux as well as to be constituted by and beyond the logic sequential time. "'Where I am from' to me is not pre-given but is an ambivalent, transgressive and dynamic discursive construct that manifests itself through repeated acts." (Otsuji, 2010: 190)

　この論文では、メトロエスニシティとパーフォーマティブ論が骨子となっているが、上記の論文の引用の最後にも表されているように、オリジンは「今・ここ」に先行する確固たる出発点であるという時空間のロジックを疑い、繰り返す行為の中から複数的、両義的、流動的、逸脱的に作られ、書き換えられうる言説であるとくくっている。

　博士論文とこの論文の執筆を振り返るにあたって言えるのは、私にとって最初の言語観・言語イデオロギーの転回は、言語・文化・国家が一対一に呼応している近代の国民国家主義的な言語観からの逸脱と、ことばを固定的、分別的に捉えない姿勢であったということだ。また、両論文ともに、モノ（チリのワイン、食べ物、ピアノ）、匂い、歴史、地理というものが、言語行動の描写に不可欠なその「場所」で絡み合う要素として取り上げられている。そこには、ことばというものが単にヒトに内在しているのではなく、意味生成に関わる要素・資源（セミオティック資源）と相まって、行為・プラクティスを通して生まれるというメトロリンガリズムの言語観の萌芽がみられる。

　その後、音楽や匂いを始めとするセミオティック資源とは、ただ、ある行

為の背景に漂っているだけのものでも、ある記憶を彷彿させたりするものでもなく、その場所において意味を醸し出す一つの要因、もしくは意味そのものであると考える方向へと移っていく。このような過程を経て、私の言語観が、感覚（匂い、色、触感、音など）やモノなどというセミオティックの資源にも目を向けるようになる。後述の Smellscape（Pennycook & Otsuji, 2015a）や Yellow matters（Otsuji & Pennycook, 2018）という論文でも述べているように、感覚やモノに意味生成におけるエージェンシーを認めることは Logocentric（ロゴセントリック：ことばや言語中心的）で Human centric（人間中心的）な言語観からの逸脱へと繋がっていく[4]。

　本棚のガラス戸の隙間から漂ってくる本の匂いは、ただ記憶を蘇らせるだけではなく、「今、ここ」と「あの時、あそこ」そして、ひいては、将来遭遇する「未来のいつか、どこか」をも含有して、意味を形成している。ことばとは、セミオティック資源も日々の活動の中の「あの時、今、未来のいつか」、「あそこ、ここ、未来のどこか」をも包括しながら、つねに行為の繰り返しを通して蓄積される（Sedimented）産物である。多種多様なセミオティック資源や歴史・地理・政治（スコットランドとイングランドの例がその一つ）などが絡み合った時空間の移動性（流動性）と混淆性が私の言語観を紡いでいく。そして、この考えが、更には、本稿の文頭で The Repair Shop を紹介した時に触れたように、モノの人へのアフォーダンス、Making people happen（Kell, 2015）という視点へと繋がっていった。しかし、それを語るのに、大切な概念である場所のレパートリー（Spatial Repertoire）について次のセクションで書く。この概念が、メトロリンガリズムの軌跡の要となっていくからだ。

　本稿の後半は、この長いプレリュードから、場所のレパートリーの議論を中心とするポリフォニーのセクションへと進む。

4　博士論文で、ことば、エスニシティやアイデンティティの構築において人の行為の主体性の限界を示唆していた点ともつながっているが、博士論文では、ポスト構造主義的に依拠しその限界の根拠を主に言説にみていたのに対し、このころには、ポスト・ヒューマニズム（ポスト人間主義：人間中心的に世界の現象を解釈する思考からの脱却）の視点の萌芽とも言えるべく、ことばを操ったり、意味を生成するのは人の能力に集約されるものではないという考えに向かいつつあったと言える。

3.　ポリフォニー —— メトロリンガリズムの場所のレパートリー

　文化人類学者である Anna Tsing（2015）が *The Mushroom at the End of the World* という本の中で、「今・ここ」にある松茸が、いかにローカルまたグローバル・レベルでの歴史、政治経済、地理、他の生物や生態、環境、そして人（人種、階級）、モノ、ことばというありとあらゆる要素とからまった結果の産物であるかをさまざまな事例や側面を紹介しながら紐解いている。松茸の「今・ここ」性が無限な要素、ペリーの黒船や、インドシナ戦争に関わったモン族とミエン族、伐採による荒廃した森など、一見繋がりがないように見える要因が実は絡み合っている Polyphonic[5] Assemblage（ポリフォニックな集合体）の中から生じていると提唱している。この本は Language ideology assemblage（Kroskrity, 2018; Kroskrity, 2021）の論文を通してたまたま知った本だが、印象的な出会いとなった。Tsing は初めて Polyphony の音楽を聴いた時のことを振り返りながら、Polyphonic assemblage の概念を下記のように定義している。

> 　I was forced to pick out separate, simultaneous melodies and to listen for the moments of harmony and dissonance they created together. This kind of noticing is just what is needed to appreciate the multiple temporal rhythms and trajectories of the assemblage. (Tsing, 2015: 24)

　松茸の本では、同時進行する異なる旋律（歴史的事象）が調和したり、不協和に奏でられていることに注目し、そのような複数の時間的なリズムや軌跡がともに集まっていることで物事が成り立っている現象を様々な事例を提示しながら説明している。そして、この Polyphonic な集まり（Assemblage）において、人間のみならず、非人間が果たす役割にも重きをおいている。

5　ここで使われている Polyphony はバフチンが提唱するポリフォニー論を指しているわけではない。Tsing は、彼女の著書で、Polyphonic Assemblage の概念を説明する際に、多声音楽の例をだし、複数のパートが独立的に主旋律を奏でながら、音楽を形成している様相を比喩として取り上げている。

> The polyphonic assemblage is the gathering of these rhythms, as they result from world-making projects, human and not human. (Tsing, 2015: 24)

　このセクションでは私の言語観の変容がいかに Polyphonic Assemblage の現象化であるかということを、メトロリンガリズムという概念が生まれ、発展していく軌跡と私自身の（身体的かつ思考的）移動の軌跡とをからめながら、時空間を Polyphonic に行き来しながら書きたいと思う。特に、「場所のレパートリー」に行き着く道のりに焦点をあてる。

　さて、John のメトロエスニシティの論文をもってシドニーに戻ったあと、無事 Where am I from の論文を執筆し終えたが、そのころ、指導教官であり、同僚である Alastair Pennycook と何度もメトロという表現についてメールのやりとりをした。日本語を含む多言語資源話者である Alastair とのやりとりということもあって、お互い色々な言語資源を取り混ぜて冗談めいた新しい表現を作っては、それらをメールの中で使っていた。色々研究のことを考えて疲れた時には、「Noh ga itai」（脳が痛い）。それを通り過ぎて、脳を使い切ってしまった時は、「No Pear」（脳梨 —— 無し）というような言葉遊びの表現が繰り返し使われ、私達のことばのレパートリーとなっていた。

　このようなやり取りの中から、ある日 Metrolingualism という新しいことばが生まれ、最初の共著 *Metrolingualism: Fixity, fluidity and language in flux* (Otsuji & Pennycook, 2010) を執筆することになる。Metrolanguage (Maher, 2011) というように、ある言語や言語形態を表すのではなく、-ism でくくることによって、Metrolingualism は概念やアプローチを指している。ことばとは、その場の（言語）相互行為（Local Interaction）の中から生まれると定義し、Ludic（遊び心）な表現などをも含めて、規範的な言語使用にチャレンジした。言語や文化の境界を「言語，文化，エスニシティ，国籍，土地の繋がりを前提とせず、そのような関係がどのように作られたり，抵抗されたり，無視されたり、再構成されたりするかを探る」ことをその目的とし (Otsuji & Pennycook, 2010: 246)、規範的な固定性（fixity）とそれを崩そうとする流動性（fluidity）の２つの力を行き来するような言語・文化現象を探っ

ていった[6]。この論文はメトロリンガリズムの代表的な論文として引用されているが、メトロリンガリズムの概念はそれから 11 年の間、いろいろな変遷・発展を経てきている。

　その後、ARC（Australian Research Council）の助成金に Alastair と申請し、運良く通り、5 年間のメトロリンガルプロジェクトが始まったのが、2011年。その時には、すでにメトロリンガリズムという用語を使った論文を 3 〜 4 本ほど共著と単著で書いていたが、それらは博士論文で使用した、会社における雑談のデータが基になっていた。ARC のプロジェクトは、対象を広げ、人、ことば、活動が集まる多様な仕事場をデータとし、都市がいかに様々な多言語活動や多様性によって構築されているかを探ることを目的とした。都市は常に有機的に生成されている過程にある。その中で、移民、人、言語資源、政策、経済、政治、建物、生活習慣、言語活動、街の景観がどのように複雑に、そして、動的にからみあって街を形成しているかに焦点を置いた。建築現場、レストラン、キッチン、種々様々な店が軒を連ねている道や店、市場など、都市を形成する現場における日常の言語活動を研究するということで、接頭語である「メトロ」を都市・場所を意味すると定め、さらに Multi- や Bi- などというように複数の個別言語を前提とした接頭語に潜む言語イデオロギーを疑問視することより、「メトロ」という非可算性に基づいた接頭語を使うとした。

　データ収集には時間がかかった。相手の信頼を得るのに何度も現場に足を運び、さらには、Participants approach（参加型のアプローチ）を採用し、実際に自分が客として何度もレストランに行ったり、買い物したり、ベトナム系の移民が多いビューティサロンでは生まれて始めて眉毛を揃えてもらいながらインタビューをしたりした[7]。青果市場で働いているレバノン系 2 世、シドニーで一番古い日本食材店の当時 70 歳後半だったオーナー[8]、工事現場で

6　博士論文では Monolithication vs Hybridisation という表現を使った。

7　インタビュアー・インタビュイーという力関係をできるだけ崩す試みをした。ビューティシャンとして、客と話すという自分が慣れている状況下では緊張がほぐれたせいか、自由に話をしてくれた。

8　この論文の執筆中、2021 年 4 月 15 日店主が亡くなった。彼女はシドニーの日本人コミュニティの中心的な存在で、私を含め多くの人が彼女を慕っていた。この場を借りてご

働くユーゴスラビア崩壊後に移民してきたセルビア系とボスニア系のオーストラリア人、ギリシャ系のオーストラリア人が経営するピザ屋のキッチンで働くポーランド人やネパール人をはじめとした様々な人、ことばだけではなく、多様なライフストーリー、習慣、服装、匂い、色彩、歴史、地理などと接することができ、驚きと興奮の連続で、研究対象に対する好奇心はますますそそられた。実際、建築現場に興味を持ったのは、自分のアパート全体のベランダのコンクリートの大修理工事がきっかけで、朝起きるといろいろなことばがベランダから聞こえてきたことに興味を持ったことから始まる。修理の段階によって、東ヨーロッパの「言語」から、「中国語」などと色々なことばの資源が聞こえてくるように変わってきた[9]。また、彼らがランチの時間に建物の入り口に座ってそれぞれ持ってきたランチボックスを食べている様子を見ていると、ムサカがどこの料理か（「トルコだ」「マセドニアの料理だ」、「オスマン・トルコの時にセルビアにも入ってきたんだ」）などという会話や、ランチボックスを指さしながらお互い未知の食べ物を交換したりしながら、会話が成立している様子などを目の当たりにした。ここでも、ランチボックスという言語外のモノの会話への貢献に興味をもった。毎日のように挨拶を交わしたり、雑談を重ねたりしているうちに、だんだんと距離が狭まり、信頼関係もできた。その頃、自然と彼らも研究への興味と理解を示してくれるようになり、データ収集への参加を承諾してくれた。ベランダの工事は 4 〜 5 ヶ月ぐらいだったが、その後も彼らが働いていた別の工事現場にもお昼頃に訪問し、一緒に工事現場の地下の物置や、屋上のテラスなどでランチをともにして、データ収集をした。このようなデータ収集の過程からもわかるように、自分の日常生活と、データ収集の境界、そして、このデータ収集自体が、私のライフストーリーの一部となっていった。そして、2021年の現在も、当時のデータ収集の過程で知り合った人の中の数人や店やレストランと私の日常生活は繋がっている。

冥福をお祈りする。

9　コンクリート関係はイタリア系、タイルは韓国系が多いなど、職種によってある移民のネットワークができてくる。特定の職種と特定の人種の繋がりが強い。

ポリフォニーのセクションなので、ここで少し違う旋律を奏でてみたい。そもそも、私のこの「好奇心」はどこからきたのだろう。子どもの時に、午前中は色々な言語文化背景を持つ、主にイギリスの元植民地だった国からの移民の子どもたちと机を並べ、午後はお昼時間に現地校で「Scottish」を話せという友人に囲まれて時間をすごした経験から、多様性の存在に気づき、興味を持つようになったように思う。共通語がなくても、会話はできるし、遊んだり、親しくなったりできるという感覚も身についた。その一方、日本人だということで、珍しがられ弟と私に向けて「Chinese, Japanese, look at us」と言いながら Chinese と発する時は目尻にあてた指を上に、Japanese と発する時は下に動かして私達の容姿をからかう子もいた。でも、仲のいい Mandy はそのようなことを一回もしなかったし、周りの子どもにもだんだん溶けこんで仲良くなってハロウィーンパーティーに呼ばれたりするようになっていった。ことばと文化の境界線は私の中でも、周りの子どもの中でも、常に存在したり、崩されたり、交渉されたり、再構築されたりしていたように思う。そのような中で、違うというカテゴリーが絶対的ではなく柔軟であると感じるようになった。一緒にフライドポテトを食べたり、隠れんぼをするときには、日本人であろうと、スコットランド人であろうとたいして違わないということを、無意識に、そして理屈抜きに、体感・体験していたのだと思う。

　日本に戻ったあと、スコットランドで知った（皮肉にもイングランドのものだが）マザーグースの歌のテープを、今でも暗唱できるぐらい繰り返して聞いていた。窓から福岡の油山を見ながら、マザーグースを暗唱し、ある時はディクテーションをしたりすることによって、自分なりに移動によって生じた「今・ここ」と「あの時・あそこ」というエジンバラでの経験と記憶の時空間を行き来しようとしていたのかもしれない。そして、父が夕食後おいしそうにスコッチ・ウィスキーを飲む姿など傍でみながら、日々は過ぎていった。

　中学、高校の英語の授業で、モデル会話のレコーディングをリピートすることによって、すこしずつスコットランドのアクセントは薄れていったが、

自分の中のスコットランドの経験は記憶としてだけではなく、いまの生活の端々にも「今・ここ」と「あの時・あそこ」が一体化して存在し、更には将来の研究「未来のいつか・どこか」へと繋がっていくのを日常のちょっとした時に感じる。John Maher との出会いも、遡ればエジンバラが関係しており、大学卒業後、研究生として彼の社会言語学のクラスを ICU で履修していた時、彼がエジンバラ大学で博士号をとったと知り、そこで、エジンバラの話で盛り上がった。

メトロリンガリズムは、それぞれのライフストーリーを持つ私と Alastair が、ポリフォニックに旋律を奏でながら生まれてきた研究で、それぞれの移動、人生の軌跡、研究の軌跡とは切っても切れないものである。私が Where am I from の論文（Otsuji, 2010）で自分の人生の軌跡と研究を綴ったように、Alastair も彼の人生の軌跡を書いた本 *Language and Mobility*（Pennycook, 2012）がある。それぞれの人生の移動の軌跡と研究の軌跡はますます深く関係していったと言える。

さて、データの話に戻るが、種々様々な職場での活動の場に実際に足を運び、やり取りを目の当たりにしたり、また Alastair と議論を交わしたりしている中、メトロエスニシティや 2010 年に書いた論文とはまた違う議論が生まれてきた。

冬の朝 4 時、シドニーで一番大きい青果市場にある、サッカーのピッチが 3 つぐらい入りそうな大きな建物の中でフォークリフトが目まぐるしく動き回る雑踏の中、卸売業者は野菜が入っているダンボールを並べて売り場を作る。建物の北側にはレバノン系の卸売が集中しておりレバノンの茄子をはじめ、中近東の食材によく使われる野菜を主に売っている。南に向かって歩いて行くと、マルタ系、ベトナム系、中国系の売り場が連なっている。言語の景観のみならず、トマト、パクチー、芥藍菜というように野菜の景観も匂いの景観も変わっていく。そこは、まるでオーストラリアの移民の縮図のような場所だ。レバノン系が集まっているセクションで立派なヒゲを生やした 2 世の 3 兄弟が英語、レバノン系オーストラリア人が話すアラビア語、

イスラムの挨拶などさまざまな言語資源を駆使して従業員や客と会話を交わしていた。会話とともにフォークリフトが発する警戒音が混じって聞こえてきたり、パセリやハーブの匂い、黄色くなりかけているズッキーニ、そして、ポータブルな机、その机の横に貼ってあるラマダンのカレンダーなどもその場では大きな意味を持っている。

　マルタ系の客とのやりとりでは、ズッキーニが黄色くなりかけている事実を隠そうと兄弟間がアラビア語[10]で、「Hadol misfareen. Misfareen hadol (These are yellowing. They've gone yellow)」というと、マルタ語とアラビア語は地理的、歴史的な理由で黄色という言葉が似ていたために、マルタ系の客に「Isfar … we understand isfar they are Lebanese (Yellow … we understand yellow)」と返されて話の内容がばれてしまう。その場所で起きているやりとりは、もちろん、言語的な要素も大きな役割を果たしているが、他の要素、野菜と野菜の色（例えば黄色いズッキーニや黄色いマンゴ）、歴史（レバノンやマルタの歴史、それによる言語間の繋がり）、オーストラリアの移民政策（移民のパターン）、宗教、匂いなどがからまって意味が生まれている。そして、その場に身をおくことによって、それらの要素は背景とか文脈として存在しているというより、会話を成立させ、意味を構築する主体の一つであると考え、その場所に関係する資源の総体に目を向けるようになる。

　東京の神楽坂のフレンチビストロでとったデータに出てくる「Pizza も Two more minutes coming」やシドニーのピザ屋でとったデータなども分析し、Alastair と話しあいを重ねていくにつれて明らかになってきたのは、ことばや（言語）レパートリーは必ずしも人に内在するものではなく、何か

10　アラビア語と言っても、オーストラリアのレバノン系 2 世のアラビア語、同じ売場で働いているスーダン系のアラビア語、また後に日本でとったデータで使われていた、チュニジア系のアラビア語では大きく違う。特にチュニジア系のアラビア語を書き起こす時に、ジョルダン系、レバノン系、モロッコ系の人に頼んでも、聞き取れなかったのが、とても印象的である。アラビア語だからといって通じるとは限らない一方で、ここでマルタ系の移民が単語をピックアップしたのは、また面白い現象である。

を達成するための相互作用において援用可能な、その場所にある資源をも含むのではないかということだ。個人の援用可能な資源とは個人の中のみに存在するのではなく、意味生成に関与するその場にある、モノ、色、ジェスチャー、モノに書かれた言語、最近では携帯電話や携帯電話のアプリや辞書などをも含めることができよう。よって、場所のレパートリー（Spatial Repertoire）は、その場所にある種々の資源を擦り合わせながら活動する中で生まれる場所にある資源の総体とする（Pennycook & Otsuji, 2014; Pennycook & Otsuji, 2015b）。つまり、場所のレパートリーは Blommaert & Backus（2013）が言うような個人が過去の経験を通して積み重ねてきた言語資源の総体だけではなく、その活動の場所にあるマルチ・モダル、マルチ・センソリーな意味生成に関わりうるものも含むのである。

　場所のレパートリーを提唱することは、前述の近代主義的な言語イデオロギーから脱却し、ことばをレパートリーとしてみる言語イデオロギーの転回をさらに次の 2 点において進展させていると言える（尾辻, 2020；尾辻, 2021）。1）マルチ・モダル、マルチ・センソリーな意味生成に関わるセミオティック全域へとレパートリーを広げている。2）人から場所（スペース）へとレパートリーの存在範囲を広げている。このような展開がさらなる言語観の変容を推進していくことになる。Smellscape（匂い景観）（Pennycook & Otsuji, 2015a）や Yellow Matters（黄色ってことが大切）（Otsuji & Pennycook, 2018）、Assembling Artefacts（Pennycook & Otsuji, 2017）、さらには、モノに焦点をあてる Inter-artefactual translation（Otsuji & Pennycook, 2021）の論文もこのような広がりの中で生まれた。

　Steffensen（2012）は、場所のレパートリーの概念の根源にある、人がことばを所有するという考えに反対する考えと同調する立場を取り、ことばは個人が所有するものでも個人の脳に内在するものではなく、外に向けて広がり（extended）、分布され（distributed）、状況に埋め込まれている（situated）ものであるとする。Hawkins（2018）も Transmodalities の概念を紹介し、言語そのものが独立して存在するのではなく人間の意味形成や意味を分かち合うための資源の一部であると述べ、ことばとそれ以外のモードやセミオティック資源に同等の重きをおくことを主張している。特に Transmodalities は、モノ（Artefacts）をも含むとし、さらには、「semiotic resources as embedded and given meaning within the specific assemblage, and within trajectories of time and space, continuously shifting and re-shaping in their contexts and mobility.」(Hawkins, 2018: 64) と、セミオティック資源はある独自のアセンブリッジ（集合体）と相まって、時空間の軌跡とともに動態的に意味を成すとしている。

　第一の言語イデオロギーの転回を近代的な言語観からの脱却で、言語をレパートリーとして捉えるシフトだとすれば、場所にあるセミオティック全域へとレパートリーを広げることは、第二の言語イデオロギーの転回といえるのではないかと最近私は思っている（尾辻, 2020；尾辻, 2021）。最近の論文ではこのように述べた。

　　　意味生成の可能性や多様性を培う「ことば」とはマルチ・リンガル、マルチ・モダル（物質的要素や、視線、ジェスチャーなど）やマルチ・センソリー（センス：匂いや音、触覚）などのセミオティック資源のみならず、歴史、地政的要素なども含む時空間の要素と相まって日々の活動において生成されるマルチ・セミオティックもしくはトランス・セミオティックなものであるとする考え方だ（尾辻, 2020: 94）。

　このようなことを書いたが、Hawkins（2018）が言うようにことばとセミオティック資源を分けて考えるのか、セミオティック資源もある種ことばの一部としてとらえ「ことば」を広義にとらえるのか、そもそも、Polyphonic Assemblage の視点で、さまざまな要素が絡み合って、集合体として意味をなすのだとすると、言語資源だけをまた取り出すということは可能なのか、まだまだ、過去・現在・未来への言語観を探る旅は続く。

4.　コーダ ── アイデンティティと湯呑の「thrown-togetherness」

　自分のライフヒストリーと寄り添いながら、言語観の変遷をたどったこの論文を最後にまとめてくれるのは、一つの湯呑だ。それは、赤地に緑の松の絵と黄色い鳥が描かれている九谷焼きの典型的なスタイルのものだ。そして、この湯呑がこのコーダの語り手とならんとするのは、その湯呑の移動の軌跡、そして日常使用を通して湯呑の底にある貫入（細かいひび割れ）に刻

み込まれるこげ茶色の模様ゆえである。

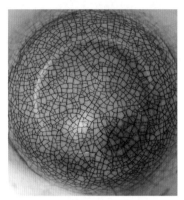

図2　湯呑の底にある貫入

　この湯呑は、生前父が毎日食後に煎茶を飲むのに使っていたもので、当時は貫入も今のように濃い茶色ではなかった。しかし、父が50歳という若さで他界した後、この湯呑は食器棚とともに、福岡から母の実家がある東京へと居を移すことになる。私が東京の大学を卒業後、シンガポール、オランダ、オーストラリアと移動を重ねていっても、一時帰国の際にはいつも父の残したこの湯呑が東京の実家の食器棚の真ん中のガラス戸の中に佇んでいるのを確認したものだった。

　しかし、父の命日であり、偶然このコーダを書いている今日2021年の7月2日、この湯呑はロックダウンの真っ只中であるシドニーの私のアパートの入り口の靴箱の上に置かれている。命日には、特別に、父が好きだったスコッチ・ウィスキーをこの湯呑に注いで供えることにしている。博士課程の勉強で行き詰まり、日本に一時帰国していた時に、食器棚にあった赤い湯呑が目に入り、スーツケースに潜り込ませ、シドニーの家に持ち帰ってきたのだ。それ以来、毎朝自分にコーヒーを淹れるとき、湯呑にも少量のコーヒーを入れ、父の写真の前に置くのが日課となって久しい。もう15年程となる。分子生物学、遺伝学の研究がちょうど脂にのってきた矢先に癌を患い、病床でも最後まで自分の研究の話や将来の夢を話していた父が最後に口にしたのは、病院の喫茶店にブルーマウンテンの豆を持ち込んで挽いても

らって淹れたコーヒーだった。

　大学受験の時、父に英語を勉強したいと言った時、「アメリカやイギリスに行けば、子どもでも誰でも英語が話せるんだから、そんなのを専門にするより、ちゃんと専門性のある知識を身につけなさい。」と反対し、私が理系の道に進むことを望んでいた（うちは祖父を初め、両親、弟、親戚も理系が多い家庭である）。にもかかわらず、父の死後、文系を選んだ私は、博士号にむけて研究をすることで、理系を選ばなかったが、（ことば関係の）専門を身につけたということを示したかった。また、研究の道半ばにして逝った父の分も研究したいという思いも強かった。この湯呑にコーヒーを淹れる行為は、父との対話でもあり、私自身との対話でもあり、博士論文の執筆過程の貴重な一部となった。

　そして、博士課程が終わった後の今でも、この習慣は続いている。Where am I from の執筆中も、メトロリンガリズムの研究で悩んでいる時も、そして今も、コーヒーを淹れることから一日が始まる。この繰り返しの行為を通して湯呑の底にある貫入に刻み込まれる色も年々濃くなっていくと同時に、模様自体も変化してきている。ひびができたり、繋がったりして、まるで新しい境界線ができたり、繋がったりしているようだ。

　文化地理学者の Massey（2005: 140）は here-and-now（ここと今）に起きていることが theres-and-thens（そことその時）という歴史や地理的要素を含み、かつ人と人でないものとの（物資的リソースや空間の構成など）相互交渉をも含有すると提唱し、それを throwntogetherness（共に投げ込まれた一体性）と呼んでいる。その貫入に染み込んだ茶色のパターンの中に時間、空間、「今・ここ」「あの時・あそこ」そして、「未来のいつか・どこか」、その時の匂い、モノ、感触が私の移動の軌跡や、経験、記憶と共に投げ込まれ、私の日々のコーヒーを淹れる行為の中で生きているように思える。エジンバラでの「Scottish」との遭遇、福岡での高校時代に読んだツルゲーネフの『初恋』、John Maher の社会言語学の授業、父との進路のことでの軋轢、さまざまな葛藤、矛盾、私の移動の軌跡、研究の軌跡がこの湯呑の貫入に投げ込ま

れている。そして、その貫入が、Polyphonic な旋律を奏でているとも言える
だろう。

　Blommaert が社会言語学・応用言語学の研究の風潮として、language is
overrated (2019) と、「言語」というものが過大評価されていると、述べて
いる。ここでいう Language が何を意味しているかにもよるが、確かに、ポ
スト構造主義に則ったアイデンティティの研究でよく引用される Norton
(2000: 5) は「言語は言語学習者のアイデンティティの構成要素であり、か
つ言語がアイデンティティを構築する」と述べている。かく言う私も、博士
論文では Norton の論文を援用した。しかし、場所のレパートリーの概念の
形成により、アイデンティティ観も変わってきた[11]。ことばに重きをおきが
ちな言説に構築された個から、モノ、トランス・モダルをも含む Materiality
にも目を向けたアイデンティティの構築の可能性だ。さらに、Steffensen
(2012) が言う、ことばは個人が所有するものでも個人に内在するものでは
なく、外に向けて広がり (extended)、分布され (distributed)、状況に埋め
込まれている (situated) ものであるという議論をアイデンティティにも当
てはめれば、アイデンティティは個人の中のみに内在するのではなく、湯
呑も The Repair Shop に持ち込まれた「家宝」もアイデンティティや人生の
extension でもあり、distribution でもあり、一部でもありうるのかもしれな
い。そして、Making people happen (Kell, 2015) であるように、私のアイデ
ンティティを構築する一要素だといえる。

　言語と言語（バイリンガリズム、コードスウィッチ）の関係や、言語と
人（言語習得、ポスト構造主義的なアイデンティティ）の関係から、ことば
（セミオティック）とマテリアル（モノ、場所）の関係へも目を向けること
で、ことばと移動にさらに新しい視点を加えることができるのではなかろう
か。ロックダウンで移動がままならないシドニーに身を置きながら、今日
もコーヒーを淹れるプラクティスを通して、Immobility の中に投げ込まれた
Mobility を感じながら、この論文を括りたい。

11　ポスト構造主義は、言説によって主体 (Subject) やアイデンティティが構築されるとい
う理解をしている。しかし、言説も言語的なものに結びつける研究が主流であるため、モ
ノや他のセミオティック要素、ましてや言語、人、場所、モノの集合体に目を向けた社会・
物質的なアセンブレッジという観点からアイデンティティを理解していない。

Envoi

　本稿の二校を書いている時、Katie Kitamura（2021）という日系アメリカ人の作家の小説「*Intimacies*」を読み終えた。徹底的に一人称で書かれていたため、主人公の名前はわからないが（それ自体がオープン・エンデッドなアイデンティティで面白いとも思ったが）、「日本人」の両親を持ち、幼少期は親の仕事の関係でパリで過ごし、その後ニューヨークに移り住んだ、日本語、フランス語はもとより、スペイン語、ドイツ語資源が豊富な日系の女性が主人公である小説だ。彼女は父親が死去したあと、ニューヨークからオランダのハーグに国際裁判所の法廷通訳者として再び移動するのだが、そこでの仕事、プライベートでの出会いや様相が、移動を重ねてきた「多言語」話者のタッチで描かれている。Katie Kitamura の生い立ちと重なる背景を持つ小説の主人公。ある意味、Autoethnography 的な言及が主人公の口を通して小説に散りばめられていたように思う。

　印象的だったのは、小説の最後で、移動を重ねた人生との折り合いをつけるべく、自分が、子どもの頃に父親と駆け回ったというハーグの海岸近くの砂丘（Dunes）を歩いていた時の様子を喫茶店で「恋人」に話している場面だ。主人公は、その時に感じたことをうまくことばにできず次のように心の中でつぶやく。「It was only a simple stretch of sand, the same water that lapped on the shore elsewhere. And yet for a brief moment I had felt the landscape around me vibrate with possibility」。そこにある水が、他のところに漂っていたということに気づいた時、自分の周りの風景が可能性に満ちて振動をしているのを感じた瞬間を振り返っているのだが、この内声は、古代ギリシャの哲学者ヘラクレイトスの「You can never step into the same river twice」という有名なことばと対象的である。つまり、ヘラクレイトスは「万物は流転する」というメッセージを固定した人間の視点から見ている一方、小説の主人公は「今・ここ」にある水は、「あの時・あそこ」という、他の場所に流れていたものだと水の視点に依拠した認識に主眼をおいている。ことばや場所の移動を常に続けてきた彼女の過去、現在、そして未来がハーグの海岸の砂丘に投げ込まれていると気づいた瞬間に、自分の拠り所を見つけたのだ。こ

こでは、人間の動作主体性を通して、川の流動性を図るヘラクレイトスの視点ではなく、水と砂に動かされた主人公の様子が見られた（Making people happen）。この、ヘラクレイトスの固定された自分の視点から水の流れを描写するのが天動説だとすれば、Katie Kitamura の描写する移動を重ねた主人公の心を動かし、可能性に秘めた振動を与えた水が地動説的な世界観なのかもしれない。この編著の趣旨と重なる点がおおいにあるのではないかと思った。

参考文献

尾辻恵美（2020）「多文化共生と「多」言語共生時代——メトロリンガリズムの視点からの社会統合の内実」福永由香（編）庄司博史（監修）『顕在化する多言語社会日本——多言語状況の的確な把握と理解のために』(pp. 81-112.) 三元社

尾辻恵美（2021）「第二の言語イデオロギーの転回におけるメトロリンガルの強み」佐藤慎司・尾辻恵美・熊谷由理（編）『ともに生きるために——ウェルフェア・リングイスティクスと生態学の視点からみることばの教育』(pp. 105-134.) 春風社

川上郁雄（2022）「なぜ「移動とことば」の語りなのか」川上郁雄・三宅和子・岩﨑典子（編）『移動とことば　2』(pp. 1-13.) くろしお出版

Blommaert, J. (2011) Language and superdiversity. *Diversities, 13*(2), 1-20.

Blommaert, J. (2019) Communicating beyond diversity: A bricolage of ideas (with O. García, G. Kress & D. Larsen-Freeman). In A. Sherris & E. Adami (Eds.), *Making signs, translanguaging ethnographies: Exploring urban, rural and educational spaces* (pp. 9-35). Bristol: Multilingual Matters.

Blommaert, J., & Backus, A. (2013) Superdiverse repertoires and the individual. In I. de Saint-Georges & J.-J. Weber (Eds.), *Multilingualism and multimodality: Current challenges for educational studies* (pp. 11-32). Rotterdam, The Netherlands: Sense Publishers.

Butler, J. (1997a) *Excitable speech: A politics of the performative.* London: Routledge.

Butler, J. (1997b) *The psychic life of power.* Stanford: Stanford University Press.

Butler, J. (1999) *Gender trouble: Feminism and the subversion of identity* (10th anniversary ed.). New York: Routledge.

Hawkins, M. (2018) Transmodalities and transnational encounters: Fostering critical cosmopolitan relations. *Applied Linguistics, 39*(1), 55–77.

Kell, C. (2015) "Making people happen": Materiality and movement in meaning-making trajectories. *Social Semiotics, 25*(4), 423-445.

Kroskrity, P. V. (2018) On recognizing persistence in the Indigenous language ideologies of multilingualism in two Native American communities. *Language & Communication, 62*, 133-144.

Kroskrity, P. V. (2021) Language ideological assemblages within linguistic anthropology. In A. Burkette & T. Warhol (Eds.), *Crossing borders, making connections: Interdisciplinarity in linguistics* (pp. 129-142). Berlin and Boston: De Gruyter Mouton.

Kitamura, K. (2021) *Intimacies*. London: Jonathan Cape.

Maher, J. C. (2005) Metroethnicity, language, and the principle of Cool. *International Journal of the Sociology of Language, 11*, 83-102.

Maher, J. C. (2011) Metroethnicities and metrolanguages. In N. Coupland (Ed.), *The handbook of language and globalization* (pp. 575-603). Chichester: John Wiley & Sons.

Massey, D. (2005) *For space*. London: Sage.

Norton, B. (2000) *Identity and language learning: Gender, ethnicity and educational change*. Essex: Pearson.

Otsuji, E. (2008) *Performing transculturation: Between/within 'Japanese' and 'Australian' language, identities and culture* [Doctoral dissertation, University of Technology Sydney]. https://opus.lib.uts.edu.au/handle/10453/19981

Otsuji, E. (2010) Where am I from: A metro perspective of sense of origin. In D. Nunan & J. Choi (Eds.), *Language and culture: Reflective narratives and the emergence of identity* (pp. 186-193). New York: Routledge.

Otsuji, E., & Pennycook, A. (2010) Metrolingualism: Fixity, fluidity and language in flux. *International Journal of Multilingualism, 7*(3), 240-254.

Otsuji, E., & Pennycook, A. (2018) Sydney's metrolingual assemblages: Yellow matters. In A. Chik, P. Benson & R. Moloney (Eds.), *Multilingual Sydney* (pp. 40-50). London: Routledge.

Otsuji, E., & Pennycook, A. (2021) Inter-artefactual translation. In T. K. Lee (Ed.), *The Routledge handbook of translation and the city* (pp. 59-76). Oxfordshire: Routledge.

Pennycook, A. (2012) *Language and mobility: Unexpected places*. Bristol, UK: Multilingual Matters.

Pennycook, A., & Otsuji, E. (2014) Metrolingual multitasking and spatial repertoires: 'Pizza mo two minutes coming'. *Journal of Sociolinguistics, 18*(2), 161-184.

Pennycook, A., & Otsuji, E. (2015a) Making scents of the landscape. *Linguistic Landscape, 1*(3), 191-212.

Pennycook A., & Otsuji, E. (2015b) *Metrolingualism: Language in the city*. London: Routledge.

Pennycook, A., & Otsuji, E. (2017) Fish, phone cards and semiotic assemblages in two Bangladeshi shops in Sydney and Tokyo. *Social Semiotics, 27*(4), 434-450.

Pratt, M. L. (1992) *Imperial eyes: Travel writing and transculturation*. London and New York: Routledge.

Pratt, M. L. (1994) Transculturation and autoethnography: Peru 1915/1980. In F. Barker, P. Hulme & M. Iverson (Eds.), *Colonial discourse/postcolonial theory* (pp. 24-46). New

York: Manchester University Press.

Steffensen, S. V. (2012) Beyond mind: An extended ecology of languaging. In S. Cowley (Ed.), *Distributed language* (pp. 185-210). John Benjamins.

Usher, R. (1996) A critique of the neglected epistemological assumptions of educational research. In D. Scott & R. Usher (Eds.), *Understanding educational research* (pp. 9-32). London and New York: Routledge.

Tsing, A. L. (2015) *The mushroom at the end of the world: On the possibility of life in capitalist ruins.* Princeton University Press.

第3章

「が」の正体

痛みをのりこえてひらく花

半嶺まどか

　　金がないなら　海にが行くさ。
　　魚があれば　生きられる。
　　なんくるないさ　やってみれ。
　　　　　　　　　　（BEGIN「オジー自慢のオリオンビール」[1]）

1.　はじめに

　なぜ、ことばを学ぶのに、心が痛むのか。八重山のことばを学び、話すときには、他のことばを学んだときとは明らかな違いがある。それは、痛みというとネガティブに聞こえるが、抑圧され排除されてきた歴史と、政策的に居場所のあいまいなことばとして扱われる暴力的な側面からの癒しや解放的な感覚にもつながる。マイノリティとされることばを学ぶときに、ことばでは語ることが難しい情動の変化として、恐れや、痛み、葛藤がある。北アメリカのネイティブアメリカンのコミュニティでのケーススタディ

1　作詞：BEGIN　2005年、圏点は筆者による。

としての言語復興に関する研究を通して、Nora Marks Dauenhauer と Richard Dauenhauer は、以下のように書いている。

> In reality, many people are afraid of the traditional language. It is alien, unknown, and difficult to learn. It can be a constant reminder of a deficiency and a nagging threat to one's image of cultural competence. For others, the mere thought of the language stimulates a fear of unplugging evils of the past, real or imagined. While we consider such lines of reasoning to be fallacies, some people are clearly tormented by them as real or potential. (Dauenhauer & Dauenhauer, 1998: 76)

　現実では、伝統的なことばを多くの人は恐れていると述べる彼らの主張は、私が博士論文 *Speaking our language and being beautiful* で述べたように、ことばに対するネガティブなイメージの脱却が decolonization（権力からの脱支配）につながり、マイノリティとされることばを学ぶ話者や学習者のコミュニティにとっての開花につながる（Hammine, 2020a）。川上・三宅・岩﨑編（2018）は、現実を生きる人々の生活を、「移動」と「ことば」という二つの焦点で捉えるアプローチから、移動性、複文化性、複言語性を持つ人のあり方を考察することが 21 世紀の社会的課題であるとするが、本稿では、社会的にマイノリティとされることばについて、移動性、複文化性、複文化性という視点から、筆者の経験をもとにオートエスノグラフィ（autoethnography）により記述する。本稿では、国境・県境を越えない移動、また空間的な移動だけでなく時間的な移動にも注目する。

2.　オートエスノグラフィ

　私は、石垣島宮良村出身の父と、沖縄島与那原町出身の母のもとに 1988 年に生まれた。沖縄島と石垣島は、2009 年にユネスコによって危機言語とされた琉球諸語[2] が伝統的に話されている琉球列島の島々である。ユネスコ

2　琉球諸語は、方言とも記述されることもあるが、本章では、沖縄語、八重山語とし、そ

が発表した危機言語の世界地図では、日本国内に8つの消滅危機言語が記載された。地図上、危機の度合いは、5段階に分けられ、アイヌ語は、「極めて深刻」、八重山語と与那国語は「重大な危機」、八丈語、奄美語、沖縄語、国頭語、宮古語は「危険」と示された（Moseley, 2010）。現在、琉球列島では、さまざまな行政機関および地域、個人のレベルで、草の根的な継承活動が進んでいる（Ishihara, 2016；Heinrich, 2018；横山, 2019；崎原・親川, 2021）。その琉球諸語と呼ばれることばの中で、私は自身の父方の祖父母の村である石垣島宮良地区のことば（めーらむに）を学び、ことばの再活性化（language reclamation）の活動と研究を行っている。

　本稿では、なぜ私がこのような活動や研究を行うようになったかを、2020年に仕上げた博士論文の内容をもとに、オートエスノグラフィに基づいて考えたい。オートエスノグラフィとは、「調査者が自分自身を研究対象とし、自分の主観的な経験を表現しながら、それを自己再帰的に考察する手法」（井本, 2013: 41）である。川口（2019: 154）は、オートエスノグラフィは、「自己のホーム[3]にて、あるいはネイティブ[4]として民族誌的営為に取り組んでいる、まさにその自分自身を問いの対象として記述考察していく研究の手法である。」としている。そのプロセスを通して、自分の感情の動きに向き合いながら、それも考察の対象として研究を進めていくのがオートエスノグラフィの特徴である（川口, 2019）。

　オートエスノグラフィでは、研究者自身の感情やローカルな知識が研究に影響を与えることを前提とし、ジェンダー、エスニシティ、セクシュアリティ、人種など社会的なアイデンティティによって、書くこと、読むこと、分析すること、表現することが影響を受けるのは当然であるととらえる（Jones, 2005; Adams et al., 2015; Spry, 2018; Phipps, 2019）。さらに、オートエスノグラフィは、「当事者であるからこそ語れる個人感情経験がテーマとして取り上げられることが多い。自分自身の経験を振り返り、「私」がど

のうちの石垣市字宮良で話されることばを「めーらむに」とする。

3　自己のホームとは、研究者自身が文化的な内部者となるコミュニティや集団のことで、本稿では、八重山、沖縄のそれぞれのコミュニティのことを示す。

4　ネイティブとは、研究対象となるコミュニティの当事者のことで、エスニシティを表すことが多い。

ように、なぜ、何を感じたかということを探ることを通して、文化的・社会的文脈の理解を深めること」（井本，2013: 104）を目指す。ズラズリ（2021: 4）は、琉球諸語の話者や新しい話者が経験する葛藤や情動を伝える方法として、オートエスノグラフィを取り上げ、再帰的な振り返りや、深い探索を通して、「自他の葛藤の意味」や、「生き方の方向性」を見出していくことができると述べている。本稿は、Hammine（2020a）に記述したような再帰的な問い、学ばなくてもよければ、学ばない方が幸せなのかもしれない、話さなくてもよければ、話さない方が幸せなのかもしれない[5]などということばを学ぶ中で繰り返し起こる葛藤や情動を記述する。

　本稿では、石垣島と沖縄島出身の二人の祖母と私の対話を通したオートエスノグラフィによる研究を通して、二人の祖母と私双方にとって、時、空間の移動とことばとアイデンティティのかかわりがどのように変化しているかを論じる。八重山の石垣島出身の祖母（本稿では、石垣島の祖母）は、石垣島宮良村から、戦争中に台湾へ移動し、戦後石垣島へ戻っている。沖縄島の祖母は、沖縄島の与那原から戦争中に九州の宮崎県へ疎開し、戦後沖縄島に戻っている。私は祖母との対話を通して彼女たちのことばと移動の経験が私自身に与えた影響を考える。次に、私自身のオートエスノグラフィを通して、文化、時間、空間、ことばの境界の移動が、現在の私の言語継承活動にどのような影響を与えているかを分析する。

　特に、今の私がなぜ language revitalization、reclamation（言語復興、再活性化）にかかわる研究を行っているのかを「移動」と「ことば」に注目し、分析する。さらに「日本・日本語」の持ちうる政治性によって見えなくなる傾向にあるマイノリティとされることばについて、痛みを超えた先にある土着性の開花（indigenous efflorescence）の方向を探りたい（Roche et al., 2018）。

3.　ことばと移動とアイデンティティ

　私は、2020年4月から沖縄島の北部名護市に住んでいる。それ以前の空

5　"Should I become indigenous if my community does not want to be indigenous? Although I find myself as indigenous, people in my community are not, or should I say, cannot be indigenous? Should I speak the language or not?" (Hammine, 2020: 90)

間的移動としては、八重山、沖縄、ミネアポリス、東京、エディンバラ、名古屋、フレンスブルグ（ドイツ）、ロバニエミ（フィンランド）、ヴェネツィア（イタリア）を経験している。

八重山と沖縄島南部では、幼少期から17歳までを過ごし、その後アメリカのミネソタ州ミネアポリスへ交換留学をし、大学は東京で過ごした。その後、大学院修士課程をエディンバラで終え、名古屋で高校の教員となった。その後ヨーロッパ域内で博士課程を過ごし、沖縄に帰ってきた。

国境を越えた移動もあれば、それぞれ移住先の国内での国境を超えない移動もある。それぞれの場所での経験が私のアイデンティティ形成と研究に深く関わっていることは間違いない。時系列的にそれらをあと付けていく作業を通じて自身の、少なくとも現時点でのことば・移動・アイデンティティについて考えてみたい。

4.　宮良、八重山、与那原、沖縄 ——「私」に繋がるものとしての祖母たち

私が生まれ育った環境では、本土のものは「上品」であるといわれてきた。祖母は、本土からのお土産がとどくと、いつも「やはり、本土のお菓子は上品」であるということを語っていた。テレビを見ながら、全国ニュースで、沖縄のことが取り上げられ、沖縄の子どもたちがインタビューされるのを見ながら、「やはり、沖縄の子どもは、きちんとしゃべるのが苦手」だと、語っていた。その環境とは、二人の祖母と両親に強く形作られていたように思う。特に二人の祖母との関係は現在私がこのような研究をするようになった背景以上のものだと考えている。

沖縄島の祖母は、6人兄弟の長女として育った。戦中は宮崎県へ疎開し、戦後、沖縄島の南部与那原へ戻ってきた。親の反対を押し切り、琉球政府立の琉球大学の第一期卒業生となり国語の教師として那覇市の中学校で教鞭をとった（半嶺, 2017）。この世代の教員はのちに「本土復帰運動」の中心となった世代でもある。彼女が「方言」としか呼ばなかった、うちなーぐち（沖縄語としてくくられる一つの言語変種）は、子どもたちに対して話すことばではないという思いがあったからか、祖母は学校で「国語」として子ど

もたちに教える「標準日本語」を私と話していた。しかしたまにではあったが、感情的になったときには、そのうちなーぐちで怒るので、私は、小さいころから成長した後もうちなーぐちを聞くと怒られているような気分になったのだった。

　石垣島の祖母は、5人兄弟の長女として育った。石垣市字宮良で育つが、小学校のころ、戦争になり、台湾へ働きに出た。勉強は得意で、教師になるのが夢だったが、終戦後、シマへ帰ってくると、働くことを余儀なくされたため、中学校には行けず、夢だった学校の先生にはなれなかった。結婚をし、パイナップルやコメを作る農家として、子どもたちを育てた。そんな祖母が私を含む孫や、父や父の兄弟姉妹に対して、めーらむにを話すことはなかった。自分がしたくてもできなかった勉強を、子どもや孫にだけは、どうしてもさせてあげたいという思いから、「やまどぅむに（日本語）」を使ったのだろう。うっすらと、祖父と祖母はお互いめーらむにを使っていた記憶があるが、子どもたちには、「やまどぅむに」だった。しかし、いつも、私の話を、「あんじなー、あんじなー（そうだね、そうだね）。」と聞いていた。

　また、私は、内地（日本本土）のものがなんでも「上品」であるという感覚、つまり沖縄のものはそうではないという意識を知らず知らずのうちに内面化していた。本土の大学へ進学する際には、両親は、沖縄のことばを使うと馬鹿にされるから使わないように、と私に伝えたが、同じように本土の大学へ進学した多くの友人が、共通した経験を持っていたことを後々知ることになる。ことばそのものだけではなく、例えば、沖縄では女性は成長しても日常的に名前を使って一人称を「まどか〜がね〜」のような表現をするが、それを訂正し、「私」と呼ぶように言われた経験などは、私の同世代の多くが経験しているようである[6]。

　二人の祖母は、どちらもそれぞれが生まれた沖縄島と石垣島から、日本本土と台湾への移動をしている。それぞれの出身地のことば（沖縄語と八重山語とされることば）を話さなくなったのは、沖縄の祖母にとっては疎開した

6　2021年9月18日にしまくとぅばの日にちなみ、沖縄県出身の若者二人のポッドキャスト、iYasasa Radioにて、今の若い世代がことばの強制を受けた経験を語っている。

ときの経験[7]と関わると思われ、石垣の祖母にとっては、台北で「日本」から来た夫婦の子守りとして雇われて終戦とともに石垣島へ帰った経験とも関係している。彼女たちは、孫である私に、彼女らのことばを伝えようとはしなかった。

石垣島は、生まれてしばらく住んでいたらしい場所ではあるが記憶はほとんどなく、私にとって夏休みに地域の行事などで帰る場所であった。私は、小さいころから沖縄で沖縄の人だと思われないことが多かった。小学校のころから沖縄島の与那原町と八重山の石垣島、宮良地区を行ったり来たりしていた私にとって、石垣の宮良で、親戚や周りの人々から、「半嶺まり[8]」と呼ばれることがうれしかった。時間的には圧倒的に長い間、生活の場であった沖縄島にいるときよりも居心地が良かったのかもしれないと今では思う。

のちに経験したことだが、内地（日本）でも半嶺という苗字はもちろん珍しかった。ただ、沖縄の名前だというと簡単に納得されるのと対照的に沖縄島では、どこの苗字なのか、どのように漢字で書くかをたびたび、ことばを選ばなければしつこく聞かれる。沖縄島で、どこの人なのかを聞かれるたびに、父が「石垣の人」だと伝えると、「あぁ、だから珍しいんだね。」といわれる。「沖縄」という括りが誰のためのものなのかを考えさせられ続けたとも言えよう。どこまでが、「沖縄」なのだろう。自分に突きつけられる「他者性」は高校を卒業するまで暮らした、「出身地」としか言いようがない沖縄（島）でも感じていたのだった。

5. ミネアポリス、東京──「日本人」であること

琉球諸語は、国際的な基準に照らし合わせると先住民言語、また少数言語としてとらえられるが、私にとってはそれ以上に、「今では」自らの家族のことば（継承言語）であり、日本の単一言語イデオロギー（イ，1996；安田，1999）によって隠されていた自らのルーツのことばである。ここで、「今で

---

7 沖縄の子どもの疎開は期間と規模において本土の子どものそれと大きく違った。

8 まりというのは、生まれという意味があり、八重山に帰ると苗字と容姿でどの家に所属するかを判断されることが多い。

は」と強調しているのは、このような意識は、移動と高等教育の経験を通して私にもたらされたためである。

国際基督教大学 (ICU) に入学すると、一年次の教養科目でアジア音楽史を履修し八重山の音楽を専門の一つとするマット・ギラン先生に出会い、八重山の話で盛り上がった。また、当時知り合った東京外国語大学の社会言語学者の前田達朗先生に沖縄のことばは「言語」だと学んだときには衝撃を受けた。世界各地でマイノリティとされる人々は「彼らの」ことばを学ぶ時に同様の経験をしていることも知ることになった。

例えば、Hornberger (2014) は、南アメリカの先住民言語であるケチュア語の話者のアイデンティティついて言及し、教育の中で土着のことばと民族性に関わるアイデンティティが形成され、ことばを獲得していくことを通して初めて indigenous なアイデンティティを獲得することを質的なライフストーリー研究をもとに述べている。また、フィンランド、ノルウェー、スウェーデン、ロシアで伝統的に話されているサーミ語の継承と教育に関するエッセイのなかで、Hirvonen (2008) は、先住民言語であるサーミ語の教育を分析し学校教育でサーミ語を話す環境を作ることが、少数言語を話す子どもたちの自己肯定感を高め、ローカルにもグローバルにも言語、文化間を行き来するコンピテンスを高めることができると述べている。

Hornberger (2014) も Hirvonen (2008) も教育を通して土着のことばについて知り、伝統的なことばを学ぶ事でアイデンティティが構築される経験を示す。これらは、川上・三宅・岩﨑編 (2018) の述べる「空間的」「時間的」移動を通して、形成されるアイデンティティの構築・交渉・変化の例である。同書ではさらに、国籍、エスニシティなどといったくくりでは語れない移動に目を向けることで、マジョリティからは見えにくい「規範」に気づき、世間ではマイノリティと把握される人々の持つ視点や世界観をとらえることで、世界認識が豊かになる可能性にも触れている (三宅他，2018: 280-281)。私の場合も、移動と移動を通して得られた人との出会いが、少数言語、危機言語とされる琉球諸語を学ぶきっかけと原動力となった。

高校時代にアメリカのミネアポリスへの交換留学をした時には、沖縄あるいは八重山ということを初対面で聞かれることはあまりなく、「アジア人」としてまなざしされる経験をした。交換留学先の公立の高校では、様々な人種

のクラスメートがいた。カフェテリアで人種によって分かれて座るテーブルが何となく決まっているような高校で、「日本から来た留学生」として紹介され、日本語の授業にも時折参加した。しばらくすると、特に、アジア系アメリカ人やメキシコ系アメリカ人の友達と仲良くなり、アジア人としてみられることに慣れていった。私が留学した高校では、モン人で移民として家族でアメリカに移住した学生（二世、三世）が多く在住しており、家庭ではモン語を話していた。なぜ彼らがアメリカにいるのかを知るのは留学を終えてからであったのだが。

　大学入学後は、アメリカにいた時より、ことばを選ばれ、話しかけられる経験をした。例えば、留学生と思われ、英語で話しかけられることもあった。クラスメートには海外で幼少期を過ごした友人も多く、初めて日本の本土[9]で過ごした私にとって、「外国人」としてみられる経験は、衝撃的であった。アメリカでアジア人、日本人とくくられたまなざしを受け、そう自己で認識していた前提が崩れた。そして「典型的な」沖縄の人として見られる経験から私は初めて自分の中の「沖縄」を意識した。クラスメートから私が日本人なのかどうかを尋ねられたときには、「沖縄出身だよ。」と答えると、「あぁ、たしかに、沖縄っぽいね。」と納得された。自分は漠然と日本人であると考えていたにもかかわらず。

　このように沖縄島でも、東京にいても、私は「日本人」だと思われない経験を度々した。初対面の人から、しばらく付き合いのあった人にも「まどかってハーフみたい。」と言われる経験が多くあった。初めてハーフということばを使って描写された時には、「私は、八重山と沖縄のハーフである」などと、伝えたこともあった。しかし、日本社会（あるいは沖縄でも）の中であいまいにされている沖縄と八重山、琉球のエスニシティを、沖縄人、八重山人、という単語を使って表現することが適切であるのかを考えてきたが、今は使わないようにしている。

　その単語を使ったとたん、そこから零れ落ちる存在にも気づくからだ。移動した社会のどこにも当てはまらないことを繰り返してきた私の経験は、○○人という単語を使うと、それではくくれない「声」をもつ存在としての

9　琉球列島からみた日本本土のこと。

「私」をうまく表現できない可能性があるということに気づかせた。そう規定してしまうことで「規定」に当てはまらない人々は、自身の表現の仕方がよりわからなくなってしまい、さらに周縁化され、見えなくなってしまう可能性がある（石原, 2020）。また、○○人ということばで、規定してしまうと違和感があるのは、日本語で「沖縄人、八重山人、宮良人、与那原人」などと表現することが社会的に受け入れられていないからかもしれない。うちなーぐちやめーらむにでは、それに対応する単語があるのにもかかわらず。

　しかし表象することばを持たないということは、他者化されたとしても、他者になりきれない可能性を含み、このような会話は、私がどのアイデンティティを他者から与えられ、そしてアイデンティティ交渉しているのかを考えさせられる（Blackledge & Pavlenko, 2004）。私は、他者から沖縄にいると「八重山の人」というくくりでとらえられ、東京にいると「沖縄の人」というくくりでまなざされるのだということを痛感する。他者との関係性と帰属する社会グループによって、流動的にアイデンティティが変化する例である（Norton & Toohey, 2011）。

　「まどかって、沖縄出身なのになまりないね。方言しゃべって。」本土出身の友人たちから何度も声をかけられるまで、自分の「沖縄」のことばを意識したことがなかった。きつかった。沖縄のことばを自分のことばとして認識していなかった私にとって、何度も「沖縄人」として沖縄らしさを求められるのは、つらかった。「沖縄出身者」という他者化されたまなざしを受けてから初めて私は意識的に沖縄の人（うちなーんちゅ）となったように思われるが、沖縄では、時と場所と相手によっては「八重山の人（やいまぷぃとぅ）」ともなる。

　方言という言い方をされることもある（あった）うちなーぐち（沖縄語）や、やいまむに（八重山語）も、育った環境では聞くことはあっても話す機会はほとんどなく、沖縄にいるときは、方言は、ヤンキー[10]の話すことばであると意識があったためか、話すことはほとんどなかった。大学のクラスメートにとって、メディアなどによって表象されたステレオティピカルな沖縄のことばと私が話すことばは違っていて、彼らの想定あるいは期待

10　ここでは、非行や不良行為をする若者のことを指すことばとして使用している。

する「沖縄」のことばとは違うあまりなまりのないことばだったのだろうか。その中でも、ちょうど 2001 年ごろから NHK で放送されたテレビドラマ「ちゅらさん」や、また沖縄出身の歌手やタレントに注目が集まっていたころに、中高生時代を過ごした世代の大学のクラスメートにとっては、典型的に表象される沖縄の人のイメージと私のイメージが重ならなかったのであろうか。こうした他者とのやりとりは、「うちなーんちゅ」というアイデンティティに初めて気が付いた（もしくは、気づかされた）経験である。

　大学にあった沖縄県人会にも参加した。同級生同士、沖縄出身ということで、毛深いということを笑った経験が今でも思い浮かぶ。日本人として標準語を話すことは、沖縄にいたときは私の日常であった。東京に移住したとたん、他者としてまなざされた私は、「日本・日本語」の持つ政治性から見えなくなっていた「ことば」を意識した。毛深さを笑う沖縄県人会の同級生との会話は笑いながらもつらかったが、今考えると、この経験もまた、日本人として受け入れられるだろうと思っていた沖縄・アメリカに住んだ時期と、日本本土に住んだ時期の他者からまなざされる視線の違いである。

　その頃八重山民謡を習い始めた。これは、高校時代まで毎日家で八重山民謡を歌い、三線を弾いていた父の影響が大きい。移動によってもたらされた他者との出会いの中で、「沖縄」のことばを意識させられたときに、「本土からみた沖縄」のくくりでは十分に語れない「沖縄」の周縁ともなりうる「八重山」の存在にも気づいた（前田, 2010）。沖縄島では、一般的な「うちなーんちゅ」というくくり方にも、違和感があり、そこから零れ落ちる「やいまぷぃとぅ」にもなりきれない自分にも気づいた。

6.　スコットランド、ラップランド ── 「抑圧された言語」への気づき

　東京で過ごした学部時代に、英語の教員免許を取得した私は、専門的に応用言語学を学びたいと思い、大学院への進学を考えた。国際交流人材育成財団からの奨学金も同時に受けることになり、英語の中の多様性に気づいたそのころの私は、沖縄と似たような排除や抑圧の歴史のあるスコットランドに魅力を感じ、エディンバラ大学の大学院の修士課程に学んだ。スコットラン

ドでは土着のことば、スコットランドの少数言語であるゲール語を話す人々に出会った。修士論文で取り組んだバイリンガル教育の研究では、ゲール語と英語で教育を行う小学校でフィールドワークを行った。スコットランドで、あらためて琉球に関する論文、書籍を読み、なぜ私は琉球のことばを話せないで英語を学んでいるのか、わからなくなった。スコットランドのゲール語話者の教師は、ゲール語を教えていることを誇りに思っていたが、私には、言語的にも文化的にも本土とは異なり、多様である琉球のことばを学ぶ機会はなかった。

　スコットランドでの経験を通して、マイノリティとされることばを教育の中でも学ぶことができる地域があることを実際に知り、そのような環境が話者に与える影響を目にした私は、自らもマイノリティとされることばを話せるべきであったはずなのに、話せないということが、恥ずかしくなった。

　修士課程を終えて、日本本土で英語教師となったものの、上述のように日本本土では「沖縄」人は他者であり、「多様」な琉球が「沖縄」というくくりでまなざされることにさらに違和感を覚え続けた。私は、悩んだ末、フィンランドで博士課程の研究を始めた。北欧のスウェーデン、ノルウェー、フィンランド、そしてロシアにまたがっている先住民サーミの言語であるサーミ語の教育について学ぶことができるという理由でラップランド大学を選んだ。サーミ語を大人になって学び、子どもたちにサーミ語で話す友人ができた。そのうちの一人の友人は、「サーミ人なのにきれいだね。」と言われることがあり、サーミ語を話すことを伝えないことがあると私に語った。社会に存在するステレオタイプによってもたらされるこのような他者との会話は、個人が伝統的なことば（多くの場合その社会で周縁化されてきた少数言語）を話すか否かという選択に影響する。差別や偏見の対象となりうるマイノリティとされることばを話さないというサーミ人の友人の経験は、私の祖母の経験と重なった。沖縄島の祖母も、内地（日本本土）の疎開先で「沖縄人なのにかわいいね。」と言われたことがあると語っていた（半嶺，2017）。

　また、フィンランドの北部のイナリでは、サーミ語の中でもマイノリティとされるイナリサーミ語とスコルトサーミ語の言語復興を行う学校でのフィールドワークを行った。琉球諸語の中でも、話者の少ない八重山のことばのことを考えながら、サーミ語の再活性化の中に、同じようなスティ

グマや権力関係が存在することを知った（Olthuis et al., 2013; Pasanen, 2018; Sarivaara & Keskitalo, 2019）。抑圧されてきたことばを学ぶのが、どうして難しいのかを考えると、「ことば」だけでは語ることができない差別の歴史や、現在でも残る世代間を超えた傷が存在する。大人になってから少数言語であることばを第二言語として学ぶ「ニュースピーカー（新しい話者）」（O'Rourke et al., 2015）は、そのことばを話してくれなかった家族への「怒り」や「絶望」などネガティブな感情も経験する（Walsh, 2019）。ポスト構造主義理論に基づいてアイデンティティと言語の関係をとらえると、言語の学習者のアイデンティティは流動的で、ハイブリッドで、他者との関係性の中でとらえられ、異なる文脈で変化するが（Weedon, 1997; Norton & Toohey, 2011）、私が移動の中で経験した「ことば」への感情も常に他者とのやりとりのなかで変化し続ける。

　サーミ語のニュースピーカーから彼らの経験を学ぶうちに、彼らは、私の経験を聞き、私の立場（抑圧されたことばへの気づきや情動）を研究の中で書いてもよい、むしろ、書くことに意味がある、と背中を押してくれた。先住民性を意識した研究方法論である Indigenous Research Methodologies（Smith, 1999; Wilson, 2008）を学んで書いた私の博士論文は、時と空間の移動を経験した後のラップランドでなければ、書けなかっただろう。「日本」から空間的に移動しなければ、今の私につながる抑圧や差別のことを書くことが怖かった。

　今でも、継続的に、私の中の「沖縄人」「八重山人」「日本人」「アジア人」としてのそれぞれのアイデンティティが空間的な移動を通して、変化し続ける。琉球のことばを話せないことに対して感じる恥ずかしさは、日本本土への移動がなければ、感じなかったのかもしれない。恥ずかしさは、サーミ語やゲール語を話す友人との会話の中で「悲しさ」や「葛藤」ともなり、やがて琉球のことばを学ぶ原動力ともなった。

　「日本人」のステレオタイプには当てはまらない私の外見と苗字は、一年ほど交換留学生として滞在したイタリアや数か月インターンシップで滞在したドイツでも「あなたは本当に日本人ですか。」という質問を何度も受ける一つの要因となったようだ。一生懸命に日本語で勉強をして、沖縄では苗字を珍しがられ八重山のくくりでみられ、東京に行くと、沖縄人としてみら

れ、欧州では日本人としてみられない。日本に存在する単一言語、単一国家、単一民族というイデオロギーが、国内にいるうちは、石垣、沖縄、東京の移動を通して、海外でも、それぞれの国、地域間の移動を通して、私個人と他者とのやりとりのなかで浮かび上がる（Maher & Yashiro, 1995；小熊, 1998）。

　さらに私は、国内の移動のみならず、海外での居住経験を通して、「日本人」は「ある共通の見た目を持ち、きちんとした日本語」を話すべきという想像されたイデオロギーの存在の強さを実感した。ホーム（沖縄や石垣）から移動したことがなく、ホームにいるうちには、一生懸命「日本人」として「標準語」を話そうとしていた私は、空間的な移動先のそれぞれの社会から多様な（異様な）他者としてまなざされる視線を経験した。また、空間的、時間的な移動を通して、ことばが単なる客観的なものではなく、経験され、文脈化され、実践され、感じられるものであることを理解し、国、地域、場所によって異なる教育言語政策や、「ことば」をめぐる歴史、言語イデオロギーが話者や学習者の言語レパートリーとアイデンティティに影響を及ぼすことを理解した。

7.　方言と琉球諸語

　ことばのことを語るときに、私の幼少期に比べ、現在では琉球のことばのとらえ方に変化があることに触れておく。私が育った 90 年代は、方言ということばが一般的だったが、2021 年現在、琉球諸語ともとらえられることも多くなっている（Shimoji & Pellard, 2010；小川編, 2015；Heinrich et al., 2015；田窪, 2015；波照間・小嶋・照屋編, 2021）。ことばとアイデンティティの関係性を、ポスト構造主義からとらえると、アイデンティティは時間と空間を超えて、交渉され、変化していき、社会の権力関係に影響される（Weedon, 1997; Blackledge & Pavlenko, 2004; Norton, 2010）。アイデンティティ（主観性）は流動的であり、その瞬間、そして時間を超えて変わりうるものである（Blackledge & Pavlenko, 2004; Norton, 2010）。また、アイデンティティは、不均衡な権力関係によって影響を受け、他者、社会との関係性によって移り変わるハイブリッドなものであるととらえられる（Norton &

Toohey, 2011）。つまり、空間的、時間的移動によって社会の中での「こと
ば」のとらえられ方が変化し、学習者、話者のアイデンティティに影響を与
える。方言と呼ばれるか、言語と呼ばれるかという名前の変化は、ことばの
話者としてのアイデンティティに強く結びついている。マイノリティである
「特権」を与えられるかどうか（前田，2010）、ということも「ことば」の呼
ばれ方と、社会の中での受けとられ方にかかわってくる。琉球諸語にかかわ
る時間の変化は、本稿で注目するもう一つの「移動」である。

　大学院の博士課程で八重山語の中のめーらむにを自ら選び、学び、話すよ
うになる。八重山語として分類されるめーらむには、八重山諸島の中では比
較的ことばのバイタリティーが高いとされている[11]が、ユネスコによると、
非常に危機な状態にあるとされる。フィールドワークを続けていくうちに、
私の曾祖母の歴史や村の歴史も学んだ。少数言語のコミュニティは、多くの
場合、抑圧や被差別の歴史があるため、話者のその少数言語に対する言語態
度が否定的なことがあり、若い世代への継承を難しくする一つの要因である
ことがわかっている（Sallabank, 2012）。

　めーらむにを話し始めた最初のころは、私がめーらむにを話すことに抵抗
のあるネイティブスピーカーも多かった。よく反応として返ってきたものに
は、大きく分けて3つのパターンがあった（Hammine, 2020b）。

　まず、一つ目は、話すことを拒否する場合である。年齢が若いということ
で、否定的な反応を示すこともあった。「どうして英語を教えないで、め
ーらむにを話そうとしているの。」という反応もあった。「女の子は、方言を
話さないで。」という反応もあった。伝統的な八重山のことばに付随するイ
メージは、抑圧や差別の歴史を反映して「汚い」「教育のない」ことばとい
うネガティブなものの場合もあった。

　二つ目は、私がめーらむにを話すことに肯定的な反応をし、「よく頑張っ
ている」とほめてくれるとともに、私がめーらむにを話しても、日本語で答
える場合もある。琉球列島のことばを母語として話す世代の人は、方言札[12]

11　八重山語のバイタリティーに関しては、例えば Davis & Lau（2015）を参照。

12　標準語の使用を強制させるため、学校で方言を話した者に、罰として首から下げさせ
た木札。

という象徴をともなう標準語励行の中で育った。その世代にとっては、めーらむにで若い世代に話すことに慣れていないため、なかなかことばを使い始めることに時間がかかる場合もあった。

　また、三つ目は、私が話すめーらむにを受け入れてくれ、間違いがあった場合でも、めーらむにで答え、それを直してくれるパターンである。先輩方の多くが徐々にめーらむにを学び、話そうとしている私にこのように接してくれるようになった。このような言語態度は、新しくマイノリティとされることばを大人になってから、もしくは教育の中で、第二言語として学ぶ「ニュースピーカー」(O'Rourke et al., 2015) が育つ土壌を整えると考える。このパターンは、若い世代への伝統的な言語の継承、教育においては、効果的な言語態度であり、今後は、このような教育や教授法に関する知識を伝統的な話者の世代とともに作り、継承につなげていくことが必要ではないだろうか。

　もし、沖縄や石垣から移動することがなければ、そして、この主題にオートエスノグラフィの形で取り組むまでは、自分の移動の経験がどのように私のことばのとらえ方に影響しているのかを、明確に意識することはなかった。自分の継承言語となる石垣島の祖母の話す（話さない）めーらむに、沖縄島の祖母が話す（話さない）うちなーぐちは、それらのことばの存在自体を沖縄にいたときには意識したことがほとんどなく、空間的な移動や他者からまなざされる経験があってからこそ意識することになった。スコットランドおよびフィンランドの大学院での学びや他の先住民言語、危機言語話者との出会いを通して、私自身にも見えていなかった文化的差異や、構築主義、相対性、エスニシティ、再帰性などと向き合うこととなる。その意味で、本研究は、「十分には研究されていない、隠されたセンシティブなトピックについての沈黙を破ることで、オートエスノグラファは無視されてきたという文化的な経験をことばにし、他者がその経験に関する証言を知るためのテクストのスペースを作り出す」[13] (Adams et al., 2015: 41 半嶺訳) のだといえる。

13　原文：In breaking the silence around understudied, hidden, and sensitive topics, autoethnographers create a textual space for talking back to neglected cultural experiences and, simultaneously, offer accounts that allow others to "bear witness" to these experiences (Adams et al., 2015: 41).

8. Indigenous efflorescence

　ここでは、移動がもたらすことばへの気づきやことばとの「つながり」だけにとどまらず、移動を通して、新しくことばと自分の関係を創造し、それに伴う驚きや成長などがあることに触れる。「ことば」と私の関係は、祖母たちから学んでいる八重山語や沖縄語を使って、つながりを取り戻すというよりは、新しく私とことば、そして私と祖母との関係を創造することにつながる。また、社会の中、家族の中からなくなりそうになっていることばを、学べなかったもの同士が集まり、勉強会などを通して学ぶことで、新しい話者、ニュースピーカー同士のつながりが生まれる[14]。それは、新しい「土着性の開花」となる。Indigenous efflorescence（土着性の開花）について、Roche et al. (2018) は、言語の復興（revitalization）の意味を超えた驚きや成長を含む状態を表すとしている。それは、ことばを失う前の状態に戻るのではなく、新しく創造的に使用されることばは、伝統的なことばとは異なり、新しい文脈で使われ、伝統的なことばとは違う役割を話者の中でも、社会の中でも果たす。さらにことばを若い世代と共有し、つなげることで、あらたな出会いと土着のマイノリティとされることばや文化のスペースを作っていくことができる。このプロセスは、非常に複雑で、時にはポジティブな、時にはネガティブな繊細な感情の変化を生み出す（Walsh, 2019）。

　石垣島の祖母は、はじめ、私がめーらむにを話し始めたことに抵抗があったようだ。98 歳になり、今は老人ホームに入居しているため、私は祖母の入居する老人ホームを毎週のように訪れ、めーらむにを話すようにしていた。私が石垣島に帰ってくることが少なく祖母にとっては、なぜ私がフィンランドから帰ってきて、めーらむにを教えてくださいと話し始めたのか、とても不思議だったに違いない。祖母の両親に私は会ったことがないが、漁師だったようだ。前述のように、大正時代に石垣島で生まれ育った祖母は、第二次世界大戦では、当時日本の植民地であった台湾へ働きに出て、日本本土から来た教師をしている夫婦とその子どもの世話をする家政婦として、働い

14　勉強会は、2020 年 4 月より毎週オンラインで開催し八重山のことばを学ぶニュースピーカーが集まる。

ていたようだ。戦争から、教育の機会を失い、小学校も出ていなかった祖母の夢は、学校の教師になることであった。台湾では、彼女のことばを借りれば、とても恵まれた暮らしをさせてもらい、「早稲田大学の通信の講座」を受けて、教師になる夢のために、子どもを寝かしつけたあとで、夜に自分で勉強をしていたらしい。敗戦となり、島へ戻ったが、せっかくもう少しで取得できそうだった教師の免許は、取得できず、シマ（石垣島）に帰ったら、親に決められた結婚をさせられた、と話す。それなのに私がなぜ、本土の日本人と同じように、もしくはそれ以上に、学業を修め、教師になり、日本語、英語も話せるのに、めーらむにをわざわざ話そうとするのか、彼女には理解がしがたかったのだろう。祖母は、その後祖父との間に、私の父を含む兄弟姉妹を授かり、子どもたちには、どうしても教育だけは受けさせたかったので、家では子どもたちに「やまどぅむに（日本語）」を話していたのだという。

　そんな祖母がある日、突然私とめーらむにを使って話し始めた。いつものように、祖母の入居する老人ホームで、私は、すまむに大会[15]に出場するため、スピーチの練習をしていた。スピーチは、自分で書き、村の先輩にチェックしてもらいながら書いたものである。その原稿は、どんな経緯があり、私がめーらむにを学ぶようになったのかという経験をまとめたもので、最後のほうでは、どうぞ子どもたちに、シマのことばを教えてくださいということばで終わる（半嶺, 2017）。このスピーチを祖母に向かって話し始めたある日、突然祖母の目に涙が浮かび、「まどか、なま、めーらむにぱなひうる。しかいっとぅみーはいゆー。みーはいゆー。（まどか、今、宮良ことばを話している。本当にありがとう。ありがとう。）」と私の手をつかんできた。そして、ことばを先祖の方々に対する祈りのことばに変え、めーらむにでずっと私の健康と幸福を祈り始めた。その日は、祖母の私に対することばが、やまどぅむにからめーらむにに変わった日であった。その日、私がいつものように老人ホームから帰ろうとすると、祖母は、私の手を放さず、私は、その日は祖母のベッドの横で一泊をした。

　私は、博士論文の中でこの出来事を振り返り、ヨーロッパの少数言語の一

15　石垣島で毎年夏に開かれる大会で、八重山語（やいまむに）でスピーチを行う大会のこと。

つであるカタラン語の例と重ね、linguistic mudes[16] ということばで説明している。Linguistic mudes とは、個人の人生の中で、ことばのレパートリーに大きな変化がある分岐点、また瞬間である（Pujolar & Puigdevall, 2015）。石垣の祖母にとっては、日本人として日本語を話すことで、日本人として生きられるように母語であるめーらむにを話さないようにされていた過去から、複言語な未来（そして過去）へ移動する瞬間である。祖母と、私のこの経験は、この mudes に近い経験のように感じる。

　近年、危機言語研究では、失ったものを取り戻すという意味の言語復興という考え方ではなく、創造的で新しいものを生み出す、少数言語文化の開花（indigenous efflorescence）という視点に注目が集まっている。つまり、失われつつあることばを学ぶという考え方ではなく、新しいものを生み出す創造という考え方を通した新しい創造、成長、驚きなどに注目した視点をもったとき、私はめーらむにを話しながら、フーチバーを入れたシャクシュカを作り、スピリッツを飲みながら、新しく作るディズニーの歌（八重山語版）について、カリフォルニアに住む友人と語る。私にとっては「かっこいい」めーらむにを生み出すそのような創造的な瞬間がここで述べる開花につながる。今の私にとって、ことばを学び、話すことは、決して過去に戻り、八重山、沖縄のアイデンティティを取り戻すことではない。「私は○○人」であるという帰属感を表現するものではなく、この社会において「私」としてここにいるとういうことを語れる、創造的な行為である（細川, 2016: 206）。

9.　マイノリティとされることばを学び、痛みを超えて開く花

　石垣島出身の父はよく「今どこに・がいるの。」また、「モスバーガーにが行こう。」などと話すが、そのときにつく「が」の正体がわかったのは、めーらむにでも同じ場所に強調の助詞「どぅ」が入ることに気が付いたときであった。石垣島出身の歌手 BEGIN の「オジー自慢のオリオンビール」の中に、以下のような歌詞がある。

16　"Linguistic mudes" are defined as "changes in language behaviour of subjects at different stages in life" (Pujolar & Puigdevall, 2015: 168).

　金がないなら海にが行くさ。魚があれば生きられる。

　なんくるないさ　やってみれ。

　　　　　　　　　（作詞：BEGIN　2005 年、圏点は筆者による）

　石垣島出身の父の話すときにつく「が」の正体がなぜ現れるのかが、めーらむにのなかに隠れていた。本稿の最初に、なぜことばを学ぶのに、心が痛むのかという疑問を書いたが、私には、まだわからない。学ばなくてもよければ、学ばない方が幸せなのかもしれない。話さなくてもよければ、話さない方が幸せなのかもしれない。研究者として、そして学習者、ニュースピーカーとしての矛盾と不安定性は、再帰的に自らに問う質問につながる。マージナライズされたことば（本稿ではめーらむにやうちなーぐち）は、私の家族、歴史、文化とつながりたいという気持ちに痛みを与えることがある。

　Indigenous efflorescence（土着性の開花）という視点は、その痛みの先を見据えている。排除されてきた歴史から、時間的に「移動」した現在、そして、私は空間的にも「移動」を重ね、ことばに向き合ってきたが、父がいつも「今からモスバーガーにが行こう」と言っていた謎の「が」の正体が、祖母が話すめーらむにの「どぅ」であることを理解したとき、また上述の linguistic mudes の瞬間を経験したとき、私の中で痛みを超えた花が生まれた。開花の瞬間にことばへの気づきと驚き、私の中での学びと幸せが生まれ、その花を育て続けている。

　日本本土への移動を経験していなかったら、スコットランドでも、シマのことばを話せないことに「恥ずかしい」と感じなかったかもしれない。ずっと、石垣島や沖縄島にいたら、このようなことをしていなかったかもしれない。ことばを学ぶこと以上の成長と気づきが、移動を通してもたらされた。欧州に在住しているときは、私自身のインディジナスアイデンティティ（indigenous identity）は、欧州の文脈ともかかわり変化してきた。欧州では、私は、琉球のことばを話すこと、研究することが奇異な目で見られ、学会では、時折、「もっともエキゾチックな発表者（the most exotic presenter）」と紹介されることがあった。沖縄島に帰ってきたら、またこの移動と出会いに影響されて、めーらむにやうちなーぐちを学び、話し、ことばの再活性化の活動をする。シマの人からは、奇異な目で見られることも少なくない。めー

らむにやうちなーぐちで話すこと、言語再活性化 (language reclamation) に
関する研究を続けることは、「痛み」を伴い続けるのかもしれず、一筋縄で
はいかない。

　このような「痛み」を伴うからこそ、Dauenhauer & Dauenhauer (1998) が
述べるように、多くの人は、実際に伝統的なことばを話すことを「恐れる」
のだろう。危機言語を話すことは、私がことばと移動を通して受けた「痛
み」の中で、選んだ、もしくは「選ばざるを得なかった」経験であり、そこ
に痛みを超えた先の「開花」がある。開く花とは、琉球諸語を花にたとえる
なら、ことばを学ぶことや話すこと、教えることは、その花に水を与え、育
てることである。そして、新しい話者 (ニュースピーカー) 同士、花を枯ら
さないように、研究者や政策の側に立つ専門家は、開花しようとするつぼみ
に栄養を与え、日光が当たるように環境を整えることが大切である。このよ
うな視点を踏まえてこそ、ことばを話す人、ことばを話そうとしている人、
もしくは話さない人に対して、地道な「耳をかたむける」作業が、最終的に
実を結ぶのだろう (松田・ファン＝デル＝ルベ，2021)。

　国境、エスニシティや、ことばとアイデンティティは、必ずしも固定的で
はなく、移動や経験をとおして、常に変化し、形成され、創造されていく。
私自身の琉球列島の中での八重山と沖縄間の移動、琉球から日本本土への移
動、欧州への移動、そして、時間的移動を通して、どのように私のことばに
対する見方が変化し、私のことばとアイデンティティの関係がどのように構
築されてきたのかを述べた。また、石垣島の祖母の日本統治下の台湾での経
験や、沖縄島の祖母の疎開先での本土での経験が、彼女たちの「母語」を子
どもや、孫に話さないようにさせる一因でもあったことに触れ、世代間を超
えた「傷」や「痛み」を表した。政治的、文化的、言語学的な境界を越えて
移動してきた経験を通して、他者からどのようなアイデンティティが与えら
れ、私自身がどのようにアイデンティティ交渉をしてきたか、そして、移動
と個人的な経験が今の私の言語再活性化 (language reclamation) の活動や研
究にどのように影響を与えてきたかを考察した。

　川上・三宅・岩﨑編 (2018) は、移動は、常態であり、移動を通して流動
する「ことば」と複言語・複文化能力を駆使する能力を身につけることは、
常態であると述べているが、移動にも私と二人の祖母の間には大きな違いが

あるように見える。私の空間的な移動は、自分で選んだ移動であるのに対し、二人の祖母の移動は、戦争や貧困などから逃れるための移動であった。選ぶ移動とやむを得ない移動では、大きく異なる点が立場性である。しかし、私が「選んだ」かのように見えた移動は、日本社会で、琉球諸語が周縁化され、その文化が見えなくなり、日本人として成功するために、内地（日本本土）に行かないといけないと思わされていた構造的な問題としての可能性がある。私の移動と、二人の祖母の移動の背景には、もっと大きな共通する構造がある。「東京の大学にいこう、東京はなんでもある、ここでは何もできない。」と思った（思わされた）私の背景には、かつての私の祖母たちが台湾や宮崎へやむを得ず移動したり、シマの人が、内地を目指したのと同じ構造がある。この「移動」をあたかも、私が選んだように見えさせてしまう社会の構造がある。

　私が能力的に上手に話せない（話せなかった）めーらむにやうちなーぐちを、話してはいけないかのように感じさせるのは、その構造的な社会全体の問題かもしれない。マイノリティとされることばを話すときに、そのことばを話す（話さない）相手の立場や移動の経験、相手の個人的な経験を配慮して、なぜそのことばを話す（話さない）のか理解しようとするとき、ことばを学ぶ側、話す側がよりセンシティブに相手の視点を取り入れた関係を作り上げることができる。マイノリティとされることばを学ぶことは、痛みを伴うが、それを学ぶ人やその話者の痛みを知ることは、ことば以上に人間性を深めることができる。つまり、川上（2018: 9）が述べるように、マジョリティの立場からも一歩立ち止まり、「日本・日本語という固定観念に風穴（裂け目）」を開けることによって、「人とことばと社会の関係」を問い直し、そこから、新たなリアリティと人間理解を探究することができるのではないか。

10.　おわりに

　本稿では、私の祖母との対話、そして私自身のオートエスノグラフィを通して、複言語・複文化能力を駆使するためには、マイノリティとされることばを話すこと、学ぶことに対して、相手の視点を取り入れることの大切さを示した。そのためには、例えば、ことばを学ぶ学習者が、エスノグラファー

となり、自らと他者がもちこむビリーフ、価値観、行動、そして意味の関係性を再帰的に振り返り、関係性を築いていく「複文化・複文化話者」となることを目標とした「ことば」へのアプローチが求められることを追加する（Byram, 2020）。そこには、「ことば」を学ぶことを通して見えてくるそのことばを「話さない」相手への気づきや配慮、さらには見えにくくなっている差別や権力を意識することで、人間性を深められる可能性があるのだろう。複言語・複文化間の移動は、国境の間の移動のみならず、国境の視点を乗り越えて、国境を越えない移動、琉球列島のような「国境」そのものが移動してきた歴史の中で、マイノリティとされてきた言語文化の当事者からの視点も取り入れる必要があるだろう。

謝辞
本研究に協力してくれた筆者の家族、そして二人の祖母にも感謝を伝えたいと思います。しかいっとぅみーはいゆー。

参考文献

石原真衣（2020）『〈沈黙〉の自伝的民族誌（オートエスノグラフィー）—— サイレント・アイヌの痛みと救済の物語』北海道大学出版会

井本由紀（2013）「オートエスノグラフィー —— 調査者が自己を調査する」藤田結子・北村文（編）『現代エスノグラフィー —— 新しいフィールドワークの理論と実践』（pp. 104-111.）新曜社

イ・ヨンスク（1996）『「国語」という思想 —— 近代日本の言語認識』岩波書店

小川晋史（編）（2015）『琉球のことばの書き方 —— 琉球諸語統一的表記法』くろしお出版

小熊英二（1998）『〈日本人〉の境界 —— 沖縄・アイヌ・台湾・朝鮮：植民地支配から復帰運動まで』新曜社

川上郁雄（2018）「なぜ「移動とことば」なのか」川上郁雄・三宅和子・岩﨑典子（編）（2018）『移動とことば』（pp. 1-14.）くろしお出版

川上郁雄・三宅和子・岩﨑典子（編）（2018）『移動とことば』くろしお出版

川口幸大（2019）「東北の関西人 —— 自己・他者認識についてのオートエスノグラフィ」『文化人類学』84(2), 153-171.

崎原正志・親川志奈子（2021）「しまくとぅば普及推進活動団体「くとぅば・すりーじゃ☆にぬふぁぶし」活動報告とまとめ」『沖縄工業高等専門学校紀要』15, 9-21.

ズラズリ美穂 (2021)「新しい話者の視座から見た琉球諸語の開花の取り組み」『島嶼地域科学』2, 163-181.

田窪行則 (2017)「琉球諸語の研究の現在 —— 消滅危機言語と向かい合う」『異文化コミュニケーション論集』15, 7-17.

波照間永吉・小嶋洋輔・照屋理 (編) (2021)『琉球諸語と文化の未来』岩波書店

半嶺まどか (2017)「めーらむに ならひたぼーり (宮良の言葉を教えてください)」『ことばと社会』19, 216-233.

細川英雄 (2016)「循環する個人と社会 —— 市民形成をめざすことばの教育へ」細川英雄・尾辻恵美・M. マリオッティ (編)『市民性形成とことばの教育 —— 母語・第二言語・外国語を超えて』(pp. 190-208.) くろしお出版

前田達朗 (2010)「「経験」としての移民とそのことば——「奄美人」とシマグチを事例として」『ことばと社会』12, 129-153.

松田美怜・ファン＝デル＝ルベ, G. (2021)「沖縄語の複数の島言葉での教育 (うちなー口ぬ複数ぬ島言葉習し)」『ことばと社会』22, 202-216.

三宅和子・岩﨑典子・川上郁雄 (2018)「「移動とことば」研究とは何か」川上郁雄・三宅和子・岩﨑典子 (編)『移動とことば』(pp. 273-293.) くろしお出版

安田敏朗 (1999)『〈国語〉と〈方言〉のあいだ —— 言語構築の政治学』人文書院

横山晶子 (2019)「奄美沖永良部島における言語再活性化の取り組み」『島嶼学会』20(1), 71-83.

Adams, T., Jones, S, H., & Ellis, C. (2015) *Autoethnograpy: Understanding qualitative research*. Oxford: Oxford University Press.

Blackledge, A., & Pavlenko, A. (Eds.). (2004) *Negotiation of identities in multilingual contexts*. Bristol: Multilingual Matter.

Byram, M. (2020) *Teaching and assessing intercualtural communicative competence: Revised*. Bristol: Multilingual Matters.

Dauenhauer, N. M., & Dauenhauer, R. (1998) Technical, emotional, and ideological issues in reversing language shift: Examples from Southeast Alaska. In L. A. Grenoble & L. J. Whaley (Eds.), *Endangered languages: Language Loss and Community Response* (pp. 57–98). Cambridge, UK: Cambridge University Press.

Davis, C., & Lau, T. (2015) Tense, aspect, and mood in Miyara Yaeyaman. In P. Heinrich, S. Miyara & M. Shimoji (Eds.), *Handbook of the Ryukyuan languages: History, structure and use* (pp. 253-298). Berlin: Mouton de Gruyter.

Hammine, M. (2020a) *Speaking my language and being beautiful:Decolonizing indigenous language education in the Ryukyus with a special reference to Sámi language revitalization* [Unpublished doctoral dissertation]. University of Lapland.

Hammine, M. (2020b) Educated not to speak our language: Language attitudes and new-speakerness in the Yaeyaman language. *Journal of Language, Identity and Education, 20*(6), 379-393.

Heinrich, P. (2018) Revitalization of the Ryukyuan languages. In L. Hinton, L. Huss & G. Roche (Eds.), *The Routledge handbook of language revitalization* (pp. 455–463). London: Routledge.

Heinrich, P., Miyara, S., & Shimoji, M. (Eds.). (2015) *Handbook of Ryukyuan languages: History, structure and use.* Berlin: Mouton de Gruyter.

Hirvonen, V. (2008) 'Out on the fells, I feel like a Sámi': Is there linguistic and cultural equality in the Sámi school? In N. Hornberger (Ed.), *Can schools save Indigenous languages?* (pp. 15-41). London: Palgrave Macmillan.

Hornberger, N. H. (2014) "Until I became a professional, I was not, consciously, indigenous": One intercultural bilingual educator's trajectory in indigenous language revitalization. *Journal of Language, Identity & Education, 13*(4), 283-299.

Ishihara, M. (2016) Language revitalization efforts in the Ryūkyūs. In M. Ishihara, E. Hoshino & Y. Fujita (Eds.), *Self-determinable development of small islands* (pp. 67–82). Singapore: Springer.

Jones, S. H. (2005) Autoethnography: making the personal political. In N. K. Denzin & Y. S. Lincoln (Eds.), *The SAGE handbook of qualitative research* (pp. 763–791). London: SAGE Publications.

Maher, J. C., & Yashiro, K. (1995) Multilingual Japan: An introduction. *Journal of Multilingual and Multicultural Development, 16*(1), 1–17.

Moseley, C. (Ed.). (2010) *Atlas of the world's languages in danger* (3rd ed.). Paris: UNESCO Publishing. http://www.unesco.org/languages-atlas/（2021 年 6 月 28 日）

Norton, B. (2010) Language and Identity. In N. H. Hornberger & S. L. McKay (Eds.), *Sociolinguistics and language education* (pp. 349–369). Bristol: Multilingual Matters.

Norton, B., & Toohey, K. (2011) Identity, language learning, and social change. *Language Teaching, 44*(4), 412–446.

Olthuis, M. L., Kivelä, S., & Skutnabb-Kangas, T. (2013) *Revitalising indigenous languages: How to recreate a lost generation.* Bristol: Multilingual Matters.

O'Rourke, B., Pujolar, J., & Ramallo, F. (2015) New speakers of minority languages: The challenging opportunity-Foreword. *International Journal of the Sociology of Language, 231*, 1–20.

Pasanen, A. (2018) "This work is not for pessimists": Revitalization of Inari Sámi language. In L. Hinton, L. Huss & G. Roche (Eds.), *Routledge handbook of Language Revitalization* (pp. 364–372). London: Routledge.

Phipps, A. (2019) *Decolonizing multilingualism: Struggles to decreate.* Bristol: Multilingual Matters.

Pujolar, J., & Puigdevall, M. (2015) Linguistic mudes: How to become a new speaker in Catalonia. *International Journal of the Sociology of Language, 231*, 167–187.

Roche, G., Maruyama, H., & Kroik, Å. K. (Eds.). (2018) *Indigenous efflorescence: Beyond revitalisation in Sapmi and Ainu Mosir*. Canberra: Australian National University Press.

Sallabank, J. (2012) *Attitudes to endangered languages: Identities and policies*. Cambridge: Cambridge University Press.

Sarivaara, E. K., & Keskitalo, P. (2019) Sámi language for all: Transformed futures through mediative education. In E. A. McKinley & L. T. Smith (Eds.), *Handbook of indigenous education* (pp. 467-482). Singapore: Springer.

Shimoji, M., & Pellard, T. (Eds.). (2010) *An introduction to Ryukyuan languages*. Tokyo: ILCAA.

Smith, L. (1999). *Decolonizing methodologies: Indigenous peoples and research*. London: Zed Books.

Spry, T. (2018) Autoethnography and the other: Performative embodiment and a bid for utopia. In N. K. Danzin & T. S. Lincoln (Eds.), *The SAHE handbook of qualitative research* (pp. 627–649). London: SAGE Publications.

Walsh, J. (2019) The role of emotions and positionality in the trajectories of 'new speakers' of Irish. *International Journal of Bilingualism, 23*(1), 221–235.

Weedon, C. (1997) *Feminist practice and poststructuralist theory*. London: Blackwell.

Wilson, S. (2008) *Research is ceremony: Indigenous research methods*. Winnipeg: Fernwood Publishing.

第 4 章

「留学」研究から
ことばの学習と使用を考える

移動を重ねるスロバキア出身 Denisa の言語レパートリー

岩﨑典子

1.　はじめに

1.1　「留学」という移動の研究から

　筆者は、米国で日本語教育に携わっていた 1990 年代後半から日本への留学による日本語の習得について関心を抱いて留学研究に関わるようになった。その中で、留学する学生の日本語学習・使用への思いや、留学中にそれぞれが置かれる環境と経験の多様性について知り、一人一人の学生の経験や主観の個別性、留学前や留学後のバイオグラフィにも関心を持つようになった。近年、応用言語学における留学研究全般でも、留学する個々人が留学中に置かれる環境、それぞれのアイデンティティ形成や人としての成長への関心が拡がっている（例えば、Coleman, 2013；詳しくは、Iwasaki, 2019a；岩﨑，2020）。「留学」が単純に「非留学」と比較できる均質性のある環境ではないという理解が高まる一方、第二言語 (L2) の習得の一般化の限界も指摘され、個別性をみる事例研究の重要性が認識されるようになった（例えば、Benson, 2017; Larsen-Freeman, 2018）。

　筆者にとって個別性の探究は、Iwasaki (2010) で報告した 5 名のアメリカ人学生の日本留学前後のデスマス体と非デスマス体の使用についての研究が契機であった。5 名とも留学前は筆者によるインタビューで主にデスマス体

を使用していたが、留学後のデスマス体・非デスマス体の使用は実にさまざまであった。留学中のどのような経験がそのような違いをもたらしたかを探るべく、追跡調査への協力に同意してくれた 4 名にインタビューを行い、Iwasaki（2011）で報告した。そのインタビューでは、4 名が日本社会で遭遇した、日本語を第一言語（L1）とする話者の持つさまざまなビリーフが浮かび上がった。ある学生は、「アメリカ人」というカテゴリーから連想されるステレオタイプ（アメリカ人はインフォーマル）により、初対面でも非デスマス体で話しかけられるなどしたことに違和感や差別を感じ、また、別の学生は、米国の日本語授業で教えられた「日本語」が日本で学生が使う日本語とは乖離していたこと、教師が「下品で使えない」とした表現（例えば、オマエ、メシ）が日常的に使われていたことを観察した一方、自分がくだけた表現を使おうとすると、抵抗を示されたことについて語った。筆者はこの調査から、「（L1 日本語話者が）アメリカ人留学生に対して使うべき日本語」、日本語教育で「学習者が学ぶべき日本語」などについて固定観念やビリーフがあることに気づかされた。Siegal（1994）や Iino（2006）でも、欧米からの留学生が日本社会で遭遇した、L1 日本語話者の外国人やことばに関する意識が報告されている。

1.2 「ことば」の学習・使用に関わるイデオロギー

　Blommaert（2006）は、イデオロギーの研究領域では、「言語」が常に重要な焦点であると論じ、エスノグラフィの観点から言語イデオロギーの検討を余儀なくさせられる既存の概念として、"language" や "speech community" を挙げる。多様な資源に富むことばを一括りにして 1 つの体系と捉えるイデオロギーにより、その使用者たちのことばの使用に見られるバリエーションも、そのスピーチ・コミュニティの構成員の多様性も捉えられなくなるのである。したがって、Blommaert（2006: 512）が指摘するように、「ある「言語」の存在の想定そのものが、イデオロギーによる構築の結果であり、権力、権威、制御を含有する」（筆者訳）のである。「言語」という表現は、国家や民族が共有する「X 語」という、ある特定の規範に基づく体系を想起させるが、現実には、ある国家に属する人々あるいは、同じ民族に属すると考えられる人々の集団が均質のことばを使用するわけではないのである。

　言語イデオロギーは多岐にわたる分野で研究されている。Kroskrity（2005:
497）は、数多い定義のうちのいくつかを挙げた上で、言語イデオロギーを、
「暗示的・明示的に関わらず遍在する、あらゆることばの使用者がことばの
評価やコミュニケーション遂行のモデルとして用いる、一連の多様なビリー
フ」（筆者訳）とし、ことばの優越に関するビリーフであるとも述べる。本稿で
は、ことばの学習・使用に関して人々の持つ観念・意識・ビリーフも含めて、
「イデオロギー」と呼び、それを内包する語りを「言説」と呼ぶ。本稿で特
に注目するのは、ことばや話者のカテゴリーに関わるイデオロギーである。

1.3　言語レパートリー

　近年ことばの習得を「X 語」の習得と捉えることが問題視される。前述の
「X 語」が均質でほかの言語と明確な境界があることを想定しているという
問題のほかに、近年の新たな認識として、仮に「X 語」を L1 とする話者が
「Y 語」を L2 として学習した場合、その二言語が個別に区画的に記憶され
て使用されるのではなく、その言語資源が相互に影響し、複合的かつ融合的
な体系になるという認識が高まっているからである。欧州評議会のヨーロッ
パ言語共通参照枠（Council of Europe, 2001: 4）の「複言語能力」やトランス
ランゲージング（García & Li Wei, 2014）の考え方がその例である。
　複言語能力の考え方では、個人のことばの経験の範囲が家庭から社会へ、
そして他者の文化的コンテクストに広がるにつれ、言語資源が蓄積される。
そして、言語資源は別々に区分けされて記憶されるのではなく、相互に影響
し合うと考えられている。人は自分の全ての言語資源と経験を総動員して、
臨機応変にその状況にふさわしいコミュニケーション活動を行うのである。
したがって、ことばを学ぶということは、個々人が言語レパートリーに言語
資源を加えていくことと捉えられる。言語レパートリーは個人の環境や経
験によって形成されるため、Blommaert & Bakus（2013: 15）は言語レパート
リーを「その個人のバイオグラフィで編成された資源の複合体」（筆者訳）と
し、モビリティの記録であると語る。

1.4　バイオグラフィ研究と言語レパートリー

　Busch（2017a: 49-51）は、マルチリンガリズム研究のためのバイオグラ

フィのアプローチとして相互作用（インターアクション）をみるアプローチ、伝統的現象学のアプローチ、ポスト構造主義のアプローチの3つを挙げている。相互作用のアプローチでは、主体を「今・ここ」の相互作用の中で共同構築される動的存在と捉えて研究者が第三者の視点から分析し、バイオグラフィは補足的な情報となると述べる。一方、ドイツ語圏の社会学ではフッサール（Husserl, 1982）の間主観的な知覚に基づく伝統的現象学のアプローチがバイオグラフィ研究の主流で、身体を自己と外界、自己と他者との接触点と捉え（Merlaeau-Ponty, 2002）、一人称の視点から、身体的に構築される生きられた経験（lived experiences）を探ると述べる。Busch（2017a）によると、ポスト構造主義のアプローチでは、主体は特定の社会的・政治的な文脈において向けられるイデオロギー的呼びかけ（ideological interpellation; Althusser, 1971）や、言説・規範・既存のカテゴリーの遂行力（performative power; Butler, 1997）によって形成されて、二人称の視点から分析される。また、支配的な言説の中では排除されたり不可視であったりする点に焦点を当てるという。

　Busch（2012, 2017a, 2017b）は、現象学とポスト構造主義に基づき、周囲のことばに関わるイデオロギー・言説・メタ言語的解釈がいかに感情的・身体的に受けとめられ、言語レパートリーに影響するかを研究する意義を唱える。特に移動を重ねる個人は、新たな環境でのまなざしや言説が言語レパートリーに影響を与え、人生の軌跡が言語レパートリーと密接に関わる。よって言語レパートリーは個人が所有するというより、自己と他者の境界において間主観的プロセスで生成され、更新され続ける。

1.5　言語ポートレート

　Busch（2017b）は、メルロ＝ポンティの知覚の現象学に基づき、自己の言語（資源）やその使用についての言説が身体化されると論じる。メルロ＝ポンティは「言葉は正真正銘の身振りである。」（メルロ＝ポンティ，2018: 304）と断言している。さらに、身体は「知覚する主体と知覚された世界とを、ともどもに明らかにする」（p. 135）と語り、「外的知覚と自己の身体の知覚とは、同じ一つの作用の二つの面であるから、いっしょに変化する」（p. 335）とも語る。

　Busch（2012, 2018）は、知覚の現象学とポスト構造主義の観点からの言語レパートリーの研究のためには身体の線画に自身のことばを位置づけて描く「言語ポートレート」が有効であると説く。言語ポートレートは、1990 年代から移民の子どもたちが自己のことばについて抱く感情を表現できる方法として用いられていた（Krumm, 2013）が、大学生や成人に自己の言語レパートリーについて振り返る機会を与え、アイデンティティの意識について探る方法としても活用される（Coffey, 2015; Lau, 2016）。また、言語ポートレートを描く作業が振り返りの機会となり、言語レパートリーの背後にあるバイオグラフィのナラティブを引き出す糸口ともなる。さらに、ナラティブではことばへの思いやストーリーは線状に順を追うのに対し、言語ポートレートは全体と部分の関係性をも可視化し、亀裂や重なりといった矛盾した関係も視覚的に表すことのできるマルチモーダルな調査方法であると論じる。

　ただし、留意すべき点もある。言語ポートレートは当初移民の子どもたちの出身国や、いわゆる「母国語」について語る機会を提供するために使用され、言語が国家と結びつくカテゴリーと捉えられることが多かった。しかし、Busch（2012: 511）は、言語を国家的カテゴリーとも、境界のあるものとも想定しない研究方法として用いることができ、どのようなことば（language, code）を選ぶかはその個人次第であると論じる。Busch（2012）が例示する言語ポートレートでも、筆者の協力者が描いた言語ポートレート（岩﨑, 2018；Iwasaki, 2021）でも、国家的カテゴリーとしての言語が描かれることは多いが、線を重ねたり絡めたりすることで境界が明確にされないことはある。また Busch（2018）は、言語ポートレートはその場の社会的ディスコースに影響を受けながら、個人が選択、解釈、評価して描くものであり、個人の言語資源をそのまま示すものではないと注意喚起している。

1.6　言語ポートレートを用いた留学研究

　姫田（2016）は、日本でフランス語やドイツ語を第二外国語として学習する 8 名の大学生が描いた言語ポートレートを紹介し、そのうち 2 年後に再び言語ポートレートを描いた協力者 2 名の言語ポートレートが変化したことに言及している。その 2 名は 2 年の間に学習言語が主に使われる国への短期留学をしていたため、留学が変化に影響した可能性を示唆している。ま

た、姫田 (2016) は 8 名のうち 4 名が L1 である日本語やウチナーグチ (「沖縄口」、沖縄本島と周辺離島で話される琉球語のこと) を自分の「中心」や「核」として「心臓」に位置付けていたことを報告した。

　一方、筆者の調査 (岩﨑, 2016) では、英国の大学で日本語を専攻するオランダ、スペイン、フランス、ポーランド出身の学生 4 名のうち 3 名が日本留学後に L2 である日本語を「心臓」に位置付けていた。しかしながら、留学経験によって日本語をも自分の核と捉えるようになったのかは不明であった。そこで、2015 年よりロンドンの大学から日本に留学した 12 名の学生の留学前・留学中・留学後の言語ポートレートの調査を行った。このうち 10 名は両親またはどちらかの親が海外から移住していたり、本人が海外から英国に留学して日本語を専攻していたりしており、日本留学の前から移動を経験していた。したがって、日本留学の経験のみをみる従来の研究では、学生のバイオグラフィと言語レパートリーの関係を把握できないことは自明であった。

　留学前の 12 名の言語ポートレートは豊かな多言語資源を示していた。しかし、来日して 4、5 ヶ月後の留学中は、英語と日本語を中心とするものが多かった。Iwasaki (2019b) では、言語ポートレートが留学前とは大きく変化した 3 名について報告した。1 名は、日本滞在中に日本語を身体全体で受け止めて吸収し、できる限り使用しようとする、言わば想定されるイマージョンとしての「留学」(Surtees, 2016) の経験を、全身も目・耳・口・頭 (脳) も赤 (日本語) で覆って表現し、別の学生は翻訳家というキャリアを目指して日本でも翻訳のアルバイトをしており、英語と日本語の両方の資源を赤く染まる両腕・両足・頭 (日本語) と全身を覆う青い線 (英語)、そして、頭から拡散する多くの赤と青の線で表現していた。もう 1 名の Hazel (仮名) は、日本語への自信のなさから自分を支える英語を基盤 (足腰を温めて守る赤いレギンス) とする一方、日本語が自分の家庭言語・継承語であるトルコ語と競うように思われ、トルコ語の忘却を目から落ちる涙で示した。個々人の言語資源間の関係性はさまざまで、必ずしも日本留学中に日本語の習得を優先するわけではないことが明らかになった。よって、L2 としての日本語の習得を理解するためには、その学生の持つほかの言語資源への思いを知る必要がある。

　また、12 名のうち日本人の母親を持つハナ（仮名）は、留学前は言語ポートレートの身体を二分し、自分の中の日本（日本語）と英国（英語）を別々に捉えて自分を「ハーフ」と考えていたが、留学後自分は二分できない融合的なアイデンティティを持つことを認識したことを報告した（岩﨑，2018）。また、クルド系トルコ人である両親の元に英国で生まれた前述の Hazel は長年クルド語・トルコ語・英語・日本語などのカテゴリーのせめぎあいに悩まされていたが、留学中にカテゴリーを取り払い、自分の「使えることば」としての日本語・英語・トルコ語資源の言語レパートリーの価値を認識するようになって解放されたことを報告した（岩﨑，2021）。

2.　本研究

2.1　目的

　本稿では、ことばの学習と移動の経験が豊富なスロバキア出身の Denisa（仮名）の言語ポートレートと語りを通して、Denisa が捉えた周囲の言説と、それに応じて身体化された情意、そして、進学・キャリア形成などを含む 6 年間の移動の軌跡に伴う言語レパートリーの変容を探る。そして、ことばの学習や使用に関わるイデオロギーがどのように言語レパートリーに影響したのかを明らかにし、ことばの学習と使用について考える。

2.2　研究背景

　英国の大学で言語を専攻する学生は、その言語が主に使用される国・地域に 1 学年間（約 10 ヶ月）留学することが必修で、筆者が 2018 年まで勤めていたロンドンの大学では、当時日本語専攻の学生は 3 年次に日本に留学することになっていた。2015 年に同僚の Barbara Pizziconi 氏と日本語専攻の学生の留学中の日本文化の理解や異文化能力などの伸びを見る共同プロジェクトのために留学前の 2 年次の学生から協力者を募った際、筆者の言語ポートレート調査の協力者も募った。

　日本への留学前と留学中、留学後に言語ポートレートを描いてくれた協

力者は 12 名で、そのうち 3 名は大学院に進学し、1 年間の修士課程[1]を修了した。その後、3 名ともダブルディグリーの協定のある日本の大学で 2 つ目の修士号を取得するために再度日本に留学した。うち 1 名が日本語を大学で専攻するためにスロバキアから英国に移動した Denisa だった。本稿では、Denisa の 6 年間の移動とことばの経験についての語りおよび言語ポートレートから、言語レパートリーの変容を探り、ことばの学習と使用について考える。なお、Denisa の 4 年間の言語レパートリーについては、Iwasaki (2021) でも報告しているが、本稿では、新たなデータも加えてデータ全体を見直し、本研究の目的に沿って再検討する。

2.3 Denisa のプロフィール[2]

Denisa は、スロバキア共和国の首都、ブラチスラヴァの出身で、幼少期から移動やことばの経験を重ねていた。父親はスロバキア人、母親はチェコ人で、家庭ではスロバキア語が使われていたが、チェコの祖父母を訪ねる時にはチェコ語を話していた。学校で 6 歳のころ英語（必修）を学習し始め[3]、ほかにも 11 歳の頃よりドイツ語（必修）、スペイン語のほかにラテン語も学習した。10 歳か 11 歳の頃に地理のエッセイのトピックとして選んだ「世界の文字」について調べた際、日本語ではひらがな・カタカナ・漢字の 3 種の文字を使うことを知って衝撃を受けた。それがきっかけとなり、日本語に関心を抱くようになり、13 歳の頃から 2 年ほど家庭教師から日本語を学んだ。当時日本のポップカルチャーが身近で、T シャツやミュージック・ビデオでも文字を見て、クールなイメージがあった。英語についてははじめは特に関心はなかったが、14 歳の頃に英語の映画やドラマを視聴するようになり、英語学習に力を注ぐようになった。13 歳の頃、ポーランドの学校との交換プログラムで、1 週間ポーランドからの生徒を自宅に迎え、自分もポーランドで 1 週間ホームステイをしたことがあり、ポーランド語も少し学ん

---

1 英国の修士課程は 9 月入学で翌年の 9 月に修士論文を提出する 1 年のカリキュラムが多い。

2 Denisa のプロフィールは、主に 2017 年 6 月のインタビューの語りに基づく。

3 1990 年代半ばには、スロバキアの多くの公立の学校で英語が教育されるようになり、ドイツ語と共に主な外国語として教育されていた (Thomas, 1999)。

だ。Denisa の通った学校では、オーストリアの学校との交換留学プログラ
ムがあり、15 歳から 16 歳の約 1 年、月曜から木曜はウィーンに列車で通学
してドイツ語で授業を受け、金曜日はブラチスラヴァで授業を受けていた。
さらに翌年には民間企業の仲介による 1 年間のホームステイ・プログラム
で米国のカリフォルニアに留学し、高校に通学した。

　高校卒業後、英国の大学に進学することにし、日本語と言語学を専攻で
きるロンドンの大学を選んだ。1 年〜 2 年次は留学経費を準備するために
週 30 時間以上学生宿舎の受付の仕事をしていた。3 年次に東京の大学に留
学し、卒業後は同じロンドンの大学で翻訳研究の修士課程に進んだ。1 年の
課程を終えて修士号を取得後、ダブルディグリー協定のある日本の大学で 2
つ目の修士号を取得するために再度東京に留学した。2019 年に英国に戻り、
2022 年現在ロンドン在住で、企業に勤務している。Denisa は 2015 年の 1 月
から 3 月に筆者担当の科目（心理言語学）を履修したため、筆者はデータ収
集前から Denisa と面識があった。

2.4　調査手順とデータ

　本研究のデータの収集時期、収集場所、データの種類を表 1 に示してい
る。5 つの言語ポートレートは、姫田（2016: 77）[4] の身体の線画を用いて収
集した。①から⑥までのデータ収集は対面で行われ、言語ポートレート（1）
〜（4）は、筆者が手渡した線画とカラーのフェルトペン 10 本のセットを用
いて描かれた。データ収集⑦は Zoom で行われ、言語ポートレートは事前に
筆者がメールで送った線画を Denisa が印刷して描き、そのスキャン画像を
送ってくれた。データ収集①の時には言語ポートレートについて、自分のそ
れぞれのことば（language）にふさわしいと思う色を選び、自分の体のどこ
に位置付けられるのかを考え、体につけるもの（例えば、スカーフ）、また
は体の外（例えば、カバンなどの持ち物、背景）として描いてもよく、ラベ
ルや注釈を書き加えてもいいとも説明した。毎回描き終わった後に説明を求
め、さらにその語りでは明らかにされなかった点や疑問点などについても説

4　姫田（2016）の公開前から姫田氏が線画を共有してくださった。Busch（2012, 2018）の身
体の線画より身体がゆったりと描かれ、身体の向きが動的である。目を示す小さな点はあ
るが、耳や口は描かれていない。

明を求めた。なお、表1の「語り」は、言語ポートレートに関する説明を
指し、「インタビュー」は、さらに留学経験、学業、キャリア形成などについ
ても聞いたものである。

表1　データ収集の時期と種類

データ収集	時期	場所	データ	使用言語
①	2015年6月 （留学1*の前）	ロンドン	言語ポートレート（1） 語り（41分；録音）	英語
②	2016年1月 （留学中）	東京	言語ポートレート（2） 語り（11分；録音）	英語
③	2016年10月 （留学1の後）	ロンドン	言語ポートレート（3） 語り（26分；録音・録画）	日本語
④	2017年6月 （学部卒業前）	ロンドン	インタビュー〈1〉 （69分；録音・録画）	主に日本語
⑤	2018年6月 （留学2*の前）	ロンドン	インタビュー〈2〉 （60分；録音）	主に英語
⑥	2019年6月 （留学2修了前）	東京	言語ポートレート（4） インタビュー〈3〉 （66分；録音）	英語, 日本語
⑦	2021年9月 （⑥の2年後）	Zoom ロンドン－ 日本	言語ポートレート（5） インタビュー〈4〉 （90分；録画）	主に英語

* 留学1は学部3年次に2015年秋から約1年間、留学2は、修士課程のために2018年秋
から約1年間であった。

　言語ポートレートの説明とインタビューの回答は、英語でも日本語でも両
方でも構わないと伝え、本人に委ねた。③では、言語ポートレート（3）を描
いたあと、前のものも見せて変化についても説明を求めた。④と⑤のデータ
収集はインタビューのみだった。④のインタビュー〈1〉は、大学入学までの
バイオグラフィ、大学卒業後に修士課程に進むことにした動機などについて
も聞き、また、それまでDenisaが描いた言語ポートレートを示して回想し
ながら自分の変化について語ってもらった。修士課程（翻訳研究）の修了間

際の⑤のインタビュー〈2〉では、修士課程の成果や 2 回目の日本留学の動
機などについて尋ねた。言語ポートレートを指差す可能性が高かった③と④
は確認のため録画した。

2.5 分析方法

　言語ポートレートを用いた先行研究では、言語ポートレートと筆記または
口頭で語られた言語ポートレートについてのナラティブ（本稿の「語り」）の
両方が分析されている。本稿ではまず Busch（2012）が画像の分析方法とし
て採用したというセグメント分析（Breckner, 2007: 129-131）を参考に、各言
語が身体のどこに、どのように（どのような色、大きさ、形で）描かれたか
に注目してそれぞれの言語ポートレートを描写する。画像を視線がたどるよ
うにその構成を捉え、部分的要素の関係性を分析するというものである。語
りとインタビューは文字化し、言語レパートリーに関するバイオグラフィの
主題を分析し、考察した。2019 年、2021 年、2022 年 1 月に E メールで事
実関係の確認なども行い、その内容を本稿に含めることについても了承を得
ている。

3. 言語ポートレートと語り

　以下、各言語ポートレートを描写した上で、Denisa 自身の語りを要約し
て記述し、その後インタビュー〈1〉～〈4〉も参照した解説・解釈を加える。
英語での語りは筆者が翻訳しているが、Denisa の情意などを理解するのに
重要と思われる部分は実際に使われた英語表現も括弧で添えている。ことば
の言及は原則的に Denisa が語った順である。また、語りの要約とは別に特
に注目したい語りの部分は引用している。要約部分や引用で特に周囲のイデ
オロギー・言説に関わると思われる箇所は文字の上部の圏点で示している。
なお、言語ポートレート（1）と（4）の画像は本稿で掲載できないが、わか
りやすく描写する[5]。

5　Denisa の言語ポートレート（1）（4）は、Iwasaki（2021: 214, 217）に白黒で掲載されてい
る。本稿執筆時に出版社の Routledge から転載許可を得ることができなかったため、本稿で
は言語ポートレート（2）、（3）、（5）のみ掲載している。

3.1 第 1 回の日本留学前 (ロンドン)

　言語ポートレート (1) では、スロバキア語 (“Slovak”) が両腕と両足に赤い筋肉として描かれていて、まず目に付く。茶色い線も沿うように重ねられている。ハート型の心臓も赤と茶色である。身体全体は、青のジャケットとズボンの “English” で囲まれていて、脳も青である。脳の下部には、紺色の “Latin” もある。口は黄色で、黄色い線の “Spanish” が出ており、両掌も黄色である。首はオレンジ色と茶色で、“Czech” と記されている。身体の中央にはピンクで斜めに描かれた部分があり、“Japanese” と記され、ピンクの線にはグレーの線が周りに加えられている。右手には紙を筒状にしたものが緑で描かれ、“German” と書かれ、緑の書籍もある。

　Denisa は英語で語った。以下、その語りのまとめ (和訳) である。

〈第 1 回の日本留学前の言語ポートレート (1) の「語り」の要約〉

　スロバキア語は自分の母語であり、家族や友人との間で使う心地よい安らぎ (comfort) のことばで、辛い時に自分自身を励ます時に呟くのもスロバキア語なので筋肉として描いた。感情的な色として赤を選んだが、活気のあることばだとは思わないので、茶色で色を和らげた。英語は学業と仕事のためのことばで、自分にとってのジャケットだ。また、英語で自分を表現する (how I present myself) ため、外皮のように描いた。どんな表現を使うか考えながら話すので、脳の中にも描いた。青はプロフェッショナルでアカデミックな色だ。米国では英語に囲まれたが、英語で自分を表現できなくて疎外感があった (I felt alienated)。チェコ語を聞いて育ったので、自分はチェコ語のネイティブ話者でもあり、赤に近いオレンジ色を選んだ。長い間吹き替えのテレビ番組や映画はチェコ語に吹きかえられていて、チェコ語はよく聞いたし、今でもチェコ語の映画や書籍は身近で、首、肩、耳の辺りに描いた。チェコ語はスロバキア語に比べ、子音の口蓋化や破擦音が多く、発音が荒く聞こえるので首に位置付けた。子どもの頃チェコの家族にはチェコ語で話していたが、スロバキア語で話しても通じるので、最近はスロバキア語で話している。ドイツ語は学校で懸命に勉強したが、日常的に使う機会はなく、よく話せない。緑はあまり温かくなくて、学校と関係している。日本語は胃。色々な感情が通過する。標準語の響きは優しく、人を傷つけないよう配慮す

る温かいことばなのでピンクにしたが、ストレスを伴うので、グレーを加えた。スペイン語は学校で勉強し、今は職場でよく聞く。スペイン語を話す人たちはみんな活発で元気なので黄色で、そして、手にも描いた。ラテン語も学校で勉強し、今でも覚えていることがあり、見ることがある。アカデミックな言語だ。ポーランド語も加えたいところだが、特に感情がないので色を選べない。（以上、要約）

　Denisa は、チェコとスロバキアに家族があるため、どちらのことばも母語と捉えているが、L1 はスロバキア語のようである。スロバキア語は両腕・両脚の筋肉であり、心臓でもある核として捉えていた。チェコ語が映画や書籍で使われて常に周囲にあって触れる機会が多かったと語っており、社会におけるチェコ語の優位な位置づけを示唆している[6]。実際インタビュー〈4〉で、チェコ語とスロバキア語の力関係について "power imbalance" があると語っていた。「スロバキア語」「チェコ語」という言語資源の名付けは、国家的言語を示しているようではあるが、チェコスロバキアの分離前にもスロバキア語は別の言語として認識されていたとインタビュー〈4〉で語っていた。英語については、米国に留学していた頃は情報伝達に不自由はなかったものの、交際相手にも、価値観が異なり意見の対立するホストファミリーにも、自分の気持ちを伝えて自分を表現することはできなかったという（インタビュー〈1〉）。英国で大学やアルバイト先で英語を使用し、全身を覆うことばと捉えながらも、この段階では、英語を未だ自分の核とは捉えていなかった。日本語への思いは複雑で、すでに学習していた知識でかろうじてこなしていたものの、大学の日本語学習がかなり負担で、ストレスを感じていたようだ。

3.2　第 1 回の日本留学中（東京）

　日本に到着して 4、5 ヶ月経った頃に描かれた言語ポートレート (2)（図 1）では、赤い線が両腕、両脚に描かれ、胸に赤いハート型があるのがまず目に

6　1918 年〜 1992 年のチェコスロバキアの時代の公用語の認定も複雑な背景があった（大場，2020: 77-78 の注 9 参照）。

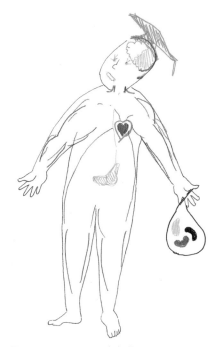

図 1　言語ポートレート（2）第 1 回目の日本留学中

入る。赤いハートは、オレンジ色の線でも囲まれている。首の少し下から始まるグレーの線がグレーに塗られた胃らしき形の内臓に繋がっている。頭には青い角帽が被せられており、脳にも青が塗られているが、半分はグレーである。口にも青が足されている。目はグレー、耳のあたりもほんの少しグレーと緑の線がある。首から肩にかけて少しオレンジと緑の線がある。よく見ると脳の周りにも少し緑が施してある。左手には袋を持っていて、その中には、黄色、緑、黒の固まりが入っている。

　Denisa の語りは大部分が英語で、以下翻訳して要約しているが、日本語で語られた部分を引用した箇所は「」で示している。

〈第 1 回の日本留学中の言語ポートレート（2）の「語り」の要約〉
　前から少し変わったと思う。まず赤で描いたスロバキア語は家族や親しい

友人と話すことばで、自分の心臓で中心的だ。落ち込んでいる時に自分を動かすことばで、前と同じく筋肉でもある。赤は愛や感情と関連しているので赤で描いた。周りのオレンジはチェコ語。自分が家族と使うもう一つの言語であり、Skype で母方の家族と話す時はチェコ語を使う。荒く聞こえるので首にも描いた。英語は青で、学業と関係しているので卒業式のガウンのように描き[7]、そして脳と口にも位置付けた。日本でも授業で文法を勉強する時に説明は全部英語だから、学業のことばである。英語で話すことが多いので口にも描いた。家族が来日するので宿泊の手配などにも英語を使う。日本語はグレーで、脳の半分、目も耳も消化器 (this whole digestive system) も全部グレーで描いた。周囲に日本語があってよく聞くし、よく日本語について考える (It's constantly on my mind) からだ。でも口には描かなかった。日本語には「まだ自信がない」。胃に描いたのは、まだ日本語を使うととても緊張するからで、緊張すると胃に感じる。日本語がグレーなのは、日本語が周りにあって当たり前で感覚がなくなった (I kind of became numb) からだ。もっとワクワクしないといけない (I have to get more excited) のだろうが、今はかなりわかって「嬉しい」と感じる一方、わからないことも多くてフラストレーションも感じる。わかればわかるほど、わからないこともある。前はほかにも多くの言語を描いたが、今回は袋に入れた。スペイン語は「元気な」ことばだから黄色、そして少しドイツ語の緑を入れ、耳にも少し緑を加えたのは、日本で大学でも寮でもドイツ人にたくさん会ってよく聞き、少しは単語を覚えていて理解できるからだ。ドイツ語の緑は基本の色で、ドイツ語は長く学習しているが、英語のようには使ったことがない。英語は外国語という感じがしないが、ドイツ語はまだいかにも外国語だ (I still feel very very foreign about it)。ラテン語には特に感情がないから黒で、まだ脳の後ろにあるが、面白いと思う。(以上、要約)

　日本留学中とは言え、留学生寮に住む Denisa が接するのは、日本語以上に英語だった。日本語の授業も説明は英語であったことにより、学業のため

7　Denisa の言語ポートレートで描かれているのは卒業式用の角帽で、「ガウン」ではなかったが、本人は「ガウン」と語っていたため、そのまま要約した。

の英語の位置付けは高まったようだ。一方、日本語については、まだ自信の
なさが際立っていた。留学中も日本の大学キャンパスにおける多言語環境の
中で日本語を使用し自信を高めるのは容易でなかったようだ。インタビュー
〈1〉では、1回目の留学の間は、ドイツ語に接する機会はあったものの、英
語、スロバキア語、日本語についてのみ考え、ほかの言語は隅にしかなかっ
た（in the back of my mind）と語っていた。2回目の日本留学を前にしたイン
タビュー〈2〉では、この1回目の留学がとても辛かったことに言及し、日
本が欧州や米国とは全く異なり、日本ではどのように振る舞い、いつ何を言
えばいいかがいつも気がかりで日本人と日本語で話すことはできず、寮の留
学生と英語で交流することが多かったと語った。しかし、当時は罪悪感もあ
り、慣れてしまっていたので、留学中にはそう語らなかったという。さら
に、インタビュー〈2〉では、この経験を踏まえ、2回目の留学では「外国人」
としての自分の立場を受け入れて、どのように行動すればいいか気にせず行
動したいとも語っていた。

3.3　第1回の日本留学後（ロンドン）

　図2に示したのが、第1回の日本留学を終え、ロンドンに戻ってすぐの
頃に描いた言語ポートレート（3）である。身体の全体を青い衣服が覆ってい
る。右手には同じ青で書籍らしきものが描かれている。胸には赤いハートが
あり、赤と茶色で拡散しているような線が描かれている。脳は主に青で囲ま
れ、その周りにグレーの線も加えられている。脳の中には黄色と赤もあり、
目も黄色で、左手には黄色で描かれた書籍らしいものがある。口は黒で描か
れ、足首の下の足は緑で囲まれている。

　この時の語りはほとんど日本語だった。日本語のそのままの引用は「」で
示している。

〈第1回の日本留学後の言語ポートレート（3）の「語り」の要約〉

　スロバキア語とチェコ語は家族のことば、「これは本当に本当に家族だけ
なんです」。口は、勉強し始めたフランス語。発音が難しいので黒を使った。
グレーはラテン語で、使うことはなくともフランス語でもラテン語の影響を
感じるので、脳の後ろにある。緑のドイツ語はいつもその知識を感じている

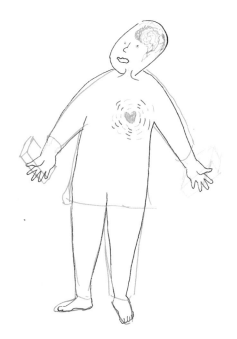

図 2　言語ポートレート（3）第 1 回目の日本留学後

ため、靴だ。黄色で描いたのは日本語で、「日本語の勉強がとても楽しい」からで、「楽しい色」として選んだ。日本語については「もっとポジティブ」になった。ラテン語には「あまり気持ちがない」ためグレーで、ドイツ語の緑は「安全という気持ち」。今は「英語でもいい友達ができるという気持ち」になった。（以上、要約）

　一方、スロバキア語については、以下のように語った。

　　もしかしたら、そんなに…もちろん大好きなんですけど、あの、そんなに、あの、大切な、ではないかもしれません…かな… じゃ、うん、もしかしたら、将来なら、もうスロバキア語を使わないで大丈夫なのかなという気持ちです。

　留学後は、英語とスロバキア語と日本語の自分の中の存在を意識していた。英語の役割は一貫しているのに対し、日本語の役割が大きくなる一方スロバキア語は小さくなったという。日本語についてポジティブになったのは、4 年次では日本語科目が必修ではなくなり、自分の時間を使って自由に学習できるようになったことで日本語の学習が楽しくなったのだと言及していた。また、留学中に日本語に複雑な思い（mixed feeling）を持っていたのは、初めての日本での生活で圧倒されていたからだが、日本語は自分の人生の一部になるという自信があると語った。フランス語はカリブのグアドループに移住した姉を数回訪ねた時に周りで使われているので理解したいと思って学習し始めた。しかし、日本語に集中しているため、スペイン語などのほかの言語については考えられないと語った。スロバキア語は依然として心臓に位置付けているものの、もはや筋肉ではなく、心臓としてのみ存在していた。家族とのみ使用することばであり、キャリア形成などのために有用性をあまり感じていなかったようだ。

3.4　第 2 回の日本留学の修了前（東京）

　2 回目の日本留学の修了が間近な時期に描かれた言語ポートレート（4）では、身体全体が英語を示す青の衣服に包まれていて、脳も青で描かれている。脳の一部に茶色のドイツ語も加えられている。胸にはスロバキア語を示す赤いハートがあり、青で囲まれている。口はチェコ語を示すオレンジ色で、口からは 2 本の線が流れ出るように下に向かっている。両手、両目と耳はグレーである。

　語りは日本語と英語だった。以下がまとめである。

〈第 2 回の日本留学修了前の言語ポートレート（4）の「語り」の要約〉

　日本語がグレーなのは、いつも同じだから（it feels like it's always the same）。目と耳に位置付けた。以前は読むことが多く、漢字を見れば意味がわかることもあったが、聴解が難しいことに気づき、今回はポッドキャストやラジオを聞いて、聞く力が伸びた。手もグレーなのは、勉強のために漢字を書くから。スロバキア語はまだ心臓にある。チェコ語については、あまり話さなくなり、母方の家族と話す時、チェコ語を話そうとしてもスロバキア

語の単語を使ってしまったり、間違えたりするという意味で流れ出る線を描いた。（以上、要約）

　さらに、日本語については、「日本語はそんなに長い間私の中にありますから。どんなふうに将来に成長できるかどうかわかりません。それはちょっと困ったな。」と言い、一方、英語については、日本語と比べて、以下のように語った。

　　　今、自分のアイデンティティの中に入ったと思います。特に日本語と比べて、私はいつも英語と日本語の能力を比較しますが、今回はなんか自分のアイデンティティは英語を通じて伝えることができると思います。（中略）今、日本に住んでいるとき、日本語で頑張って話しているけど、これが本当に私かわかりません。

　英語では伝えたいことを伝えられるようになり、スロバキア語で書いていた趣味の創作文（creative writing）を英語でも書くようになった（これを反映してか、心臓が青でも囲まれていた）が、日本語ではそうはいかなかった。さらに、英語とスロバキア語の位置づけについて以下のように語った。

　　　家族以外にあとはスロバキアの友達以外にほかの人は、私のスロバキア語の能力はあまり知らないんです。だから、ほかの人と、日本でもほかの人と話す時、日本語じゃないとき、これは英語ですよね、だからいつも、その上、外国人として日本に住んでいますが、たくさん日本人が私の顔をみると、白人ですけれどもヨーロッパ人とかアメリカ人と思うと思います。だから英語できるべきなんだよね、と思います。だから、みんなは私のスロバキア語が見えないと思います。あとは自己紹介の時、スロバキア人なんですという、みなさんは、スロバキア、え、どこ、イメージが全然わかりません。

　日本において「外国人」として見られ、白人外国人として「英語」の使用を期待されることと、たとえ「スロバキア人」と名乗っても周囲からは理解

されないという経験が影響して、英語資源の位置づけが大きくなり、英語使用者としての自覚や自信は高まったようである。スロバキア語はあくまでも家族とのみの資源と認識され、以前は流暢に話せたチェコ語が自由に話せなくなったと言い、生活環境で何が必要かによって言語資源の位置づけが変容することを如実に示していた。

　この⑥のインタビュー〈3〉の語りは矛盾に満ちていた。Denisa は、英語と日本語を常に比較し、日本語には自信がないといいながらも、聴解力が高まったこと、学生寮のウィングのまとめ役を務めており、ほかのウィングの日本人のまとめ役と親しくなり、前回には経験しなかった、日本人との日本語の交流を経験できたことも語っていた。また、学生寮に住む中国や韓国からの留学生は英語より日本語で話すことを好むので、日本語を話す機会は前より多く、同じ立場（both in the same boat）の留学生とは自信を持って日本語で話せたと語った。このような自分の発言の矛盾について、以下のようにも語った。

　　I always wonder if how much of that is my actual 能力 and how much of that is just some sort of barriers in my head that I'm putting down because I think before perfectionism in me was much stronger when it came to speaking Japanese.

　特に日本語を話すことにおいては、完璧主義になっていたことで、自分自身の日本語能力を過小評価した可能性があるというのである。

　Denisa は 2020 年に予定されていた東京オリンピックのインターンシップに応募し、英語面接では問題なく応答できたが、日本語の最終面接では力を発揮できず、採用に至らなかったことで落胆していた。日本で求職するより英国に戻ることに決め、ほっとしたのだとも語っていたが、目・耳・手に日本語を位置づけていたように、日本語学習への意欲は示しており、これまで投資してきた日本語を諦めるわけにはいかないとも語っていた。

　この後、2020 年のメールでのやりとりで日本関係の就職が決まり、とても楽しみにしているのだと報告してくれた。2021 年秋、その仕事を始めた後に再度言語ポートレートを依頼し、インタビューを行った。

3.5　第 2 回の日本留学を終えた約 2 年後（ロンドン）

　2021 年、ロンドン在住の Denisa は、税務関係の企業に勤め、主に日系企業や英国在住の日本人駐在員を顧客とする部門で仕事を始めていた。その Denisa が描いた言語ポートレート（5）が図 3 である。

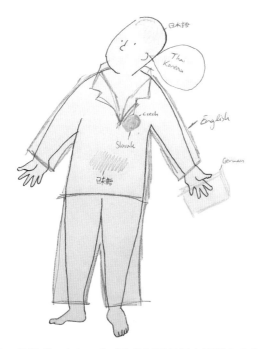

図 3　言語ポートレート（5）2 回目の日本留学の 2 年後

　身体を青い英語のスーツが覆い、赤で描かれた胸のハートはスロバキア語で、ハートに茶色で加えられている線がチェコ語である。頭の中、脳は黄色の日本語で、左手にある緑の書籍はドイツ語である。腹部はグレーになっており、「日本語」と記されている。耳にある吹き出しには、"Thai"、"Korean"とある。

　語りは英語だった。

〈第2回の日本留学の2年後の言語ポートレート（5）の「語り」の要約〉

　英語については前と同じように感じている。職場で同僚と英語を使い、同僚より英語を書き慣れているので、同僚の英語をみることもある。スロバキア語はやはり自分のアイデンティティの一部であるので、心臓に描いており、懐かしく感じる（I kind of feel nostalgic about it）。チェコ語はあまり使わないが、まだ理解はできる。日本語は2か所に位置付けた。脳に黄色で描いたのは、日本に関わる仕事を始め、日本語を使えてワクワクしているからで、自分の能力が高まっていくのを感じる。税務関係は英語でもまだわからないことが多いため、わからなくてもいいことも多く、吸収していく感じでプレッシャーがない。

　日本語の個人授業をオンラインで受けるようになり、毎週気楽に会話練習をしていて、自信も持てるようになってきた。同僚に日本人も多く、昼食などに一緒に出かけるときには日本語で話す。それでも日本語が胃に入り込んでいるのは、まだ緊張することもあるからで、特にもし顧客「お客様とか」に話すなら緊張する。耳の韓国語とタイ語は、音楽やテレビ番組で聞くからだ。ドイツ語は話すことはないが、時々見かけることがあり、自分の知識が役立つこともある。（以上、要約）

　Denisaは、英国に戻ることを選んだが、必ずしも日本語学習や使用への動機が減退したわけではなく、英語と日本語の両方の言語資源を生かしてロンドンで仕事を続けている。ロンドンの職場の同僚はDenisaと同様、移動を重ねてきた人びとで、日本以外にも東アジア出身者が多く、人種・民族・LGBTQなどの多様性が尊重される環境が魅力だという。

　これまでの移動経験で最も学びが多かったのは、日本留学で、その理由は日本社会で初めてマイノリティの立場を経験したからだという。さらに、1回目は自分が外国人として見られることを強く意識していたが、2回目は、外国人の中でも白人は優遇されていることに気づき、日本社会における人種差別を目の当たりにした。白人である自分は、自分の殻から抜け出しさえすれば日本で友人を持つことは容易だったが、非白人の留学生仲間はそうではなかった。日本留学を経た今、メディアなどの人種や性差別について敏感になったと語る。

4. Denisa の事例からことばの学習と使用について考える

Denisa は幼少期からチェコとスロバキアの間を移動し、相手（母方の家族かどうか）によって異なる言語資源を動員していた。6 歳から必修科目の英語を学習し始め、その後必須のドイツ語以外に、選択科目のスペイン語やラテン語を学校で学習した。日本語は欧州の言語とは大きく異なる文字に惹かれて学習し始めた。オーストリアや米国への留学経験を経て、英国で日本語を専攻し、2 度の日本留学を経験した。英語使用者としてのアイデンティティを持つようになったが、日本語については、自分の能力を高く評価できず自信を持てずにいた。L1 であるスロバキア語については、自分の核ではあるものの家族とのことばとしてのみ認識している。2022 年現在ロンドンで日系企業や在英日本人を顧客とする部門で仕事をするかたわら、楽しみながら日本語学習を続けているという。

Denisa はことばの学習や移動の経験が非常に豊富であるが、Denisa のバイオグラフィが全く例外的というわけではない。欧州では初等中等教育で英語を学習するのは一般的で（Devlin, 2020）、ドイツ語やフランス語も学習することは珍しくない。また、国際交流基金の 2018 年の調査の報告（国際交流基金, 2020）によると欧州の教育機関で日本語を学習する学習者数は増加傾向にある。さらに、特に欧州内においては、国境を越える移動を頻繁に行う人も稀ではない。

近年、動機づけ研究においては、多言語資源の関係性においてグローバル化で有用とされる英語は影響力を持つことが報告されている（Henry, 2017; Nakamura, 2019）。日本語資源を含むことばの学習について考える際には、個々人の言語レパートリーを、それぞれの言語資源に関わる（有用性の）優劣に関するビリーフなどのイデオロギーも念頭に検討することが重要であろう。

英国の大学で日本語を専攻した Denisa は、自分の L2 としての英語と日本語の能力を比較することが多かった。Denisa のことばの学習観や使用についての考えは、言語イデオロギー、留学に関わるイデオロギー、ことばの学習や教育に関わるイデオロギーにも影響を受け、言語ポートレートに見られる言語レパートリーにも反映されていた。1 回目の日本留学中の Denisa は、白人外国人 = 英語（木村, 2019）という、外国人カテゴリーをめぐるイデオロギーにより、英語使用者として認識されたことが、英語使用者としての意

識を高める一方、チェコ語とも不均衡な力関係にあると捉えていたスロバキ
ア語資源の有用性・価値を軽減してしまったようである。特に歴史的背景か
ら国家としての知名度の低いスロバキアが認識されず、「スロバキア人」と
いうより「外国人」として認識されることが影響した。「日本人」と「外国
人」という二項対立のディスコースや、外国人は日本語が十分に使用できな
いという思い込みは、日本の大学生にも根強いようだ (Iwasaki, in press)。

　また、Denisa は「日本人のように」話すことを目指すことで日本語使用
にストレスを感じ、日本語を十分に使えなかった。自分自身のことを「完璧
主義」とも語っていたが、日本人を均質的ネイティブと捉え、ネイティブの
ように話すことが「完璧」であるという考え方は、Denisa がそれまでに受
けた日本語教育においてもネイティブ規範を絶対的基準とするイデオロギー
（田中，2013；義永，2021）や「正しい日本語」を目指す問題（三代・鄭，
2006）があったためであろう。島津（2021）は、日本語教師養成科目の受講
生のエッセイでも「正しい日本語の知識」「日本人 100%」といった日本語
教師像が描かれていることを報告しているが、義永（2021）によると、学会
誌『日本語教育』に掲載された論文にも、単一言語の使用をデフォルトと捉
える、モノリンガルバイアスなどのイデオロギーが見られたということであ
る。「日本語は外国人には難しい」という日本人論に基づく本質主義的考え
も教室内外のディスコースにあった可能性がある。

　Denisa は、1 回目の留学で日本人との交流がなかったことに罪悪感を抱い
ていた。これは、「留学しているからには日本人と日本語で話すべき」とい
う留学について語られる言説からのビリーフがあったことを示唆している。
留学中は「日本人のように日本人と日本語を使う」ことを目指しながらも、
逸脱することを恐れて積極的に話すことができなかった。そこで、Denisa
は、1 回目の留学での経験を踏まえて 2 回目の日本留学前には、「外国人」
としての自分を受け入れて逸脱することを恐れずに日本語を使うことを決意
していた。Denisa の「外国人としての自分を受け入れる」という語りには
ネガティブな響きもあるが、実際 2 回目の留学中はもっと楽に行動できた
ということである。

　では、なぜ Denisa は米国留学中には自分を表現できなかった英語を、自
分を表現することばとして自分のアイデンティティに取り込み、英語使用者

としての自信を獲得することができたのか。英国で英語を使用して仕事（アルバイトとは言え、時間数も多く、信頼も得ていた）をしていたことも、英国の大学で学士号と修士号を取得したことも当然その理由であろうが、ロンドンで英語がリンガフランカとして使用されることが常態であったことも影響したと考えられる。ロンドンの大学では、学生も教員も実に多様で、前述のように Denisa は筆者担当の心理言語学科目も履修したが、筆者のようにL2 としての英語で講義をする教員の方が英語を L1 とする教員よりも多く[8]、当然視されていた。

　Denisa は実に多様な言語資源を持っていたが、「完璧な能力」を持たないと思う日本語に自信がないだけではなく、ドイツ語の言語資源なども、役立つことがあるにもかかわらず、自分の資源と捉えることには消極的であった。「X 語」という均質な標準的かつ一定の体系としての言語が使えることをその言語の能力と捉えるイデオロギーに囚われていたようだ。しかし、空間の移動もことば間の移動も常態である人々のコミュニティに所属する現在では、日本語資源を含むことばの学習や使用にポジティブになった。このことから、大学在籍中、留学前に比べて留学後、といった特定の期間に限定して調査をしていては、個人のことばの学習や使用を理解できないことは明らかである。

　今、多言語資源の活用を促進し、奨励することが望まれるが、それにもかかわらず、豪州や英国の大学の外国語教師は学生の多言語資源に無関心なことが報告されている（Pauwels, 2014）。尾辻（2021）は、大学生が多様なことば、絵文字、写真などの資源を少しずつ活用する、「ちょっと性」が足し算的に生かされる事例を紹介している。このような「ちょっと性」の価値をポジティブに捉える言語教育が今後の方向性として望まれる。

　Denisa は、日本では、ネイティブ規範、「正しい日本語」、望ましい留学、完璧なバイリンガルなどの言説に囚われていたが、「外国人」と割り切って自由に振る舞うことを選択して楽になった。Kumagai & Sato（2014）は、留

8　Denisa は言語学と日本語を専攻していたため、言語学の学科と日本語・日本文学・日本文化の学科の科目を主に履修していた。どちらの学科でも、英語を L1 としていた教員より、英語を L2 として使用する中国、ドイツ、ベルギー、イタリア、フランス、ギリシャ、カナダ（フランス語圏）など非英語圏出身の教員の方が多かった。

学生が外国人への固定観念を逆手にとって、「無知」（を装う）ストラテジーを行使することを報告している。イデオロギーを認識して、対抗したり戦略的に行動したりすることも重要であろう。

　ハインリッヒ（2021: 29）は、ウェルフェア・リングイスティクス（幸福と福祉を目指す言語研究）[9]の理念では、「ローマではローマ人がするようにせよ」ではなく、「ローマでは、ローマにいるあなたがしたいようにせよ」という原則が奨励されると述べる。ハインリッヒが言及するように、「なんでもあり」ではないが、今、「逸脱」を新しい創造性と捉え、「ちょっと性」を楽しむといった思考の転換がことばの教育、学習、使用に望まれる。

謝辞

言語ポートレートをご紹介くださった姫田麻利子氏、2016年に早稲田大学高等研究所の研究員としてデータ収集を行うことを可能にしてくださった川上郁雄氏に感謝の意を表したい。2019年のデータ収集には2019年度南山大学パッヘ研究奨励金 I-A-2 の助成を受けた。長期にわたって協力してくれた Denisa に心から感謝し、今後の活躍を応援している。

参考文献

岩﨑典子（2016）「日本語のために移動する学習者たち ── 複数言語環境のヨーロッパで」三宅和子・川上郁雄・岩﨑典子「複数言語環境に生きる人々の「日本語使用、日本語学習」の意味とアイデンティティ」『第19回ヨーロッパ日本語教育』20, 131-137.

岩﨑典子（2018）「「ハーフ」の学生の日本留学 ── 言語ポートレートが示すアイデンティティ変容とライフストーリー」川上郁雄・三宅和子・岩﨑典子（編）『移動とことば』（pp. 16-38.）くろしお出版

岩﨑典子（2020）「SLA における留学研究の変遷と展望 ── さまざまな留学環境とそれぞれの行為主体性（agency）」『第二言語としての日本語の習得研究』23, 102-123.

岩﨑典子（2021）「言語ポートレートから見る多層アイデンティティ ── 「アイデンティティの戦争」から複言語使用者へ」三宅和子・新井保裕（編）『モビリティとことばをめぐる挑戦』（pp. 245-267.）ひつじ書房

大場佐和子（2020）「「ネイション・ステイト」と憲法上の「国民」の含意 ── チェコ

9　ハインリッヒ（2021）は、この論考で、「ウェルフェア」とは何を指すのかを論じ、「ウェルフェア・リングイスティクス」の概念を解説している。

スロヴァキア、そしてチェコとスロヴァキアの場合」『社会体制と法』18, 64-78.

尾辻恵美（2021）「第二の言語イデオロギーの転回におけるメトロリンガリズムの強み」尾辻恵美・熊谷由理・佐藤慎司（編）『ともに生きるために —— ウェルフェア・リングイスティクスと生態学の視点からみることばの教育』(pp. 105-134.) 春風堂

木村護郎クリストフ（2019）「「日本語の国際化」と〈やさしい日本語〉—— 留学生受け入れの観点から」庵功雄・岩田一成・佐藤琢三・栁田直美（編）『〈やさしい日本語〉と多文化共生』(pp. 47-66.) ココ出版

国際交流基金（2020）『海外の日本語教育の現状 —— 2018 年度日本語教育機関調査より』https://www.jpf.go.jp/j/project/japanese/survey/result/survey18.html（2020 年 7 月 14 日）

島津百代（2021）「日本語教育に関する教育と言説とイデオロギーの考察 —— 日本語教師養成における「言語教育観」教育に向けて」尾辻恵美・熊谷由理・佐藤慎司（編）『ともに生きるために —— ウェルフェア・リングイスティクスと生態学の視点からみることばの教育』(pp. 165-201.) 春風堂

田中里奈（2013）「日本語教育における「ネイティブ」/「ノンネイティブ」概念 —— 言語学研究および言語教育における関連文献のレビューから」『言語文化教育研究』11, 95-111.

ハインリッヒ，P.（2021）「ウェルフェア・リングイスティクスとは」尾辻恵美・熊谷由理・佐藤慎司（編）『ともに生きるために —— ウェルフェア・リングイスティクスと生態学の視点からみることばの教育』(pp. 11-35.) 春風堂

姫田麻利子（2016）「言語ポートレート活動について」*Études didactique du FLE au Japon, 25*, 62-77.

三代純平・鄭京姫（2006）「「正しい日本語」を教えることの問題と「共生言語としての日本語」の展望」『言語文化教育研究』5, 80-93.

メルロ゠ポンティ，M.（2018）『知覚の現象学（改装版）』（中島盛夫訳）法政大学出版局〔Merleau-Ponty, M. (1945) *Phénoménologie de la perception*. París: Gallimard.〕

義永美央子（2021）「第二言語の使用・学習・教育とイデオロギー —— モノリンガルバイアス、母語話者主義、新自由主義」尾辻恵美・熊谷由理・佐藤慎司（編）『ともに生きるために —— ウェルフェア・リングイスティクスと生態学の視点からみることばの教育』(pp. 135-163.) 春風堂

Althusser, L. (1971) Ideology and ideological state apparatuses (Notes towards an investigation). In L. Althusser (Ed.), *Lenin and philosophy and other essays* (pp. 127-188). London, UK: New Left Books.

Benson, P. (2017) Ways of seeing: The individual and the social in applied linguistics research methodologies. *Language Teaching, 52*(1), 60-70. https://doi.org/10.1017/S0261444817000234（2017 年 10 月 10 日）

Blommaert, J. (2006) Language ideology. In K. Brown (Ed.), *Encyclopedia of language and linguistics* (2nd ed., Vol. 6, pp. 510-522). Oxford, UK: Elsevier.

Blommaert, J., & Backus, A. (2013) Superdiverse repertoires and the individual. In I. de Saint-Georges & J.-J. Weber (Eds.), *Multilingualism and multimodality: Current challenges for educational studies* (pp. 11-32). Rotterdam, the Netherlands: Sense Publishers.

Breckner, R. (2007) Pictured bodies: A methodical photo analysis. *INTER (Interaction, Interview, Interpretation) Bilingual Journal for Qualitative-Interpretive Social Research in Eastern Europe, 4*, 125–141.

Busch, B. (2012) The Linguistic repertoire revisited. *Applied Linguistics, 33*(5), 503-523.

Busch, B. (2017a) Biographical approaches to research in multilingual setting: Exploring linguistic repertoires. In M. Martin-Jones & D. Martin (Eds.), *Researching multilingualism: Critical and ethnographic perspectives* (pp. 46-59). London, UK and New York, NY: Routledge.

Busch, B. (2017b) Expanding the notion of the linguistic repertoire: On the concept of *Spracherleben*—The lived experience of language. *Applied Linguistics, 38*(3), 340-358.

Busch, B. (2018) The language portrait in multilingualism research: Theoretical and methodological considerations. *Working Papers in Urban Languages & Literacies*, Paper 236, 1-13. https://www.academia.edu/35988562/ (2018 年 2 月 23 日)

Butler, J. (1997) *Excitable speech: A politics of the performative*. New York, NY: Routledge.

Coffey, S. (2015) Reframing teachers' language knowledge through metaphor analysis of language portraits. *Modern Language Journal, 99*(3), 500-514.

Coleman, J. A. (2013) Researching whole people and whole lives. In C. Kinginger (Ed.), *Social and cultural aspects of language learning in study abroad* (pp. 17-44). Amsterdam, the Netherlands: John Benjamins.

Council of Europe (2001). *Common European framework of reference for languages: Learning, teaching, assessment*. Cambridge, UK: Cambridge University Press.

Devlin, K. (2020). *Most European students learn English in school*. Pew Research Center. https://pewrsr.ch/2xZJo6c (2020 年 5 月 1 日)

García, O., & Li Wei. (2014) *Translanguaging: Language, bilingualism and education*. London, UK: Palgrave Macmillan.

Henry, A. (2017). L2 motivation and multilingual identities. *Modern Language Journal, 101*(3), 548-565.

Husserl, E. (1982) *Ideas pertaining to a pure phenomenology and to a phenomenological philosophy: First book. General introduction to a pure phenomenology*. The Hague, the Netherlands: Nijhoff.

Iino, M. (2006) Norms of interaction in a Japanese homestay setting: Toward a two-way flow of linguistic and cultural resources. In M. A. Dufon & E. Churchill (Eds.), *Language learners in study abroad contexts* (pp. 151-173). Bristol, UK: Multilingual

Matters.

Iwasaki, N. (2010) Style shifts among Japanese learners before and after study abroad in Japan: Becoming active social agents in Japanese. *Applied Linguistics, 31*(1), 45-71.

Iwasaki, N. (2011) Learning L2 Japanese politeness and 'impoliteness': Young American men's dilemmas during study abroad. *Journal of Japanese Language and Literature, 45*, 67-106.

Iwasaki, N. (2019a) Individual differences in study abroad research: Sources, processes, and outcomes of students' development in language, culture, and personhood. In M. Howard (Ed.), *Study abroad, second language acquisition and interculturality* (pp. 237-262). Bristol, UK: Multilingual Matters.

Iwasaki, N. (2019b) British university students studying abroad in Japan: L2 Japanese learners' multilingual selves captured by language portraits. *The Learner Development Journal, 1*(3), 135-151. https://ldjournalsite.wordpress.com/issue-three-identities-and-transitions-2019/

Iwasaki, N. (2021) The linguistic repertoire and lived experience of a Slovak student: Contradictory dispositions to L1 Slovak and L2 Japanese revealed by language portraits. In R. Mitchell & H. Tyne (Eds.), *Language, mobility and study abroad in the contemporary European context* (pp. 207-224). New York, NY: Routledge.

Iwasaki, N. (in press) Who speaks yasashii nihongo for whom? Reimagining the "beneficiary" identities of plain/easy Japanese. In M. Mielick, R. Kubota & L. Lawrence (Eds.), *Discourses of identity in Japan: Language learning, teaching and revitalizing perspective*. London, UK: Palgrave Macmillan.

Kroskrity, P. V. (2005) Language ideologies. In A. Duranti (Ed.), *A companion to linguistic anthropology* (pp. 496-517). New York, NY: Wiley Blackwell.

Krumm, H.-J. (2013) Multilingualism and identity: What linguistic biographies of migrants can tell us. In P. Siemund, I. Gogolin, M. E. Schulz & J. Davydova (Eds.). *Multilingualism and language diversity in urban areas: Acquisition, identities, space, education* (pp. 165-176). Amsterdam, the Netherlands: John Benjamins.

Kumagai, Y., & Sato, S. (2009) 'Ignorance' as a rhetorical strategy: how Japanese language learners living in Japan maneuver their subject position to shift power dynamics. *Critical Studies in Education, 50*(3), 309-321.

Larsen-Freeman, D. (2018) Looking ahead: Future directions in, and future research into, second language acquisition. *Foreign Language Annals, 51*, 55-72.

Lau, S. M. C. (2016) Language, identity, and emotionality: Exploring the potential of language portraits in preparing teachers for diverse learners. *The New Educator, 12*(2), 147-170.

Merleau-Ponty, M. (2002) *Phenomenology of perception* (C. Smith, Trans.) London, UK: Routledge & Kegan Paul. (Original work published 1945)

Nakamura, T. (2019) *Language acquisition and the multilingual ideal: Exploring Japanese language learning motivation*. Bristol, UK: Multilingual Matters.

Pauwels, A. (2014) The teaching of languages at university in the context of super-diversity. *International Journal of Multilingualism, 11*(3), 307-319.

Siegal, M. (1994) *Looking East: Learning Japanese as a second language and the interaction of race, gender and social context* [Doctoral dissertation, University of California, Berkeley]. ProQuest Dissertations and Theses Global.

Surtees, V. (2016) Beliefs about language learning in study abroad: Advocating for a language ideology approach. *Frontiers: The Interdisciplinary Journal of Study Abroad, 17*, 85-103.

Thomas, D. (1999) *Culture, ideology and educational change: The case of English language teachers in Slovakia* [Doctoral dissertation, Institute of Education, University of London]. UCL Discovery.

第 2 部

「移動とことば」の
語り方と書き方

第5章

「当事者」研究をする「私」の
オートエスノグラフィ

カテゴリー化をめぐって

南誠（梁雪江）

1. はじめに

中国残留日本人のアイデンティティは？

日本と中国との間でその帰属意識はどうなっているのか？

その子孫たちの場合はどうなの？

中国残留婦人を母方の祖母に持つ私が中国帰国者研究を始めてから、学術的な場でも日常生活でもそう聞かれることが多い。「大変だっただろうね」と同情のまなざしを向けられることも珍しくない。この言葉には国立大学に勤めるようになった私の努力を褒めたい気持ちもあっただろう。「当事者」[1]だからこそ中国帰国者研究を始めたと思う人も多い。たしかに博士後期課程編入試験（2003年）の際には次のように書いた。

> 「中国帰国者」の一人として、その歴史に参与し、自らの主体性を明らかにするために、「中国帰国者」がいかに過去を総括し、現在の位置を見定め、未来への方向を設定しうるかについて考えたい。

---

1 当事者をどう定義するかは決して簡単なことではない。本稿ではとりあえず中国帰国者であることとして用いる。

　これを読むと、「当事者」として自己を強く意識しているように思われて
もおかしくない。しかしこうした「当事者」意識はけっして前から強くあっ
たわけではなく、むしろ幾つもの偶然が重なって得たものである。本稿はそ
うした当事者研究をする「私」のオートエスノグラフィを通して、中国帰国
者というカテゴリーをめぐる受容を自省的に振り返ることを目的とする。
　オートエスノグラフィとは近年注目されている研究者自身の経験のエスノ
グラフィという質的研究の一形態である（沖潮，2020: 151）。自叙的な記述
を通して、個人と文化を結びつける重層的な意識のありようの開示を目指し
ている。そのため、エスノグラフィックな広角レンズを通して、過去と未来
を見据えながら、まず自らの個人的経験の社会的・文化的諸側面へと外から
迫り、そしてそうした経験の内面へと迫り、文化が提供する慣習的な解釈の
ありようによって動かされたり、またそうした解釈を促進したり変形したり
差し止めたりする、バルネラブルな自己というものを開示していく（エリ
ス・ボクナー，2006: 135-136）という。

2.　カテゴリー化される／する「私」

2.1　他者のまなざしによるカテゴリー化

　現在の職場である長崎大学に着任したのは 2011 年 10 月である。任期付
きのテニュアトラック助教だったが、研究者としてスタートを切ったのであ
る[2]。在任中は学術会議を主催したり国際的な学術会議に参加したりすること
も多かった。ある研究会で報告した後、私自身のアイデンティティが聞か
れ、「いつか自分のライフストーリーを書いて考えてみたい」と応答した。
こうして真正面から答えなかったのは、質問者がいうアイデンティティはあ
きらかに中国か日本かの二択しかなかったのと、研究をしていなかったら私
自身も「アイデンティティ」を意識することがなかっただろうと考えたから
である。また聴き取り調査を行う「私」について、いつか自省的に回顧する

2　当初は水産・環境科学総合研究科に所属していたが、2014 年に新設された多文化社会
学部に異動し、2016 年に准教授に昇任した。

ことをずっと前から考えていた[3]。

　中国帰国者の調査を始めた 2000 年以降のある集会で、中国帰国者 2 世が「大学に進学して自分のアイデンティティを解決することができた」という主旨の発言をしたのを聞いた[4]。しかし私にとっての進学はむしろ、「アイデンティティ」を考えるきっかけであり、悩み続けることを意味していた。現在の研究をしているからこそ、先行研究が議論したアイデンティティについても考えるようになった。こうした契機がなければ、おそらく日本人の祖母を持つ「在日華僑」として生涯を送っていたに違いない。

　アイデンティティという言葉は人口に膾炙されているが、そもそも何を意味するかは人によって異なる。中国帰国者に向けられたアイデンティティの問いは、彼（女）ら自身が何を考えているかよりも、日本と中国とをどう選択するのかに集中していた。特に中国帰国者 1 世である中国残留日本人研究と社会運動の場においては、彼（女）らがどのようにして「日本人である」ことを保持していたのかが焦点であった。

　アイデンティティという術語についてまだあまり勉強したことがない当時の私にとって、そうしたまなざしに違和感を覚えた。「日本人である」ことを通して、彼（女）らの生活世界を捉えることが果たして可能なのかは疑わしい。またそうした問いかけにおいて、中国での生活体験がネガティブなものとしてしか現れないのではないかとも考えた[5]。

　中国で生を受けて日本で長く生活していた私は、両者のどちらかを選択するより、その共存と更なる展開の未来を想像していた。しかしそうした問いかけによって、本当の意味においてアイデンティティクライシスに陥ったのである。そのときから、他者からのまなざしを受けて自己をカテゴリー化するようになっていった。

3　桜井厚『インタビューの社会学』(2002) を読んで、インタビューの場における「自己」のあり方には強く関心を持っていた。

4　「解決した」とは何を意味するかは詳しく述べられていないが、その解釈は会場参加者に委ねられていた。

5　こうしたまなざしは日本にしか存在しないと思っていたが、その後中国にも存在していることを知った。中国での生活だけではなく、その家族の存在も蔑ろにされていた。

2.2 「他者のまなざし」とカテゴリー化を問う

　当時は既に中国帰国者への聴き取り調査を始めていた。しかし問いかけをしない限り、自らアイデンティティを語る人に出会ったことはほとんどない。中国帰国者 1 世である中国残留日本人の場合もしかりであった。結局のところ、中国帰国者のアイデンティティは当事者でない誰かが問うて代弁しているにすぎないのではなかろうか。そう考えるに至ったのである。

　そもそも「アイデンティティ」は多くの中国帰国者にとっては使わない言葉である。過去においても現在においてもそうである。2018 年 9 月 22 日に放送された ETV 特集『私は誰　我是誰〜中国残留邦人 3 世の問いかけ』[6] でも、それを考えさせられる場面があった。

　日本に生まれ育った 3 世（当時 33 歳）に向かって、1986 年 14 歳の時に両親と一緒に来日した 2 世（当時 46 歳）の方が「日本語もろくにできないのに、アイデンティティなんて言葉覚えて、覚えざるを得ない環境に置かれた。普段使わないことばじゃん、アイデンティティなんて」と語る。日本生まれと中国生まれなどの違いはあるものの、日本語を流暢に話す 2 世でさえも「アイデンティティ」という言葉に違和感を覚え、アイデンティティが問われる環境そのものに異議申立をしている。実際この番組について「ETV 特集の中国残留邦人の回見てるけど絶妙にもやもやする」、「「私は誰なのか」ってタイトルの特集なんだけど、そもそも「私は誰なのか」って考えるように仕向けるお前は、言い換えると「お前は誰なのか」と問いかけてくるお前はいったい誰なんだよ、って私の場合は思っちゃうところがある」という感想の書き込みもあった[7]。

　このように、アイデンティティは他者から問いかけられるが、その他者のアイデンティティが問われることはほとんどない。当事者意識が乏しかった私にとって、自分が名指される中国帰国者というカテゴリーに出会ってからの問題意識はここにあった。結局のところ、過去も現在も中国帰国者のアイデンティティは当事者が何を考え／語るかよりも、歴史的／社会的に作られ

6　この番組は複数の 3 世を取り上げている。中には卒業論文の執筆でわざわざ長崎まで私を訪ねに来た 3 世もいた。この ETV 特集がもつ意味については、またの機会に検討したい。

7　HP に書き込まれた視聴者の感想であるが、どういう人が書いたかは不明である。

たカテゴリーによってしか語られてこなかったのではなかろうか。それが博士後期課程在籍中の主な問題意識であった。中国帰国者というカテゴリーの構築に関する本格的な学術的研究がなかったことも鑑みて、学位申請論文では歴史的／社会的に作られたカテゴリーの脱構築作業を行いつつ、生成的な観点から中国帰国者の境界文化を捉えるための道筋の呈示を試みた。

　こうして中国帰国者というカテゴリーに出会ったことで、私は自己をカテゴリー化し、そしてカテゴリー化そのものについて考えるようになり、研究者の道を歩むようになったのである。以下ではこれまでの道程を振り返ってみたい。

3.　「中国帰国者」を知らなかった時代

3.1　中日農村間の移動

　中国黒竜江省の農村に生まれた私が家族と一緒に日本に定住したのは、1989 年 12 月であった。日本での生活はもう 30 年以上経っている。

　母によれば、小さい時から学校に行くのが好きで、6 歳年上の兄についてよく行ったらしい。何かするわけでもなく、おとなしく座っているだけだった。それを見かねた小学校の先生から勧められ、他の子どもよりも早めに入学することになった。当時の中国の田舎では、年齢による入学の制限は特に設けられていなかった。そのため、同級生よりは 2 ～ 3 歳も年下だった。

　当初は勉強もできず、病弱でもあったため、先生も両親もかなり困っていた。しかしある日、勉強に目覚め、成績も見る見るうちに良くなっていった。同級生は大体 30 人ほどいたが、成績は常に上位 3 位にランクインしていた。中学校の受験も浪人生が多い中、一回で合格した。

　中学校に入学する前から日本行きの話が出ていた。そのため、中学 2 年生に上がる前に学校を辞めて、日本語を勉強し始めた。日本語の勉強と言っても、教えてくれる人がいたわけでもなく、日本にいる祖父が送ってくれた教材とテープを用いて独学しただけであった。分からない所は、遊びに来た日本での生活経験がある叔母に聞いたりするのが精一杯だった。とりあえず仮名を覚えて、後は教材の内容を理解していなくても、すぐに検索できるほどページ数と内容などを暗記した。話す相手もいなかったので、ほとんど話

せなかった。

　東京の成田空港に降り立ったのは、1989 年 12 月 7 日の夕刻であった。6 月の予定だったのが、天安門事件の関係で半年ほど延びた。祖父と村役場の人が迎えに来てくれた。母に促され、たどたどしい日本語で村役場の人に「こんにちは」、「いまはなんじですか」と挨拶してみたが、会話が続かなかった。

　その後、車で祖母がいる長野県下伊那郡平谷村に向かった。大都市東京の夜空に輝くネオンを見て、先進国日本の姿に感無量だった。しかしその後、周りがどんどん暗く／寂しくなっていった。最後は山をぐるぐると回って、やっと目的地に着いたのはもう夜中であった。周りが真っ暗で何も見えなかったが、山に囲まれている感じだった。

　祖母が祝いだと思って刺身のお造りを用意してくれたが、初めて生の魚を口にする私には「美味しい」とは思えなかった。翌日の朝食に出されたみそ汁も梅干しも、私にとって新しい味だった。そして外に出て家の周りを見たが、後ろも前も山でまるで谷底にいるようだった。高い山を見たことのなかった私にとって、それも新鮮だった。

　そして祖母と一緒に村役場にいって挨拶をした。途中にある石碑を通ったときに、そこに祖母の兄弟の名前も刻まれていることを聞かされたが、その時は特に気にとめることもなかった。役場では、翌年 4 月から正式に中学校に入学し、少なくとも日本の義務教育を受ける必要があると言われた。本来ならば中学 2 年生だが、語学の問題と、それまでも同じような立場の子も学年を下げての入学だったので、それに倣ってのことだった。

　こうして日本生活が始まった。中国の農村から日本の農村に移住し、同じ田舎であっても、自動販売機や売店での買い物などは私にとってとても新鮮だった。日中間の文化の違いと経済格差を痛感したのである。

3.2　学校生活からのスタート

　年が明けてから 4 月の入学式までの間、祖母が付き添っての体験入学が始まった。言葉がまだ分からないため、学校の習慣などを覚えるまでの一時的な措置であった。村の小中学校には以前にも数名の引揚者関係の子どもがいたので、学校もその対応に慣れている様子だった。

　現在使っている通称名は学校の初日に付けられたものだった。中国名だと誰もが読めない、本名「雪江」が日本では女の子の名前なので笑われる可能性もあるということで、学校の先生から通称名を勧められた。たまたま黒板に習字の「誠」が飾ってあったのを祖母が見て、「誠でどう」と先生の意見も聞いて決めたのである。帰宅してから、日本の名付けに何の知識もない両親から反対意見もなかったので、後日、外国人登録手続きの際に通称名を正式に登録した。こうして「南誠」が誕生したのである。

　平谷村は信州の南端に位置し、かつて役場町として栄えた時期もあったが、戦後人口が減少し、今は人口414人（2018年9月）しかなく、長野県下で最も人口の少ない村として知られている[8]。1990年代の平谷村も人口が少なく、平谷小中学校全体で生徒は20人ほどだった。同級生には5人いて、2人は平谷村生まれ育ち、2人は都会の学校になじめない理由で転校してきた生徒だった。生徒が少ないわりに、担任が2人もいて、日本語ができなかった私に細やかな指導をしてくれた。日本語も1年ほどしてほぼ聞き取れるようになった。しかし自分から話すのはまだ難しかった。

　中国では同級生より年下だったのが、日本では年上になってしまった。また中国では成績は良かったが、日本語が十分ではないため、成績は悩みの種だった。しかし入学して1回目の中間テストで学年のビリにならなかったことに、両親が大喜びした。褒美として横浜高島屋で高額なスキーウェアを買ってくれた。振り返ってみると、良い成績を取れば褒美を与えるというのは、小さい時からの両親なりの教育戦略だった。

　日本の学校に入ってスポーツを始めた。1980年代の中国の農村の教育では体育／スポーツというのが遊びでしかなく、推奨されることはほとんどない。どちらかというと勉強ができない生徒がやることであった。平谷村中学校には軟式テニス部があったので、入学して程なくして入部した。

　学校生活では言語と習慣などの面において、自分が「中国人である」ことを感じる場面は多くあった。特に印象に残っているのは、運動ができない私を教員が叱咤／激励しようとして「なんで他の人ができるのに、できないのか」と言ってくれたことがある。その教員は必ずしも「中国人である」こと

8　平谷村のHP（http://hirayamura.jp/publics/index/46/）を参照。

を意識していなかったかも知れないが、この言葉から、他の人（日本人）と自分（中国人）を差異化しているように感じた。悔しい気持ちを抑えながら、涙を堪えた。その後、練習にも力を入れて上手になっていった。横浜の中学校に転校してから、テニスの練習を見ようと生徒が集まるほどだった。このほか、遠足で島崎藤村記念館（信州木曽中道馬籠）に行ったとき、資料として展示された漢文の資料を読まされ、周囲を驚かせたこともあった。「中国人である」ことはマイナスの面もあればプラスの面もあった。

3.3　農村から大都市へ

　平谷村での生活に慣れた頃に、横浜への転校が決まった。村で仕事が見つからなかった両親は親戚を頼って岡崎そして横浜に引っ越していった。私だけ残って祖父母と暮らしていたが、将来の進学などを考えて、2 年生の 2 学期に横浜市の中学校に転校した。

　中国と日本の農村を移動してきた私にとって、初めての大都市だった。中学校は 1 学年 6 クラスもあって、生徒は優に百名を超えていた。生徒の多さにビックリすると同時に、近代的な都市が持つ匿名性にも違和感を覚えた。農村暮らしはほぼ皆の顔を知っているが、都市となると、隣に住んでいる人すらわからない。今でこそテンニエス（1957）のゲマインシャフトとゲゼルシャフト[9]を用いて考えることもできるが、当時の自分はただ「知らないこと」に戸惑っていた。こうして横浜で中学校と高校を経て大学に進学した。

　中学でも高校でも自分が中国から来ていることを隠さなかった。高校入学の際は「日本語も分かるし、いじめられるかもしれないから、中国から来たと言わないほうがいいのでは」とアドバイスされたが、「中国から来た」と自己紹介したのである。担任の先生は驚いた様子を一瞬見せたが、その後何もなかったように授業を進めた。

　横浜の学校でも自分が「中国人である」ことを意識させられる出来事があった。漢字の国から来たということで漢文を読まされたり、「中国人か」

9　テンニエスはゲマインシャフトを信頼に満ちた親密な水入らずの共同生活、ゲゼルシャフトを利害関係に基づいて人為的に作られた社会と定義している。

と嫌な顔で囁かされたりすること[10]もあった。しかし身体が大きかったので、いじめられることについては特に心配していなかった。体育授業で柔道と相撲を実技演習する際、学校のなかでも悪そうな生徒と組んだとき、必ず勝つようにいつも以上に頑張った。実際、背負い投げ一本で勝って周囲を驚かせたこともあった。こういう生徒に勝てば、他の生徒も安易にいじめようと考えたりしないだろうと無意識に考えていたのだ。

3.4 ビジネスマンになる夢を見て

　1996年に大学に進学したが、必ずしも最初から目指していたわけではなかった。将来はビジネスマンとして働くのなら、実務重視の専門学校で十分だと思って本気で考えていた。しかし文化大革命のせいで学校に通えなかった両親に反対された。母は中卒、父は小学校中退だったので、「学歴」に拘っていた。自分たちが勉強できなかった分、子どもの勉強にはどんな苦労をしても躊躇することがなかった。最後は両親の意見を聞いて、学校推薦で大学を受験した。

　高校までは他に外国にルーツを持つ生徒がほとんどいなかった[11]のと違って、大学には留学生、特に中国語圏の留学生が多くいた。入学してから、留学生たちと積極的に交流したり、日本人学生と一緒に国際交流サークルを作ったりした。それまで中国語の使用が家庭に限定していたのに比べて、使う機会が増えていった。中国への交換留学にも申請したが、「国籍が中国（日本人ではない）、留学の目的が語学の習得ではない」という理由で学内選考に落ちた。

　ビジネスの世界で活躍したい夢は中華料理屋を開いた兄からの影響もあった。大学に入学した年に、兄が中華料理屋の開店に向けて本格的に準備を始めた。家族の中で「いつか中華料理屋を開こう」という話は以前から出てい

10　こう囁くのはどちらかというと学校の中でもおとなしい生徒の場合が多い。自分より「弱そうな立場」にいる生徒を見つけて何かを言って自己をアピールしようとしている。今でこそスクールカーストを用いて考えることもできるが、当時はただ相手にする程のことでもないと思って聞き流した。

11　今となって、高校のクラスには日系ブラジルの生徒もいたことが分かるようになったが、当時は「ブラジルから来た」としか意識していなかった。

た。高校生の時に横浜中華街でアルバイトをしたのもそのためであった。大学に入学する少し前から、慌ただしく店舗探し、不動産と家主との交渉と契約、内装業者との打ち合わせなどをして、やっと 8 月の開店にこぎ着けた。その後、いとこたちも次から次へと中華料理屋を開いた。将来、これらの店をフランチャイズ経営にしようと、当時は際コーポレーションの紅虎餃子房など[12] について調べたこともあった。

　高校までの期間に比べて大学に入ってから、中国との関わりが増えていった。しかし将来の目標が決まらないまま、あっという間に 3 年生になった。いよいよ就職しようと思ったときに、すごく悩み始めた。そうしているときに、友人の紹介で中国ハルビンの日系企業の現地通訳としてアルバイトすることになった。来日してから里帰りは何度もあったが、中国の大都市での 10 日以上の長期滞在は初めてだった。1998 年の冬だったが、ハルビンで見たものから中国の市場が持つ潜在性を実感した。そこで将来は日本と中国を跨いで働きたいと考えた。そのためにはもっと知識を身に付ける必要があると思って、大学院への進学を決意した。大学では経営学、特にマーケティングのゼミで勉強していたので、大学院も関連する分野で考えた。そして早稲田大学大学院に進学したゼミの先輩から入試情報を教えてもらって受験した。

4.　「中国帰国者」に出会ってから

　中国帰国者研究を始めたのは後述の通り、大学院在学中に実施した研究調査で「中国帰国者」に出会ったからである。しかし大学院入学後も、日本人でも留学生でもないため、日本人学生と留学生しか対象にならないほとんどの奨学金の申請すらできなかった。こうして「宙ぶらり」の状態が続いた。奨学金に関しては、2000 年に永住権を取得したので、博士後期課程までの 5 年間、日本育英会の奨学金[13] を受給することができた。

12　際コーポレーションの HP（https://kiwa-group.co.jp/）を参照。2017 年頃、東京出張の際、羽田空港で同社の創業者中島武氏を見かけたことがあって、学生時代の夢が一瞬蘇り、思わず声をかけようとしたが、理性で抑えて我慢した。

13　現在、日本学生支援機構に整理・統合されている（https://www.jasso.go.jp/ を参照）。

4.1 「当事者」研究の始まりと本格化

　大学院受験時に提出した研究テーマは日中経営システム比較だったが、中国東北地域、かつての「満洲」の出身ということで、指導教員[14]から「満洲移民」研究を勧められ、勉強し始めた。先行研究を整理するなかで、自分のような人が「中国帰国者」と呼ばれていることを知った。また大学院 2 年生の時に、中国帰国者の研究プロジェクト[15]で下伊那郡でのフィールドワークにも参加する機会を得た。これらを機に、研究テーマを「戦後の満洲移民についての研究」に変更し、1970 〜 80 年代の引揚者による中国残留日本人の肉親捜しと帰国促進運動について考察した。振り返ってみれば、現在の研究関心はこのときに形作られていた。

　ほぼ同じ時期に始まった中国残留日本人の国家賠償訴訟運動に関わったことも研究の契機であった。2001 年 12 月に初めて中国残留日本人の集会に参加し、翌年からボランティアの通訳・翻訳として訴訟運動に関わった。他の 2 世と 3 世との交流もこれを機に始まった。2003 年 4 月に関東から京都に引越をした後も、当事者とボランティアだけではなく、弁護団の準構成員として京都の中国残留日本人孤児の訴訟運動に関わった。

　以上のような研究活動と運動への参加を通して、「当事者」意識が高まっていった。単なる他者のまなざしの受容ではなく、むしろそうしたまなざしをどう捉えるべきかについて悩み始めたのである。既述の通り、研究においても社会運動の場においても、中国残留日本人に向けられたまなざしは「戦争被害者」「日本人としてのアイデンティティ」であった。メディアでの取り上げ方も同じであった。

　確かに歴史／「血縁」的に見て、中国残留日本人は戦争被害者であり「日本人」である。しかし戦争被害者と「日本人であること」は彼（女）らの個人史においてどれほどの比重を持っているかは定かではない。幼かった多くの人にとって、語れるほどの「戦争」体験があったのだろうか。実際語っているのは実体験というより「戦争の記憶」の場合が多い。

14　当時の指導教員小林英夫教授は満洲研究で知られる研究者である。

15　同研究プロジェクトは後に博士後期課程の指導教員をしてくださった京都大学（当時）蘭信三教授が主催したものである。

敵国人「日本人であること」が理由で戦後の中国で迫害されたと言われるが、そうした問いに答えられない人と答えにくそうな人を目の当たりにもした。彼（女）らにとっての「迫害」は戦後の中国を生きる誰もが経験することであり、とりわけ意識することもなかった[16]。実際中国で養父母に愛され、進学できなかった実子と違って、進学を果たした「幸せな」孤児もいる。もちろん養父母にこき使われたり、見捨てられたりして浮浪した孤児もいる。

自己を語ることに慣れている人や初めて自己を語ったという人にも出会った。彼らは自己を語ることに異なる反応を示した。長年中国残留日本人の社会運動に携わり、自身の体験を語ってきた当事者にインタビューを依頼した時、「語るのにもう疲れたので他の人に聞いて」と言われ、やんわりと断られたことがあった。本当に身体的に疲れていたのかもしれないが、会話を交わしたのは社会運動の場であり、周りの雰囲気からして、むしろ精神的な疲れだと感じた。こうして問われることに反抗的な態度を示す人がいる一方、やっと「自分」に目が向けられ語れることに安堵感を覚える人もいた。

以上のように、私は異なる場――研究とメディア、社会運動、当事者たちの集まり、個別の交流――で中国帰国者に出会った。これらの場においては異なる物語が語られていたこともわかった。そして修士論文を踏まえて、中国帰国者の歴史的形成を明らかにすることと、これらの異なる物語性をどう捉えるべきかを考えるために、博士後期課程への編入学を決めたのである。博士後期課程から社会学を勉強し、中国帰国者研究を本格化させていった。

4.2 カテゴリー化の罠

カテゴリー化は異なる人びととの交流を可能にする一方、社会構造と貧困層の再生産につながることも多い。私の大学院進学について、「大学院に進学

---

16 聞かれて初めて意識するようになったと語る当事者には何人か出会っていた。またほぼ同じ時期に映画『大日向村の 46 年――満州移民・その後の人々』（1986 年 5 月 16 日公開、https://moviewalker.jp/mv29185/ を参照）を見る機会があった。同映画の最後のあたりに出てくる中国残留婦人と思われる人が"向こう（中国）の人はそういうふうに聞かない"とナレーターに語ったシーンがとても印象深かった。このように聞かれて初めて意識するようになったのは 1980 年代でも確認できたが、両者の語りの違いを検証するために、1960 年代に永住帰国し 1970 年代に著書を出版した個別引揚者と、1990 年代に永住帰国した中国残留日本人孤児の語りとを比較検討した（南，2011）。

したのは家がお金持ちからなのか。働かなくても大丈夫なのか」と長年中国
帰国者の支援に関わってきた支援者から疑問を呈された。間接的に聞いた話
であるが、1980年代以降の支援活動では自立が最優先されていることを考
えれば、そう言われるのも理解できる。しかし自立のために働くことしか考
えられないのであれば、当事者に何らかの変化をもたらすことは期待できな
い。結局、社会の周縁に追いやられた階層の再生産にしかならない。

　「日本人である」ことが強調される背後には「日本人ではない（日本人と
して見られない）」ことが前提されている。そもそも「日本人である」なら、
日本社会においてそれが問われることも主張する必要もない。大学の授業で
日本人学生に「アイデンティティと聞かれたらどう答えるか」と聞いても、
「聞かれたことはない」「考えたこともない」と返ってくる。このように、マ
ジョリティとマイノリティという非対称的な構造においては、アイデンティ
ティが問われるのは常にマイノリティである。こうしたアイデンティティの
強迫（上野，2005）と特殊な社会的関係に起因する構造的差別（三浦，2006）
といった普遍的な命題もさることながら、カテゴリー化の罠によって語られ
ない／不可視化された中国帰国者について考えることが私の主な研究関心と
なった。

　中国帰国者は多くを語っているが、必ずしも他者の目に留まっていない。
その一例として、中国残留婦人佐藤はるの話を聞いてまとめた聞き書きで、
その家族を「今なお望まぬ家族」（大越，2009: 159）と解釈してしまってい
ることが挙げられる。こう解釈したのは、中国残留婦人というカテゴリー
に付きまとうイメージが強いがゆえに、一時堕胎を試みようとした語り（大
越，2009: 118）のみが聞き取られ、その家族を受け入れた語りが落とされて
しまったからであろう[17]。

　佐藤はるは戦時中「満蒙開拓団」に参加して家族とともに旧満洲に渡り、
戦後長い間中国の方正県に「残留」した日本人女性である。1989年に放送

17　こう解釈した理由は聞き書きのなかで明らかにされていない。佐藤の語りの文から
「望まぬ家族」という言葉は見つからない。なお誤解のないように付言しておくが、ここで
本聞き書きをこういう形で取り上げたのはけっしてその聞き書き活動やその内容を批判し
ているわけではない。むしろ誰もが当事者を誤って表象してしまい、差別してしまう恐れ
があることを強調したい。

されたドキュメンタリー『忘れられた女たち』に取り上げられたことで一躍
有名になり、典型的な「中国残留婦人」の事例としてメディアと研究者の注
目を集めた[18]。しかしメディアで取り上げられたストーリーを見ても明らか
なように、日本への一時帰国と永住帰国を躊躇／決定するときは常に家族を
考慮していた。聴き取りの場でも「中国に留まったのは子どもが生まれたか
ら」と語っていた。しかしカテゴリーの罠によって、このような語りが語ら
れたとしても看過されがちであった[19]。

　こうしたカテゴリーの罠を超克して、当事者のよりリアルな生活世界にア
プローチするために、私は十数回にわたって佐藤はるに話を聴いた。その際
は、語りの場の構成を変更しながら行った。1 人で行く場合があれば、日本
人研究者と一緒の場合や、中国帰国者 3 世と一緒の場合もあった。語り手
も佐藤はるだけの場合と、他の中国残留婦人と中国残留孤児を含めた数人の
場合もあった。こうして語る当事者と聞く研究者だけではなく、複数のカテ
ゴリーを混在させることで新たな生成可能性を模索したのである[20]。もちろ
ん大学院生だった私は、佐藤はるたちにとっても研究者ではなく、子ども／
孫のような存在だった。いつも「ここを自分のおばあさんのうちだと思っ
て、また遊びにおいで」と言ってくれた。当初は研究しか念頭になかった
が、徐々に私もおばあちゃんの家に行く感覚で訪ねるようになった。

4.3　カテゴリー化と言語

　当事者が語ることができないのは、カテゴリーに付きまとうイメージに
よって予め枠付けられたからだけではない。使用する言語によって、彼（女）
らの語りは制限されている。終戦時 13 歳以上の中国残留婦人なら日本語を

18　こうした語りは最初から存在していたのではなく、1980 年後半に入ってから、中国残
留婦人を救済する社会運動を背景に構築されたものであろう。

19　他の聴き取り調査で、中国人との結婚が嫌で逃げたことは何度もあったが、子どもが
生まれたことで落ち着き、今は子孫に囲まれて幸せだと語る中国残留婦人に出会ったこと
がある。また自分にそうしたカテゴリーに見合った物語性がないという理由で語れないこ
とを嘆く当事者にも出会っていた。

20　この場に参加していた他の中国残留婦人と中国残留孤児には、個別の聴き取り調査を
行うこともあった。

話せても、12 歳以下の孤児になると、ほとんどの人はできない。

　国家賠償訴訟の際、法廷で「日本人である」ことを主張するときも中国語を用いた。中国に「遺棄」されたことで日本語の習得環境が十分ではなかったことを訴えるのに有効であるが、日本人なのにネイティブの中国語を話すことはあきらかに日本人の範疇から逸脱している。デモ行進の際も日本語を用いるか中国語を用いるかの議論があった。関西では中国語をも用いたのに対して、関東は日本語の使用に拘った。その理由はやはり「日本人なら日本語を話すのは当然」だからだった。

　法廷内の陳述は原則として日本語に限られるが、弁護団の努力によって中国語で陳述し、それを通訳が日本語に翻訳するシステムが導入された。弁護士によれば、日本では初めての試みだったという。残留孤児たちにとっても語りやすくなったが、それがゆえに感極まって机を叩いたり大きな声を出したりしてしまった。中国の文化大革命を過ごした世代にとって、こういう形で自己を表現するのが至極当たり前であった。しかし法廷が終わった後に、支援者からふさわしくない行為として注意された。

　以上のことから明らかなように、中国残留日本人が主張してきた「日本人である」ことはけっして血縁的なつながりがあったから認められるものではない。言語にしても身体的な振る舞いにしても、「日本人が日本語を話す」といった言語ヘゲモニーや「日本人らしく」振る舞うといった身体的な規律が求められている。

　中国残留孤児の場合は日本語ができないがゆえに、どうしても身体的に表現しようとしたり、あるいは感情を露わにしたりする。国家賠償訴訟運動の集会などでそのように発言する孤児の姿をよく見かける。通訳・翻訳している私に、孤児から「単に意味の翻訳だけではなく、感情も伝えてよ」と言われたこともあった。「感情的に訴える」はそれだけ残留孤児にとって重要な自己表現であった。しかし通訳する私にとって、言語レベルはもちろんのこと、表情までも翻訳するのは困難であった。

　こうして明らかなように、中国残留日本人たちは血縁的には日本人の両親を持つが、中国語の環境で成長したため、言語表現も身体表現も「中国」であった。中国生まれ育ちの 2 世と 3 世も同じである。支援活動に関わるなかで 2 世と 3 世との交流では普通話だけではなく、東北弁（方言）を使う機

会も増えた。「やはり東北弁でなければ伝わらない（笑えない）よね」というのが交流の場でよく聞くセリフであった。

　私自身の言語体験について言えば、高校までは外では日本語、家では東北弁まじりの中国語を使っていた。高校で中国出身であると自己紹介したにもかかわらず、卒業するときに友人らと話をしたら「そんなことは特に意識していなかった」と言われた。日本語のアクセントが少し変だと感じたが、日本のどこかの地方からきたと思ったらしい。大学に入ってからは外でも普通話、中国帰国者と出会ってからは外でも東北弁まじりの中国語を使うようになった。日本滞在期間が長くなるにつれ、大陸ではない中国語圏の人との交流が増えたせいか、今となってはふるさとに戻ると「発音はもう「東北人」ではない」と言われる。

　こうして異なる言語を移動してきた私が中国帰国者に出会い、さらに支援活動での通訳・翻訳を通して感じたのは、言語の通訳不可能性であった。言葉をそのまま訳せても、その独自のニュアンスまで翻訳するのは難しい。こういった経験があったからなのか、「言語と人間の経験の様式の間には関係がある」というサピア・ウォーフ（1995）の仮説、特に「人間は自分たちの社会にとって表現の手段となっているある特定の言語に多く支配されている」というサピアの主張に接したときはとても納得させられた。異なる言語と場による他者のまなざしと自己表象の違い、および、それぞれの言語における表象にそもそもの限界があること[21]を考えさせられたのである。「中国帰国者」たらしめる原因を究明しようとして、歴史的形成だけではなく、言説分析と名付けに着目した[22]のはこのためだったと振り返ってそう思った。

　私の言語体験についてさらに言えば、中学から英語、大学で第二外国語としてスペイン語を習ったが、いずれも日常生活で使うことがない。普段よく使っている日中両言語に関してもどちらかというと、ずっと同じ言語環境に

21　当時は『「ショアー」の衝撃』（鵜飼・高橋，1995）などを読んで、表象の不可能性について考えを深めていった。

22　博士後期課程に編入学してからすぐにドキュメンタリーを題材に、言説分析を試みた（南，2007）。そこでは、スピヴァクの議論（スピヴァク，2000）を念頭に、「残留日本人は果たして、記憶された、語られた、と言えるだろうか」と問いかけたのである。名付けに関しては、南（2010）で議論している。

いた人に比べて、言語的弱者／マイノリティである。弱者／マイノリティという響きは決して良いと言えないが、こうした感覚があったからこそ、人一倍言葉に敏感であり、どの言語も「外国語」というより他者の言葉として接するようになったのである。そう思うようになったのは極端かつ当たり前の例えになるが、一般の日本人と学者――ひいてはそれぞれの個人――が話す／書く日本語が一様ではないと感じたからだ。

　こうした言語的弱者／マイノリティは複数の言語環境を生きる人でもあり、川口（2019）が多和田葉子、リービ英雄、ジュンパ・ラヒリと温又柔等を例に論じたように、複数の言語を往還することで、単言語よりも豊かな創造力を獲得している。文学的センスのない私の研究も無意識のうち、こうした言語感覚に導かれていったと言えよう。また言語的弱者／マイノリティであることを他者にも認識されることで、既述の法廷内の通訳の導入のように、社会の変革につながる可能性もある。もちろん単言語話者であっても、日本近代文学者小森が示唆したように、これまで幻想していた「日本語」と訣別し、「いま・ここ」の現場で語る主体と聞く主体によってその都度新たに組み替えらながら創出される「日本語」（小森，2017: 180）[23] に出会うことができれば、同様な効果が得られよう。

　誰もが言語的弱者／マイノリティの意識を持ち、言語の可変性（生成可能性）に気付いていれば、社会と文化はもっと豊かになり、○○人ではなく、目の前に現れる個性を持った他者に初めて出会えるのだろう。カテゴリー化の罠という呪縛も自ずと効力を失っていくに違いない。

4.4　「家族」のルーツを辿る

　研究を始めた私は中国帰国者の歴史だけではなく、家族のルーツ[24] も気になって調べた。

　中国残留婦人だった祖母は家族と一緒に、1945年5月に送出された最後の南信濃郷開拓団に参加して渡満した。現地に着いてから荷物がまだ届かな

23　同書をオートエスノグラフィとして読むこともできよう。同書に出会ったことで、それまで日本人学生に「学問の日本語はもう日本語だと思わないで勉強すると良い」と自信なさげに言ったのが確信に変わった。

24　ここでいうルーツは起源ではなく、過程という意味で用いている。

いうちに敗戦を迎えた。現地では先に渡満した軍人の兄に会ったが、「なぜこんな時期に来るのか」とひどく怒られた。戦況が悪化しているのを察知していたようだった。8 月上旬にソ連軍が入ってくるのと同時に逃避行を始めるが、道中で妹と弟を亡くした。ソ連兵に追われていたときに、後に結婚した祖父に助けられ村に匿ってもらった。祖父は日本語が話せたので、二人は会話ができていた。そうしているうち、祖母は継母との関係を考え、姉も結婚して中国に留まるのを見て、祖父との結婚を決意した。その後、家族を佳木斯（チャムス）まで見送りに行って、中国での生活を始めたのである。

　中国に留まった祖母は男 2 人女 4 人の子どもを出産し、母は 2 番目で長女だった。1950 年代に日本への一時帰国の機会もあったが、祖母はそれを見送った。祖母の姉はそのとき一時帰国[25]して両親と会うこともできたが、祖母が一時帰国を果たしたのは 20 年後の 1976 年頃だった。両親は既に亡くなっていた。その後祖母は一時帰国を二度ほど繰り返して、1986 年に永住帰国した。

　中国帰国者の家族史と言うと、「残留邦人」しか登場しないことが多い。語り継ぐ活動でも家族の歴史だから 2 世も 3 世も継承すべきだと言われるが、しかし「家族」のルーツはけっして中国残留日本人だけではない。ここでもカテゴリー化の罠の影響を見ることができる。真の「家族史」を語るには、もう一方の親のルーツも必要である。こう考えて、母方の祖父についても父方の祖父母についても調べた。

　母方の祖父は「満蒙開拓団」が入植してくる関係でふるさとを追われ、今の村に移住した。農家の出身で小さい時は私塾に通い、移住してから日本人が開いた学校に入って日本語を覚えた。最終学歴は鶴岡炭鉱専門学校で、当時では高学歴だった。戦後は炭鉱の技術部門で働いたり県知事の秘書を務めたりした。しかし政治運動が多い中、祖父は性格が頑固で人と論争になることも多く、また日本人を妻に持ったことで害が及ぶのを避けるため、農村に戻ることにした。農村には親戚が多くいて、何かあったとしても対応できると考えたからである。そんな祖父は日本行きを決して最初から積極的に考え

25　この一時帰国には佐藤はるも参加していた。佐藤はるを訪れる度、このときの話が出てくる。

ていなかったが、孫世代が大きくなるのを見て、その将来をも考えて来日を決断したようだ。晩年は酒に酔っていることが多く、話はあまり聞けなかったが、かつての日本人「満蒙開拓団」の悪行を批判したり、1950年代の中国共産党がいかに公正清廉だったかを懐かしく語ったりすることが多かった。

　生まれてからずっと近くにいた母方の祖父母に比べて、父方の祖父母の記憶はあまりない。というのも、父方の祖父は私が生まれた年に自殺して亡くなっているからだ。祖母と一緒に生活する時期もあったが、山東方言なまりが強くて、祖母の話はあまり理解できなかった。ただ祖母が纏足だったのは印象に残っている。その祖母も2001年に亡くなった。

　父方の祖父母の歴史を辿ることはもうできないと思ったが、瀋陽に住む祖父の弟夫婦[26]に話を聴くことができた。それによれば、祖父も最初は私塾に通っていたが、その後日本人が開いた専門学校を卒業している。日本語も堪能だった。一家のルーツは山東省蓬莱にあり、高祖父の代に「闖関東」[27]で東北地域に移住した。

　高祖父は一代で財産を築き、所有する土地は広範囲にわたり、いまでもかつての家（四合院）が残っているという。戦後の中国では「地主」階級に分けられるはずだったが、周りの人に親切だったので「富農」に区分され、厳しく糾弾されることはなかった。ただし祖父は日本から中国国民党そして中国共産党という三つの政権が入れ替わるなかで、自分の立場を曖昧にしていたため、「国民党よりだ」と密告されて逮捕された。服役のために黒竜江省の農場に送られ、その後祖母も子どもたちを連れて移住したのである。

　服役を終えてから、祖父一家は今の村に移住して新しい生活を始めた。しかし文化大革命の最中だったので、農作業が不得意な祖父は批判されたことに耐えられず、川に身を投げて自殺した。

　そんな祖父が書いた日記を小学生の頃に見た記憶がある。とてもきれいな字で、その日に何があったのかが簡潔に書いてあった。教育の良さを感じさせる日記だった。しかし日本に来る際は荷物になると処分してしまった。残

26　祖父の弟は逮捕された兄を助けようとして軍隊に入った。軍隊を離れた後は遼寧省政府の食料関係の部門で働き、身分の影響を受けることなく、高い職位まで昇任している。

27　「闖関東」とは中国東北地域への移民を指しており、山東省からの移住者が一番多かった。走西口と下南洋と並んで、近代中国の三大移民潮流と呼ばれている。

しておけばと後悔の念に駆られるが、今となってはもうどうしようもない。

　母方の祖父母は二人とも日本に関わりを持っていることを知っていたが、父方の祖父まで日本人が開いた学校を卒業し、日本語もできたことは全く想像することすらなかった。また父方のルーツが山東省にあることを知り、日本人「満蒙開拓団」とは別の移民潮流に乗って移住したことも分かった。こうして考えると、今の「私」という存在は、日本と中国の近代史の縮図のようにも思える。それが運命なのか宿命なのかは断言できないが、しかしそれらを否定できないのは明らかである。何か一つでも欠けていたら、今の「私」はいなかっただろう。

5.　おわりに

　こうして中国の田舎から日本の田舎、そして日本の大都市、地方都市に移動した私は中国帰国者に出会い、当事者研究を始めた。「私」という存在も中国では（日本人の祖母を持つ）中国人、日本に来てからは日中クォーターとしての華僑、中国帰国者 3 世（移民 1.5 世代）、そして男性研究者へと異なるカテゴリーに基づいて変化していった。他者からは、中国から来た人、日本の地方出身者、子ども・孫のような存在、同じ言語（方言）を話す人、同じ地域から移住した人、引揚げと残留日本人について研究している人、「もう東北人ではない」とカテゴリー化されることもある。言語も中国の東北弁と普通話に加えて日本語も修得した。これまでの移動で、関西弁、京都弁と長崎弁に接する機会もあった。また家族のルーツを辿って、母方の祖父と父方の祖父が歩んだ道を知ることができた。こうした時空間の移動を通して、さまざまな自己を見つけたのである。

　これらのどれか一つだけを持って自分を定義するのが果たして可能だろうか。ボーマン[28]（2000）によれば、アイデンティティはそもそも近代に発明され、その創造と堅固化が目されたものであり、〈ポストモダン〉になると、固定化の回避と選択肢の残存が重要な課題となる[29]。研究を始めてからは、

28　一般的にはバウマンと訳されるが、ここは訳文のママにしている。

29　セン（2011）とマアルーフ（2019）はアイデンティティがもつその暴力性を喝破し、理

自己の固定化を避けるために、通称名と本名の併記を用いるようになった。
訝しく思われることも多く、「二つの名前を持つのはおかしいじゃないのか。
ペンネームだったらまだ理解できるかも知れないが」と在日コリアンの方に
言われたこともある。在日コリアンの本名を取り戻す運動を考えれば、そう
言われる気持ちも理解できるが、本名に拘ることも自己が持つ多元性と潜在
的可能性を不可視化してしまうのではないか。そう考えて、今でも名前の併
記──研究成果公表時の名前表記に限るが──に拘っている。

　中国帰国者 3 世であるがゆえに、当事者としての役割が期待されること
も多いが、わざと役割期待に違背してみたりする。「当事者だからこそ、残
留日本人の記憶を語り継いでほしいと思うのか」と聞かれても、「社会的に
皆が幸せに暮らしていれば、そういう記憶の語り継ぎを必要としないほうが
もっと理想ではないか」と返す。「中国帰国者 3 世」としての苦労を言われ
たときも、不確実性とリスクに満ちた現代の社会（ベック，2010）を生きる
誰もが苦労し、居場所を探し続けているのではないかと答えてみたりする。
バトラー（1999）のいう「トラブルを起こすな＝権力の巧妙な策略」を念頭
に、自明だと思われた当事者のイメージへの新たな想像力を促すための、私
なりの小さな試みであった。こうして「良き当事者」ではないためなのか、
厚生労働省主催の「中国残留邦人等への理解を深めるシンポジウム」[30] に 2 回
ほど声をかけてもらったことがあったが、いずれも実現できなかった。

　中国帰国者には確かに独自の歴史がある。しかし彼（女）らが抱える諸課
題はけっして独自の問題ではない。「移民の時代」と呼ばれる現代社会にお
いて、他者と出会うことで境界が生成し、相互のカテゴリー化が起こりやす
くなっている。そもそも誰もが「境界だらけの世界」（ディーナー・ヘーガ
ン，2015）を生きており、「人間は境界を知らない境界的存在」（ジンメル，
1999: 100）である [31]。ホスト国民と移民との多文化共生を考えるにあたり、境

性による選択と多元的なアイデンティティの可能性について論じている。

30　厚生労働省の主催となっているが、計画運営は外部委託となっている。2 回とも委託予
定の団体からの依頼であった。

31　こうしてカテゴリー化は移民だけではなく、普遍的な現象として、どこでも起こり
えるものである。これを考えるにあたり、国民国家、エスニシティ、カルチュラル・スタ
ディーズとエスノメソドロジー、他者／異人論などの議論を参考にしている。

界を越える／無くすことが目標とされがちである。しかしその目標に向けて
常に境界を確認しなければならない。無くすどころか、再生産の過程にしか
ならないのではなかろうか。それよりも「境界との共生」を考えることが重
要であろう。ジンメルの議論 [32] を踏まえて言えば、その境界は人びとを分断
する壁ではなく、他者の存在を確認しつながりを可能にする窓と扉、橋でな
ければならない [33]。また境界は人びとを差異化するラインだけでなく、異な
る文化保持者の混じり合いを通して、新たな文化を生成させる可能性を孕む
空間でもある。こうした文化はエリアスの「文明化の過程」(1977) に倣っ
て言えば、私たちはまだまだその創造過程にいるのだ。

　「自分を説明する」ことはとても難しい（ドゥルーズ・パルネ，2008)。こ
うして当事者研究する「私」のオートエスノグラフィを書いて改めて思っ
た。ここで語られたのは研究者 [34] になった「私」のストーリーでしかなく、
実際は語られないことの方が多い。中国帰国者というカテゴリーによって私
を含めた多くの当事者が、意識的にせよ無意識的にせよ主体化（フーコー) [35]
されている。ただしカテゴリーを枠付ける境界は当事者だけでは成立でき
ず、マクロな社会変動や他者との関係において生成維持されている。しかし
これまで中国帰国者という「当事者」しか注目されてこなかった。そのた
め、中国帰国者という研究課題が持つ普遍的な意義が看過されがちであった
（南，2018a，2018b)。

32　ジンメルは、直接的な意味でも表徴的な意味でも、また身体的な意味でも精神的な意
味でも、あらゆる行動は結合したものを分離するか、分離したものを結合するかであると
論じている（ジンメル，1999: 91)。分離していることが認識されていなければ、結合する
必要性も可能性も生まれないのである。分かりやすくするため、ここでは分離を分断、結
合をつながりに言い換えている。

33　学位論文で提起した「境界文化」という概念においては、こうした状態を「境界の溶
解」として措定している。

34　本稿では便宜上、現在の私を研究者とカテゴリー化しているが、本当は探究者であり
続けたい。社会学を専攻してこなかった院生時代の私に「専門家ではないからこそ袋小路
に入らず、新たな発想も得られるのでは」と励ましてくださったのは、2020 年に病気で亡
くなった中村則弘教授だった。本稿をまとめるにあたり、これまで多くの方にご教示頂い
たことを改めて痛感した。感謝ばかりである。

35　フーコー (2020) のいう主体はフランス語の sujet ＝「臣下」という意味をも含んでお
り、主体化＝従属化である。

150 ｜ 南誠（梁雪江）

　アイデンティティを、出会う点／縫合の点と終わりなき過程と捉えたホール（2000）が論じたように、アイデンティティは大文字の他者[36]の場所から構築されるものであり、アイデンティティに投資される主体のプロセスとは決して適合——同一化——しえないものであることを「知り」ながら主体がとらざるをえない位置のことである。中国帰国者、特に中国残留日本人が置かれたカテゴリーの位置はまさしくこれであろう。「日本人である」や「日本人になろう」を主張するには、「日本人ではない」自己を常に前面に出さなければならない。そこには欠如の論理しか機能しないのである。そうした欠如の論理を超えるために、学位論文（南，2016）の目的を下記のように設定したのである。

　　　従来の犠牲者的な喪失の物語を脱構築しつつ、生成的な観点から中国帰国者の生活世界を捉えるための道筋を呈示することが本稿の最終的な目論みである。それは結果的に構造の歴史／社会的構築を明らかにするだけでなく、そうした構造内の合理性や合法性に隠された暴力を感知する（冨山，2002）ことで、想像力の場の再・発見／設定につながる課題でもある。

　社会も自己も変わりやすい液状化する社会（バウマン，2001）では、エリスの言うバルネラブルな自己を開示することは自己の解放と変革だけではなく、社会の再発見と変革にも貢献しうる。個人の多元性と潜在可能性を何らかの境界／カテゴリーで排除／不可視化することなく包摂するには、誰もが境界の創造に関わっていることにまず気付くことが必要であろう。いま研究で用いている「境界文化」は、以上のような「私」のオートエスノグラフィから生まれたものでもあり、今後もその探究が続く。

36　中国帰国者にとっての大文字の他者はいうまでもなく「日本人」であろう。ただしフーコーが論じた主体化＝従属化を生み出す力（権力）関係は「支配する者－支配される者」だけではなく、どこでもたえず生産されるものである（桜井，1996: 320）ことから、他のエスニック・グループとの関係や、中国帰国者内部においても「大文字の他者」が存在すると考えられる。調査する中では中国帰国者の内部にいろいろな境界が存在していることを確認できている。

付記
本論文を執筆するにあたって、科学研究費基盤C「中国帰国者の生成的な境界文化に関する国際社会学・民族誌学的研究」（研究番号：19K02131）からの援助を受けた。

参考文献

上野千鶴子（2005）『脱アイデンティティ』勁草書房

鵜飼哲・高橋哲哉（1995）『「ショアー」の衝撃』未来社

エリアス，N.（1977）『文明化の過程』（赤井慧爾・中村元保・吉田正勝訳）法政大学出版局

エリス，C.・ボクナー，A.（2006）「自己エスノグラフィー──個人的語り・再帰性：研究対象としての研究者」N. K. デンジン・Y. S. リンカン（編）『質的研究ハンドブック　3巻』（平山満義監訳・大谷尚・伊藤勇編訳）（pp. 129-164.）北大路書房

大越葉子（2009）「中国残留婦人の生きられた歴史」蘭信三（編）『中国残留日本人という経験──「満洲」と日本を問い続けて』（pp. 105-170.）勉誠社

沖潮（原田）満里子（2020）「自己エスノグラフィー」サトウタツヤ・春日秀朗・神崎真実（編）『質的研究法マッピング』（pp. 151-158.）新曜社

川口幸大（2019）「東北の関西人──自己／他者認識についてのオートエスノグラフィ」『文化人類学』84(2), 153-171.

小森陽一（2017）『コモリくん、ニホン語に出会う』KADOKAWA

桜井厚（2002）『インタビューの社会学』せりか書房

桜井哲夫（1996）『フーコー──知と権力』講談社

サピア，E.・ウォーフ，B. L.（1995）『文化人類学と言語学』（池上嘉彦訳）弘文堂

ジンメル，G.（1999）「橋と扉」『ジンメル・コレクション』（北川東子編訳）（pp. 90-100.）筑摩書房

スピヴァク，G.（2000）『サバルタンは語ることができるか』（上村忠男訳）三陽社

セン，A.（2011）『アイデンティティと暴力──運命は幻想である』（大門毅監訳・東郷えりか訳）勁草書房

ディーナー，A. C.・ヘーガン，J.（2015）『境界から世界を見る──ボーダースタディーズ入門』（川久保文紀訳）岩波書店

テンニエス，F.（1957）『ゲマインシャフトとゲゼルシャフト（上・下）』（杉之原寿一訳）岩波書店

ドゥルーズ，G.・パルネ，C.（2008）『対話』（江川隆男・増田靖彦訳）河出書房新社

冨山一郎（2002）『暴力の予感』岩波書店

バウマン，Z.（2001）『リキッド・モダニティー──液状化する社会』（森田典正訳）大月書房

バトラー，J.（1999）『ジェンダー・トラブル──フェミニズムとアイデンティティの攪乱』（竹村和子訳）青土社

フーコー，M.（2020）『監獄の誕生〈新装版〉── 監視と処罰』（田村俶訳）新潮社

ベック，U.（2010）『世界リスク社会論── テロ、戦争、自然破壊』（島村賢一訳）筑摩書房

ボーマン，Z.（2000）「巡礼者から旅行者、あるいはアイデンティティ小史」S. ホール・P. ゲイ（編）『カルチュラル・アイデンティティの諸問題── 誰がアイデンティティを必要とするのか？』（宇波彰・柿沼敏江・佐復秀樹・林完枝・松畑強訳）（pp. 37-67.）大村書店

ホール，S.（2000）「誰がアイデンティティを必要とするのか？」S. ホール・P. ゲイ（編）『カルチュラル・アイデンティティの諸問題── 誰がアイデンティティを必要とするのか？』（宇波彰・柿沼敏江・佐復秀樹・林完枝・松畑強訳）（pp. 7-35.）大村書店

マアルーフ，A.（2019）『アイデンティティが人を殺す』（小野正嗣訳）筑摩書房

三浦耕吉郎（編）（2006）『構造的差別のソシオグラフィ── 社会を書く／差別を解く』世界思想社

南誠（2007）「「中国残留日本人」の語られ方── 記憶・表象するテレビ・ドキュメンタリー」山本有造（編）『満洲── 記憶と歴史』（pp. 252-290.）京都大学学術出版会

南誠（2010）「アイデンティティのパフォーマティヴィティに関する社会学的研究── 「中国残留日本人」の呼称と語りを手がかりとして」『ソシオロジ』168, 57-73.

南誠（2011）「国籍とアイデンティティのパフォーマティヴィティ」陳天璽・近藤敦・小森宏美・佐々木てる（編）『越境とアイデンティフィケーション── 国籍・パスポート・ID カード』（pp. 295-319.）新曜社

南誠（2016）『中国帰国者をめぐる包摂と排除の歴史社会学── 境界文化の生成とそのポリティクス』明石書店

南誠（2018a）「「中国帰国者」問題の研究可能性── 生成的な境界文化の探求をめざして」『グローカリ研究』3, 73-88.

南誠（2018b）「「多みんぞくニホン」の歴史と境界文化」『多文化社会研究』4, 33-55.

第6章

「移動する子ども」のライフストーリーとオートエスノグラフィ

聞き手と語り手と書き手の関係を振り返って

リーペレス・ファビオ

1. はじめに

　本章は、複雑な移動の遍歴を持ち複数言語・複数文化環境で育った2人の「移動する子ども」と自身も「移動する子ども」であった私が対話を交わすことで生み出した私のライフストーリーを提示しながら、私がどのようにして自分と他者の持つ差異と向き合い、他者との関係を作り、それを意味付けし、それらがどのような変化を辿ったのか検討するオートエスノグラフィである。そしてこのオートエスノグラフィをもとに、調査者が被調査者を調査するという根源的な常識を覆して、私の「移動とことば」の経験について被調査者に調査されてでしか振り返ることができなかった皮肉な状況を、ローティの「アイロニスト」(ローティ, 2000) と関連付けて検討する。

　本章で示す私のライフストーリーは自叙伝的に記述したものではなく、インフォーマントである2人の「移動する子ども」の問題関心に応えた形で記述した点に特徴がある。また、インタビューが複数言語によって行われたというところにもう1つの特徴がある。本研究は、調査者が調査され、それを調査者が考察するというメタ的でアンオーソドックスな形であるが、このような形でしか成し遂げられないある種の自省がある。こうして、私の移動の経験すなわち複数言語・複数文化環境で生きるという経験について新た

な視点から振り返る機会を得た。

　こうした試みは、人の移動が常態化した現代社会において移動する人の葛藤や生を理解するには、川上が提唱するような、研究者自身も移動を続けながら研究テーマに向き合う移動の視点（川上，2018: 8，2021: 23）を持つことが必須であるという理解の上にある。これまでの外国にルーツを持つ人および「移動する子ども」をめぐる議論は、文化人類学や教育学ないし社会学の分野において、主として、アイデンティティや「ルーツ」の多様性を明らかにするとともに民族やエスニシティが意味するものの流動性を明らかにしてきた。しかしそれらは、あくまで研究者の、強いて言えば既存の理論に囚われた視点から見えてくる関心事である。では、「移動する子ども」当人たちが移動する生き方を自らで把握する際の問題関心はいかなるものなのだろうか。また、幼少期から複数言語・複数文化間を移動した体験と記憶（川上，2021: 24）は、その後の生き方にどのような影響を与えていると解釈されるのだろうか。そして、「移動とことば」の視点から、複数言語を話す「移動する子ども」の対話においてライフストーリーがどのように構築されるのか。これを明らかにすることが本章の目的である。

　アイロニーとは実際とは反対のことを言って嘲笑う方法、または悪徳・愚行などを嘲り皮肉る方法であり、主に文学や芸術において、自己自身を意識するメタ的な自己表現として用いられてきた（ヴァルザー，1997: 68）。そして、アイロニストとはローティ（2000）の述べた特徴を大まかに踏まえれば、一方で対象に感銘し、他方で対象との距離を置いていると自覚しつつ、それを反省的に捉える態度を持つ人である。このような態度は、「終極の語彙」（ローティ，2000: 156）として現れる。「終極の語彙」とは、自己の価値観を表す語彙であり、アイロニストはその絶対性を疑いつつ、その価値観を支持することも解消することもできないと自覚し、その語彙を使うことに自省を駆る。私のライフストーリーとオートエスノグラフィを振り返り、どのような点がアイロニーなのかを考えることが本章のもう1つの目的である。

2.　オートエスノグラフィとライフストーリー

　本章では、オートエスノグラフィの手法を用いて私自身のライフストーリーを提示するのだが、まずは、オートエスノグラフィとライフストーリーの手法について概観した後に、本章で筆者が提示する形の特徴を明記する必要がある。

　まず、オートエスノグラフィとは、調査者が自分自身を研究対象として、自分の主観的経験を自己再帰的に考察する記述法である。そこで目指すのは、自己の語りを振り返り、「「私が」どのように、なぜ、何を感じたかということを探ることを通して、文化的・社会的文脈の理解を深めること」（井本，2013: 104）である。すなわち、エスノグラフィの著者である研究者（調査者）自身の主観的経験を可視化するという点で、それはエスノグラフィの自己再帰的・反省的転回の試みなのである。この試みは、ジェームズ・クリフォードとジョージ・マーカスの『文化を書く』（1996）が訴えた、人類学者の姿勢の問題、他者表象をめぐる調査者と被調査者の権力問題、そして記述における調査者と被調査者双方の主体性の問題への批判を発端とする潮流だと言える。簡単に言い換えるのなら、オートエスノグラフィは調査者自身の自己批判から実験的に構想されたエスノグラフィの形である。

　こうして、近年、特に日本では、研究者本人の半生（ライフ）や特定の出来事（ライフイベント）に関する語り（ストーリー）を対象としたオートエスノグラフィの発表が少しずつ増えてきている（川口，2019；リーペレス，2020；石原，2021）。手法としては、「私」という一人称の個人の語りを「私」自身が書くという自叙伝的な記述が主流だろう。他方で、対象である「私」と調査者である「筆者」、すなわち語り手である「私」のライフストーリーと、それを分析し考察を述べる調査者である「筆者」の立場を切り分けた記述もある（リーペレス，2020）。

　オートエスノグラフィへの評価と批判には、いくつかの論調が見られる。評価という点からは、自らの生を内側から描き出すことで、他者からの聞き取りや観察から得られた記述とは違う特徴が顕著になる。また、調査者が自分自身を対象化することで、再帰的・反省的転回を促し、自己や他者に関わる文化的・社会的な理解が深まる。さらに、自己および他者への認識を通じ

た差異の生成過程とその変容への気付き、すなわち自己省察を引き起こすことで、自らが営む学問の意義について問い直す機会も引き起こされる（川口，2019: 167）。一方で、執筆の段階においても書かれる人と書く人が同一人物であるが故に（Coia & Taylor, 2009: 5）、取り上げる事例と分析において調査者が本質的に特権を持っている。つまり、自分の経験を記述・分析するにあたり、自己を客観視することの難しさに直面してしまうという批判もある。

　ところで、ライフストーリーについて述べると、その表記と定義は多様である。たとえば、ライフ・ストーリー、ライフヒストリー、ライフ・ヒストリー、オーラルヒストリーなどの類似の概念が互換可能であることもあれば、明確に差異化されることもある（ラングネス，1993；桜井，2012；小林・浅野，2018）。本章では、ライフストーリーと表記し、これを「特定の個人による自身の生きてきた人生についての語り」と定義したい。

　実のところ、方法としてのライフストーリーも主に社会学分野において批判と見直しが行われ、研究姿勢、当事者性や記述の仕方が問い直されてきた（桜井，2015；小林・浅野，2018）。特に桜井（2002）が対話的構築主義を提唱したことによって、ライフストーリー研究も、自己再帰的・反省的転回を迎えた。対話的構築主義とは、ライフストーリーは単に口述された語りの記述ではなく、語り手と聞き手の双方の共同作業によって産出されるテキストだという主張である（桜井，2002）。つまり、ライフストーリーは、語り手（被調査者）と聞き手（調査者）双方の主体性が反映された相互行為による構築物だというのである。そうだとすると、語り手と聞き手すなわち調査者と被調査者の間にある権力関係とインタビュー過程の問題が、決して無視してはならない検討課題として浮上してくる。

　小林（1992）は、1人の語り手が複数回のインタビューごとに、同じ出来事について異なった内容や解釈を提示する問題を指摘し、これを「ヴァージョン」と呼んだ（小林，1992: 423）。小林（1992）によれば、被調査者の語りは調査者との関係が「親密」になればなるほど、細部に渡って「深く」なる。一方で桜井（2015）は語り手の主体性が十分に考慮されていないことを批判し、聞き手が変われば語られる出来事の内容も変わると指摘し、この現象も語りの「ヴァージョン」だと述べた（桜井，2015: 37）。したがって、聞き手と語り手という2つの主体が、それぞれの関心に基づいて対話を繰り

返すことで構築されるのがライフストーリーであると桜井は主張する（桜井，2005: 228）。

　ここまでオートエスノグラフィとライフストーリーの研究方法とその評価を示し、自己の立ち位置についての自覚、再帰性、反省性という両者の共通点を確認した。またオートエスノグラフィでは、度々筆者自身のライフストーリーが取り扱われるという点においても、研究方法として親密な関係にあるようだ。ところが、「私の」ライフストーリーが、どのように産出され、記述されるのか、その過程を十分に検討した研究は少ない。たしかに、調査者と被調査者が同一人物であるという性質に支配されているオートエスノグラフィでは、語り手と聞き手の相互作業によって産出されるはずのライフストーリーも自叙伝になってしまうジレンマが生じてしまう。

　実は私自身も『ストレンジャーの人類学』(2020) において、「私」のライフストーリーをオートエスノグラフィの形で記述した（リーペレス，2020）。そこでは、先に述べたように、ライフストーリーを語る「私」と調査者である「筆者」を切り分けた。このような形で提示したのは、より自分を対象化できるという意図の上である。取り上げたライフストーリーは自叙伝的なものではなく、複数の聴き手に語った内容を滑らかな語りに編集したものだ。その聴き手というのは、インフォーマントの「移動する子ども」たちである。調査者としてインフォーマントに「君のことを聞かせてよ」と自己語りを求める一方で、インフォーマントも私に「じゃ、君のことも聞かせてよ」と求めてくるように、ライフストーリーの交換が行われた。このような流れで、4人のインフォーマントに対して、4つのヴァージョンの私のライフストーリーを語ったのだが、編集の過程で1つの語りにしたため、それぞれの特徴は失われてしまった。また、私のライフストーリーは、調査者としての理論的関心に沿った語りのみ取り上げたため、インフォーマント、すなわち「移動する子ども」たちの関心に沿った記述が欠如していた。

　以上の反省を踏まえて、本章では、次節で紹介する2人の「移動する子ども」を調査者として、彼／彼女の関心に沿って「移動する子ども」である私（被調査者）の2つのヴァージョンのライフストーリーを提示する。言い換えれば、2人の「移動する子ども」たちの聴き取り調査から産出された私のライフストーリーを提示する。

　なお、ライフストーリーに登場する人名は、プライバシーを保護するため、私以外は、すべて仮名にしている。地名に関しては、国、地域、行政地区、都市の名前は全て実名を使用しているが、施設団体名等は可能な限り曖昧にしている。

3.　移動する調査者たち

　私のライフストーリーを提示する前に、まず先に把握するべき内容は、調査者である 2 人の「移動する子ども」がどんな人々であるかである。彼らはパトリックとナタリアである。

　パトリックは、日系アメリカ人 1 世の父とアメリカ白人の母との間に、カリフォルニア州で生まれた。彼の両親は彼が幼い頃に離婚しており、それ以後は 18 歳の頃まで母とともにカリフォルニア州で過ごした。その後、大学進学のため、オレゴン州へ移住した。大学に在学していた間、2010 年から 2011 年の間に日本の大学に交換留学をした経験もある。卒業後、テキサス州にあるコンピューター系の企業に勤めた後、日本での就職を目指して、2014 年に来日した。その間に、中国人女性と結婚し後に離婚、そして転職を経て、現在は外資系の企業に勤めている。パトリックは、アメリカで生活していた頃は「アジア人」と呼ばれていたのに、日本で生活している間は「白人」と呼ばれていることに可笑しさを感じている。その一方「ハーフ」と呼ばれることは少ないという。これについて彼自身は、「両親ともアメリカ人だからかな」「でもルーツを辿ればハーフなんじゃないかな」と言っている。彼は、大学の頃に日本に留学していた経験と日本の会社で職務についていたことから、日本語も流暢に話せる。

　彼の私に対する質問は主に、国籍の異なる両親との関わり方によって国や文化そして言語に対する感情が左右されるかどうかだった。このような質問に至ったのは、パトリックも私と同様に、幼い頃に両親が離婚し、母子家庭で育ったからだ。

　ナタリアは、日本人の母とスウェーデン人の父との間に日本で生まれた。幼い頃は日本とスウェーデンを行ったり来たりする生活を過ごした後、カナダのモントリオール州にある大学へ行った。卒業後は日本に帰国してピース

ボートに乗船して、3 カ月間かけて 21 カ国へ渡り世界一周をした。またグアテマラで半年間スペイン語学校に通い、イタリアへ教員資格を得るための留学もした。その後、香港にあるインターナショナルスクールで 6 年間教員として働いた後、現在はスウェーデンのストックホルムにあるモンテッソーリの小学校で教員をしながら生活して、2021 年で 2 年目を迎えた。彼女は、日本語とスウェーデン語と英語による教育を受けてきた。スウェーデンで生活するようになった近年では、スウェーデン語を長い間話していなかったため仕事に支障がでないかと心配しながらも、周囲の人々からはネイティブとして遜色ないと言われている。このように彼女は自らを他者化する一方で、周囲からは同じスウェーデン人だと思われることが多いという。

　彼女の質問は、主に、私がこれまで過ごした国での交友関係や恋愛関係だった。このような関心に至ったのは、それがまさに彼女自身が移動を繰り返す生き方の中で直面した問題だったからだ。

4.　ファビオのライフストーリー

　まずは私の移動の経歴を簡潔に述べた後、2 人によるインタビューを対話の形で提示する。

　私は、メキシコ人の母と韓国人の父を持ち 1983 年に韓国でメキシコ国籍を持って生まれた。両親は私の生後まもなく離婚した。その後、外交官である母の移動に伴って、韓国→メキシコ→日本→マレーシア、そしてまた韓国へ移動した。その後、アメリカ→メキシコ→カナダ→日本へ移動した。このような国際移動を繰り返す過程で、私は様々な教育を受けてきた。最初に日本の小学校で日本語による教育を受け、次いでマレーシアと韓国の日本人学校で日本の義務教育を終えた。さらに、高校では韓国のインターナショナルスクールに通ったこともある。結局インターナショナルスクールは退学になった後、単身ロサンゼルスへ行き、コミュニティカレッジに通った。その後、ウィスコンシン州立大学へ編入し、人文地理学を学んだ。卒業後は、メキシコでいくつもの仕事を転々としながら生活していた。最も長く続いたのは日本語教師であり、2 年間勤めた。しかし、メキシコで安定した仕事に就けず、カナダに住んでいた母の元で 2 年間生活をしたが、最終的に文化人

類学を学ぶために日本の大学院に通い、博士号を取得した。そして現在は日本の大学で教員を務めている。

　幼少期の間に5度も国際移動を繰り返しながら育った私にとって、外見的特徴や国籍や文化や言語といった差異への気づきは常に付き纏うものであったが、その差異が社会的立場を左右するものだということに気が付いたのは、海外の日本人学校で唯一日本人ではないことを理由に、抑圧される感覚を味わった小学校高学年の時だった。移動をする度に、そしていくつもの文化の中で生活をする度に、自分の持つ特異性がより複雑化していった。また、それが周囲の人々を困惑させてしまうことに気が付いたのは高校生のころだった。たとえば、日本社会では「外人」扱いされ、メキシコでは「oriental（東洋人）」と呼ばれ、アメリカではアジア系アメリカ人あるいはメキシコ系アメリカ人のように扱われた。「何人だ」と聞かれれば、国籍のことを聞かれているのだと思い「メキシコ人だ」と答える。ところが、私の外見と相手が持つメキシコ人のイメージが一致せず、怪しまれる。「韓国人とメキシコ人のハーフだ」と答えると、日本語による教育課程を受けてきたことをいぶかしがられる。さらに、移動の遍歴について説明すると、相手は半信半疑になる。自分の持つ特異性が、行く先々で「何人なんだから」「何人なのに」と相手の期待する他者のイメージにそぐわない故に、私はどこにいても、誰にとってもストレンジャーだったのだ。どこの社会へ移動しても他者の多様性を受け入れようとする姿勢はあったが、その寛容さにも限界があるようだ。少し皮肉じみたことを言ってしまったが、私の sarcastic（嫌味）な性格もこうした経験によるものだろう。

5.　調査者が調査されること

　それでは、2人の「移動する子ども」たちによる私へのインタビューを取り上げよう。パトリックとのインタビューは終始英語で行った。そしてナタリアとのインタビューも英語を基盤としており、時折は日本語によるあいづちを含んだ。また、私が韓国語とスペイン語とフランス語を話す場面もある。そのため、本文を日本語訳にする必要があった。よって、解説が必要と思われる場合には、脚注を加える。また、日本語訳でも英語で伝えたニュア

ンスが十分に伝わらないと判断した場合は括弧内に原文を加えた。

　なお、パトリックとナタリアには、複数回に渡るインタビューを通して、上述した私のライフストーリーを伝えてある。

　それでは、パトリックによるインタビューの内容をみてみよう。パトリックは、カリフォルニア州ロサンゼルス郡に住んでいたという共通点があり、語りの中では、地名やスラング、そして多少のスペイン語を話しているので注釈を加えている。（以下、パ：パトリシア、フ：ファビオ）

パ：中学1年の時にマレーシアから韓国に移住したそうだけど、その時にお父さんと会ってどんな気持ちになった？

フ：実は、7歳を迎えた年から毎年冬には韓国で父親に会うようになってたんだよ。最初はお母さんと一緒に行ったのだけど、1人で会わせても安全だとお母さんが判断して翌年から1人で父親に会いに行ってた。父親のスペイン語は片言だったから十分なコミュニケーションがとれなかった。だから、面白いと思わなかったんだよね。それが態度に出たんだろうね。それに、彼が気付くと、「꽈비오！(パビオ)」¹「정신 차려！(しっかりしろ)」て毎回怒鳴り出すの。当時はその言葉の意味が分からなかったのだけど、何度も聞いて推測するんだよね。当時は「俺に集中しろ」って言っているのだと思ってたね。唯一互いに意思の疎通ができたのは、祖父母だけだった。2人とも日本語で会話ができるうえに、猫可愛がりされていたから楽しかった。父親は当初は落ち着いた人だったんだけど、翌年から気性が荒くなって、怒鳴り散らしたり、手を上げたりするようになった。だから、それ以来韓国に行きたくなかったんだよ。中学1年の時に、韓国に移住するってお母さんから聞いた時は、毎週会うかもしれないっていう覚悟をした。

パ：「お父さんに手を上げられた」って言ったけど、お母さんはそのことに

1　ハングルにはFの発音がない。それに近い発音として꽈 (pa) と화 (hwa) がある。父の発音は Pabio だった。私の呼称は、言語によって異なっていた。たとえば、日本語ではファビオ (Fabio) だが、スペイン語や英語ではファービョに近い発音である。ところが、メキシコでは Fabio という名前は珍しく、ファビャーン (Fabian) と呼ばれることが多々あった。日本では「ぷぴお」という名前で水道の請求書が届いたことがある。

ついて知ってたの？

フ：うん。マレーシアに帰った時、体に痣が残ってたからバレた。小学校5
年の冬に、何がきっかけだったのか忘れたけど、ゴルフクラブが折れるま
で体の数箇所を叩かれた。挙げ句の果てに「te amo（愛してる）」って言
うんだから、恐ろしかったよね。マレーシアに帰った後も身体中が痛いか
ら、明らかに様子がおかしいと思って服を脱がされた時にバレたよね。当
然、お母さんが抗議をして「2度と会わせない」って言ったから、小学校
6年の冬は韓国に行かなかった。

　父親に手を上げられてから、父親が嫌いになった。だから、彼の目立っ
た仕草も嫌いになるわけ。で、韓国で生活を始めると、韓国人との接触
も、それまで父親と祖父と祖母に限定されていたのが、近所の人や街中の
人まで広がる。すると、父親に見られた仕草が、多くの韓国人にも見られ
るようになって、当初は父親の仕草だと思ったことが、韓国人の特徴だと
思うようになった。街中で、誰もが喉を鳴らして痰を吐き散らかしたり、
人に怒鳴り散らかしたり、手で口を塞ぐこともせず咳をしたりする様子を
見て、不快に感じると、それを「韓国文化」だって理解するようになった
んだよ。なぜそんなことをするのかって父親に聞くと、それに対する説明
もされるから、やっぱり文化だって確信するわけよ。暴力的なところも、
「韓国人だから」ってね。

パ：なるほどね。お父さんとの関係によって、韓国や韓国人に対する見方も
変わってきたのかな？

フ：父親に暴力をされたのをきっかけに、韓国にまつわるものが嫌いになっ
たんだけど、韓国に住んでたら避けようがないじゃん。韓国語を学ばずに
韓国で過ごすのは不便だからね。ソウル日本人学校では半分以上が韓国人
ハーフの子で、俺のクラスメイトの間では韓国語混じりの会話をする特徴
があったから、会話に入るためには韓国語を習う必要があった。それに、
韓国語を流暢に話すとクラスの人気者になれると思って、友だちとより深
い関係を築くために韓国語を習ったね。

パ：お父さんや学校のクラスメイトとの体験によって韓国人や文化やその中
で生きている人たちに対する思いも、ポジティブにもネガティブにも変
わったんだね。それじゃ、メキシコに対する思いはどうなの？お母さんや

親戚や、ロサンゼルスで生活していた頃に出会ったメキシコ系アメリカ人や、メキシコで生活するメキシコ人との接触を通して、どのように変わったの？

フ：メキシコ人に対する偏見も持ち合わせてるよ。当然、ポジティブでもあるしネガティブでもある。でも、受け入れ難いものは、メキシコ人とは違うって他者化してるかもしれない。たとえば、親戚やお母さんの同僚やメキシコシティーやオアハカ州にいるメキシコ人は、出自や外見的特徴や方言などの多少の違いはあれどメキシコ人。だけど、メキシコ系アメリカ人は「メキシコ人」だけどメキシコ人じゃない。

　アメリカの大学を卒業してメキシコで生活を始めるまでは、メキシコ人と接する機会がお母さんやオアハカ州にいる親戚や、お母さんの大使館の同僚以外になかったんだよね。だから、「メキシコ人」や「メキシコ文化」といった認識の仕方は、それと比較できる人たちと会うまでなかったんだよ。ロサンゼルスにも、大きなメキシコ人コミュニティーがあるし、そこで2年過ごしてたけど、それはちょっと違うんだよね。たとえば、お母さんの同僚を見れば、礼儀正しくて清楚で。オアハカ州の親戚は、陽気で親切で。だけど、アメリカの、ロサンゼルスで生活するメキシコ人は括弧付きの「メキシコ人」なの。

　ロサンゼルスで生活する「メキシコ人」たちは、もちろんメキシコからの移民もいれば、何世代もアメリカに暮らしているメキシコ系アメリカ人も、カリフォルニア州がアメリカ領土になる以前から暮らしている「メキシコ人」もいるわけよね。そして、都合に合わせて自分のことを「アメリカ人」「メキシコ人」って使い分けてる。そこに移住してきた叔母といとこもそう。

　メキシコ人と「メキシコ人」を分ける問題は、もっと違うところにあった。ロサンゼルスに住んでいる「メキシコ人」がメキシコ人と違うと思った決定的な特徴が、暴力的で迷惑なところだね。ロサンゼルスでは、当初はロサンゼルス郡中央南部にあるベル市っていうところで叔母といとことこと住んでたんだよ。その近所っていうのがさ、人口の99％がメキシコ系移民で、犯罪率も比較的高くて、銃声を聞いたり、路上で何かしらの暴力を見たり、盗難の被害にあったりするのは日常茶飯事なんだよ。近所では、

日中、特に週末の朝から晩までノルテーニョ[2]の民謡が大音量で鳴りっぱなしで、迷惑なんだよ。すべての家から、アコーディオンの音がパラリラ鳴りまくって耳障りだったんだよ。叔母の家も近所に負けまいと同じように大音量で音楽鳴らしてる。その歌詞も、シナロアスタイルって言って、麻薬カルテルのライバル組織に友人や家族が殺されたっていう内容のものが多くて、不愉快だった。学生だったら、勉強できる環境じゃないんだよ。日中はうるさいから夜勉強しようとするじゃん。すると、叔母が「電気代を無駄にするな」とか、「勉強やめて働け」とかうるさいわけ。子ども連れて移民までしてさ、アメリカで学と職の機会を得たいとかぬかしといて、結局はメキシコにいた頃より酷い環境なんだよ。こうした体験からロサンゼルスの「メキシコ人」は違うって認識するようになったね。

　そのベル市にいるのがすごい嫌だった。勉強できないし、安心できないから、毎日学校の図書館で時間潰したり勉強したりしてた。当然、週末も。近所にベトナム系の家族が経営するドーナッツショップがあったからさ、25セントのコーヒーと50セントのドーナッツを買って、眠くなるまで勉強して過ごしてた。勉強しないときは、その同じ角にある韓国系の家族が経営するリッカーストア（liquor store）[3]で過ごしてたね（hang out）。そこの店員がさ、俺の顔がベル市では珍しいアジア人のようで、興味もってくれてさ、色々話しているうちに、実は父親が韓国人なんだって言ったら、より好感をもってくれたんだよ。だからといって、韓国について共感できるものはなかったけど、「メキシコ人」から距離をおける唯一の場所だった。

　ベル市に住むのが耐えられなくてさ、いやいやながらも、父親に仕送りを頼んで、より治安が良くて、比較的にアジア人が多いモンテレーパーク市[4]に部屋借りて引っ越した。仕送りが月300ドルしかないのも理不尽

2　メキシコ北部国境周辺にルーツを持つ民謡。主にギターとアコーディオンで構成されている楽団によって演奏される。

3　リッカーストアは直訳すれば酒店ではあるが、ロサンゼルス郡ではコンビニのような小型スーパーのことを指し、主に韓国系移民によって経営されているものが多い。

4　モンテレーパーク市では、アジア系アメリカ人の人口が比較的多く、華人華僑の繁華街もある。

だったんだけど、父親に頼るんじゃなかったって後悔したよね。結局半年後に叔母のところに戻らざるを得なくなった。そのまた半年後は、サンタモニカ[5]に住んでた友人の家に引っ越した。ロサンゼルスに住んでた頃は、半年に一度は引っ越してたね。

パ：今まで韓国にまつわるものを避けていたのにも関わらず、ロサンゼルスのメキシコ人が多い環境の中では韓国に避難場所を求めていた（seeking refuge）なんて皮肉だね。

フ：たしかにそうだね。今初めて考えてみると、そういう傾向は、他にもあるかもしれない。モンテレーパークに引っ越した最初の頃には、日本人留学生やアジア系アメリカ人の人たちと接触する機会が多くなった。でも、やっぱりなんか違う気がするんだよね。アジア系アメリカ人という経験をしていないから、共感できるものはなかった。日本人とは、今まで学校という社会の中で歳の差が1、2年だったのに対して、ロサンゼルスのように広い社会だと年齢の幅が広がるだけじゃなくて、出自とか、以前の職種やら、なんやら色々なちがいが目立つようになって、共通性を見いだせなかった。なんだろうね。日本人ってさ、人と関わる時に年功序列の考えに縛られるんだよね。たとえば、初対面の日本人と接すると、最初に聞かれるのが「何歳ですか」。そして答えによって「それじゃ俺が先輩だな」「それでは私が後輩ですね」「タメじゃん」のように相手の話し方まで変わる。日本人は互いの関係を年齢で限定してる。たとえ「タメ」でも、出自で距離感を測ろうとする。海外にまで来てんのに、日本人、日本語、日本文化、地元を共有する人との関わりに限定しようとするから、その枠に「外人」が入ると居心地が悪くなるんだよね。だから、アメリカで生活していた頃は、日本人と接することを避けてたんだよね。

　だけど、大学を卒業してメキシコで生活を始めた時、メキシコ人って怠け者でいい加減で一緒に働きづらい人たちだと思うようになって、パンクチュアルな日本人や日系人が多い職場で働いてた。これも皮肉だね。

5　サンタモニカ市はロサンゼルス郡西郊にある街で、居住する人々のバックグラウンドも多様である。

　次にナタリアによるインタビューをみてみる。ナタリアとは、2015年に香港で出会って以来の付き合いなので、今年で6年目の付き合いになる。これまでのインタビューでは、日本語を中心に話して、伝えにくい表現は度々英単語に置き換えたり、まとめて英語で話したりしていた。しかし、最近では、英語を中心に話して時折り日本語の単語を挟むような会話をしている。（以下、**ナ**：ナタリア、**フ**：ファビオ）

ナ：大学の頃の友だちと今でも連絡を取ってる？

フ：うん。1人だけね。大学で唯一の友だちだった。彼女は黒人で、ミュージシャンでイギリスに住んでる。2015年に日本に遊びにきて、その翌年は一緒にマレーシアに旅行した。

ナ：良い友だちは1人で十分だよね（Well you only need one good one）。ファビオの交友関係はどうだった？私は大学の頃は、親しいと思える人が少なかったの。だけど、移住を繰り返すたびに、それぞれの場所で、その場所のダイナミズムがあることに気がついて。だから人によって場所によって、友だちに対する思いが変わってきたの。ファビオはどうなのかなって思って。

フ：僕は、実はすごいシャイ、内気なんだよね。アウトゴーイングだと思われがちだけど、そうじゃない。それに人見知りだから、自分から人と関わろうとしない。

ナ：意外。ライフストーリーの研究をしてるから、社交的な人に思えた。それはなんで？他の人とは付き合えないみたいな（Just didn't click with other people?）。これまで住んだ国や地域で、友だちの作り方に何か違いとか感じた？

フ：自分を好きになってくれる人としか付き合わないかな（I like to hangout with people who like me）。

ナ：それはだれでもそうでしょ。

フ：僕は、皮肉屋だからさ、それが分かる人や、それを良いと思ってくれる人とだけ長く深く付き合うよね。日本人は冗談が通じない人が多いじゃん（Sarcasm doesn't translate well in Japanese）。だから、嫌われがち。だけど、それは日本人に限らず、誰でもそうだと思う。英語でもスペイン語でも皮

肉染みたことを話すけど、その内容を裏返した意味を分かってくれる人って少ない。日本語と英語とスペイン語を話す自分の人格が出来上がっていて、ある程度統一されていると、言語や文化の問題よりも個人の性格の問題になる気がする。でも、文化の違いだからとでも説明できちゃうよね。アメリカ人は日本人と比べて冗談が通じやすいとかね。

ナ：それじゃ、リレーションシップについて教えて。これまで、アイデンティティの話や両親の話について色々と聞いてきたけど、ロマンチックなリレーションシップについては聞いたことがないから。たとえば、初恋とか。

フ：初恋ね。片想いはたくさんあったけど。ロサンゼルスに住んでた時のが一番印象深かった恋かな。ロサンゼルスのコミュカレ（コミュニティカレッジ）に通っていた頃、ノーラと会ったの。僕が、彼女と友人との会話に突然割り込んだのがきっかけ。彼女は、異常心理学を専攻してカリフォルニア州立大学を卒業して、当時は大学院生で、コミュカレで TA として働いていたんだよ。だから、4、5歳年上だったんだよ。お互いに好意が湧いてさ、「リトル東京で買い物がしたいから付き合ってくれ」って頼まれたのが、初デートだった。デート当日が日系フェスティバルだったから、より楽しいデートになったよね。良い感じだった。その後も何度か会うようになった。

　でも、次第に、学歴コンプレックスみたいなのを感じるようになったの。もしかしたら、僕は、彼女の求める知的な会話についていけないんじゃないのかってすごい劣等感を感じるようになって、それが理由で彼女から距離を置くようになったの。中卒で将来について何も考えてない俺なんか、彼女と付き合うには相応しくないって考えるようになってね。振り返ってみると、彼女にとって僕の学歴なんてどうでもよくて、性格が好きで一緒にいたはずなのに、そういうふうには考えられなかったんだよね。自分から距離を置いたはずなのに、数ヶ月後に彼女が別の男性とデートしている所を偶然見た時は、恋愛をしていないはずなのに、失恋をした気分になったね。

ナ：彼女はアメリカ人だったの？

フ：そう。チャイニーズアメリカン。次に女性と関係を持ったのは、ウィスコンシン州立大学に編入してからだね。

　アイルランド留学から帰ってきたばかりのララという子がいて、彼女とは専攻が同じだから、いくつもクラスを一緒にとっていたのがきっかけで、一緒に勉強したり、イベントに参加したりして、結果的に仲良くなったんだよ。ある晩、ハウスパーティーに誘われて、その帰りに、彼女が酔ってたから、寮まで送りに行ったんだけど、道中で自分が借りてた部屋の前を通るんだよね。当時は、寮生活を出て、ホストファミリーの家の空き部屋を借りて住んでたの。「そこに住んでるんだ」って言うと、「Aren't you gonna invite me in?（私を誘わないの？）」って言いながら勝手に部屋に入って、その途端、全裸になってベッドの中に入って「一緒に寝ましょう」って言うの。当然、ラッキーだと思ってその流れに流されちゃうよね。

　お互い、ボーイフレンドとガールフレンドというラベル付きで「付き合う」のではなくて、暇な時にセックスして過ごす友だちっていう「付き合い」になったんだよね。

ナ：体の関係もある友だちだったわけね（Ok, so it's like friends with benefits）。すると彼女はさっき話した友だちのこと？

フ：うん。イギリスに住んでるララ。後に、彼女にオーストリア人の彼氏ができて、僕にも日本人のリカっていう彼女ができたんだよ。彼女も同じウィスコンシン州立大学だったんだけど、隣町の学校からESLの単位を取るために来てた。馴れ初めは、コンサートに誘って、その帰りに彼女の部屋に行って「疲れた」って言ってベッドに入ったこと。

ナ：ははは。ララとの経験を活かしたのね。

フ：そう。でも、その時はセックスできなかったの。彼女が、セックスする前に「やるべきことがある」ってその夜は添い寝をしただけだった。やるべきことって、僕と付き合う前に彼氏と別れる区切りをつけたかったんだね。彼女ができて嬉しいと思ったんだけど、お互いの関係を継続していくためにどうしたら良いのか分からなかった。そもそも、当時は、彼氏彼女っていう関係の意味が体の関係を含む友だち程度としか思っていなかったんだと思う。それ以上のものにしようと頑張っていたのは彼女の方だった。でも、僕は、そうした彼女の気持ちも分からず、不満を感じさせてしまったんだね。

ナ：じゃ、「別れよう」って言われた時は、ショックだったの？

フ：ショックだった。彼氏彼女という関係は自分の考えていた以上の意味を
　　持つもので、一方的な努力だけじゃ継続も維持もできないものだと初めて
　　分かったね。

ナ：別れた後も彼女と連絡続けてる？

フ：2011年に東京で一度会った。でも、それ以来連絡を取らなくなった
　　（We ghost out）。大学卒業後、メキシコで生活を始めた時に、モテ期が訪
　　れたの。メキシコで生活を始めた初期は、初めてだったから、自分から醸
　　し出す雰囲気が周囲のとは違うわけじゃん。当然、メキシコは移民の国で
　　多民族社会ではあるのだけど、アジア人は少数で、それで目立ってしま
　　うことも理解している。それでも、何かエキゾチックな雰囲気を醸し出
　　して、それが現地の人を魅了してしまう何かってあるじゃん。たとえば、
　　偏った見解だけど、日本人女性が、日本で生活してる日本語が流暢な金髪
　　の白人に魅了されるみたいな。メキシコでは、メキシコ人女性は、流暢な
　　スペイン語を話して日本語も英語も話せて、アジア人のような容姿の人に
　　魅了されてたんじゃないかな。ナルシスト的な見解だけどさ、そのモテ期
　　を自分の中でそういうふうに意味付けてる。

　　　もう、とにかく色んな女の子から声をかけられて、調子に乗ってた。た
　　とえば、スタバでコーヒーをフランス語混じりの片言のスペイン語で頼ん
　　だときのこと[6]。すると、後ろに並んでた女の子が僕をフランス人だと思っ
　　て、「相席いいかしら（Puis je?）」って言うの。もちろん、フランス語なん
　　て話せないけどさ、色んな国に住んだり色んな言語が話せたりするのが、
　　エキゾチックに思われて、好感を持たれるんだよね。モテることに説明な
　　んていらないじゃん。おかしいって思いながらもさ、女性からの誘いを喜
　　んで受け入れてたよね。当然、その場限りもあったけど、二股、三股、四
　　股に発展することもあって毎日が忙しかった。

ナ：ジャグリングしてるね。恋愛感情はあったの（How did you invest your

6　メキシコでは、外見的特徴や民族的背景による「人種」の違いは、認識されていない
が、guerro（白い、西洋人）や moreno（黒い、先住民）といった肌の「濃さ」とそれに含
意される意味によって人の社会的処遇が異なる。当時の私は、自分の外見が moreno にも
oriental（東洋人）にも見えると認識し、西洋的な要素であるフランス語なまりのスペイン語
を話せば処遇も良くなると思っていた。

emotion to them?）。

フ：どうだったんだろう。表面的な付き合いだった、それほど互いに愛着が湧かなかったんじゃないかな。長くて3ヶ月の付き合いだったし。パッションのようなものでお互いを繋ぎ止めていたはずだけど、お互いの「生き方」に興味を示すほど関係を築いていなかったんだと思う。こうして考えなおしたら、恋愛ではなかったんじゃないかな。そうすると、アメリカやメキシコや日本で、今日まで、短期間「付き合った」女性との関係も、はたして恋愛だったのかって懐疑的になっちゃうよね。そもそも付き合ってもいなかったんじゃないかってね。曖昧だから、「告白」をして付き合っているのか付き合っていないのかっていう印をつけるんだろうね。

ナ：日本では「告白」をすることが外国と違うところだってよく言うよね。

フ：これまで何人かの日本人と「付き合って」きたけど、かしこまって「付き合ってください」なんて「告白」したことない。そうした「日本文化」は認識してたけど、いつも話す前に行動（Act first, talk about it later）だったからさ。それに、一緒に過ごす時間だけじゃなくて、なにかしらの信頼ができれば、互いの関係について確認し合うことなんてなかった。だって、「告白」ってプロポーズのことじゃん（Talking about bringing "our relationship to the next stage" means marriage proposal, right）。

ナ：絶対、高校と大学の彼氏との関係がトラウマになったんだと思う[7]。だけど、彼の後に、恋愛対象になった人たちは、自分から私に告白をするような人たちだったの（They'd ask whether we can be exclusive or call each other bf gf[8]）。日系カナダ人の人や今一緒にいるスウェーデン人とイギリス人のハーフの人とか。それが安全だから、そういう人を選んできたのかも。調子いいことばかり言って、何もはっきりさせない人って苦手だから。

7　ナタリアは、大学進学後も高校の同級生だった彼氏と3年間の遠距離恋愛を続けていた。ナタリアはカナダの大学へ、一方で元カレはアメリカの大学へ進学した。ところが、別れた直後、元カレが彼女を追うようにカナダの大学に編入し、その後もナタリアとくっついたり別れたりをくりかえした曖昧な関係を続けていた。卒業して日本へ移住した後でSNSを交わしたり、突然会いに来られたりなどして、ナタリア曰く「不健全な関係（toxic relation）」を続けていた。

8　boy friend and girl friend の略。

フ：メキシコの話に戻ってさ。日本語教師の仕事に就いて、すぐにヒデミっていう日本人女性と出会って付き合い始めたの。当初は他の 3 人のメキシコ人の女性とも関わりを持っていたんだけど、ヒデミと関係が深くなると、他の女性との関係を断ち切ったね。それが自分の中では印になったんじゃないかな。隠れて四股を続けられたんじゃないかって思ったけど、良心に止められたかな（My conscience told me not to）。けっして、言語の壁ではないし、他の子たちとは深い関係になり得ないと思ってたわけでもないけど、メキシコで日本語 / 日本人（Japanese）で深く付き合える相手が欲しかったんじゃないかな。

6.　調査された自分を振り返って

　以上、2 人の「移動する子ども」の関心に沿って、私のライフストーリーを示した。彼らが移動の渦中に生きる人々として持つ関心は、パトリックの場合、国籍の異なる両親との関係が言葉と文化の認識の仕方にどのように作用し、人との関わり方がどのように変わるのかであった。ナタリアの場合は、移動に伴い、国籍や人種、そして文化的背景が異なる異性とのロマンチックなつながりがどのように形成されたか、またその傾向がどのように変遷したのかについてであった。パトリックとナタリアは、自らの「移動する子ども」としての経験と私のそれとの類似点と相違点を浮かび上がらせることから対話を始めたが、その内容は、私の「移動」の経験が自分の生き方と他者との関わり方にどのように影響しているのかという話にまで展開している。

　パトリックは、両親の離婚後母と暮らし、「日本人」と「白人」、日本語と英語、「日本文化」と「アメリカ文化」に対する思いが揺れ動く経験を持ち、同様に両親の離婚後母と過ごした私のメキシコと韓国に対する思いがどのように揺れたのかについて興味を抱いた。私の場合、子どもの頃の父との記憶や、アメリカに住む母方の親戚やアメリカとメキシコで出会った人々との関わりを通じ、また移動の繰り返しに伴って、特定の人やことばや文化に対する姿勢と態度が変遷し続けてきた。当初は、父から暴力を受けたことをきっかけに、彼の暴力性を韓国人性と結びつけ「韓国人」「韓国語」「韓国文化」に対して嫌悪を感じていたが、学校のクラスメイトとの交友関係を通して韓

国語の習得に励んだ。また、アメリカで生活していた頃は住み心地の悪さから「韓国」とつながる場所と人との関わりにレフュージを求めていた。そして、メキシコでは、当初は日本人の年功序列を基盤とした人との関わり方に嫌気がさしていたが、メキシコ人と一緒に働くことにも嫌気がさし、結局は日本人や日系人の同僚が多い職場で働いていた。

　ナタリアは、そもそものカナダの留学の動機のひとつが多文化的環境で多様な背景を持つ人々と交友関係を作りたいからであったが、結局は高校の頃からの友人とチャットする毎日を過ごし、大学で友人関係が作れなかったという悔いがあった。また、高校から交際していた相手を他所へ移動してもずっと振り切ることができずトラウマ的な経験をした。そのため、私の移動先の交友関係と恋愛関係に関心があった。他方で私は、内気であるにも関わらず、移住先の先々で出会った人々と交友関係を築くことができた。特に大学では、男女を問わず国籍と「人種」と文化的背景の異なる人と比較的深い交友関係を築き、互いに文化を超えた個人的領域のつながりを現在でも続けている。恋愛関係の問いに対しては、語りの序盤から異性との性的関係に話題を展開したと自覚しながらも、恋愛と性の曖昧なつながりに戸惑い続けている様子を語った。一見、恋愛話はプライベートな内容として理解されうるが、私が誰を恋愛対象に選んでいるのかという語りの中には、移動とことばをめぐる拠り所の揺らぎが窺える。たとえば、私がアメリカとメキシコで生活していた頃は、日本人と日本語でつながりたいという思いがあった。しかし、単に日本語に対するあこがれだけで説明がつく問題ではなかったということも明らかである。

　以上のことから分かるのは、私個人の主観的意味世界は、両親の国籍、移動の遍歴や文化的背景などの社会的文脈との相互行為だけでなく、家族との関係と移住先で出会った人々との交友関係そして恋愛関係にも密接に関連しながら構築されてきたということである。これは、幼少期より言語と文化の複数性と融合性に日常的に触れる経験をした個人の中の複数性（川上, 2018: 7）を表しているだけでなく、他者との関わり方も複数で複雑であることを表している。

　次に、私のライフストーリーの生成過程について考えてみたい。最初に、私のライフストーリーが複数言語によって語られていたことについて言及し

た後、記述の困難さについて述べる。パトリックとナタリアとの対話では、主に英語を中心に話し、伝えにくい表現においては日本語で話していた。

　パトリックの場合は、これまで日本語で会話をしたことがなく、英語のみでしか話していない。しかし、対話の中で、私が特定の表現について適切な英単語が思い浮かばなかった時には、日本語で伝え、パトリックがそれを翻訳訂正した。訂正してくれたのは、主に英単語である。たとえば、幼少期に、韓国に住んでいる父に暴力を受けたことから、「再び韓国を訪れることに気が進まなかった」を"I was 腰が重かった to visit him again"のように半信半疑に「腰が重かった」という言葉を使うと、パトリックに"hesitant"と言い直してもらい、改めて"I was hesitant to visit him"といった具合である。

　興味深いのは、ナタリアとの会話である。彼女とはこれまで日本語を中心に会話をしていたのだが、今回のライフストーリー収録では英語が中心に用いられた。時々、日本語の会話に変わることもあったが、結局は英語を中心とした会話に戻った。語りの最中に、こうした現象に気が付き、彼女の英語の質問に対して、日本語で返したのだが、結局は英語を中心とした会話になった。もともと英語から始まった会話で、途中、日本語に変えて会話を続けることに、ナタリアと私は何かしらの「歯がゆさ」を感じていたのかもしれない。日本語で会話が始まっていたのなら日本語が中心だったのだろう。あるいは、語り手と聞き手という立場が変わったから、話す言語も変わったのだろうか。会話の中で言語を交叉させることの「歯がゆさ」は、個別な例なのかもしれないが、少なくともナタリアとの会話で感じたことである。

　以上のように、私のライフストーリーは、英語を中心に日本語が含まれている複数言語で語られたものであり、こうした複数言語による会話が成り立ったのは、聞き手であるパトリックとナタリアが私と同様に複数言語話者だったことに起因している。

　ところが、複数言語によって語られたライフストーリーも、結局のところ、特定の言語の論文という形で提示するとその特徴が失われてしまう。編集の過程で、複数言語による語りを日本語の語りに翻訳し、脚注を加えるのにも限界があることに気付かされた。複数言語によって語られたライフストーリーは日本語の論文を書くことで必然的に一言語に統一されてしまう。また、英語で伝わるはずの文化的ニュアンスが日本語訳にすると異なった解

釈になってしまう。しかし、仮に原文も含んだ記述にしてしまうと文量が膨大になってしまう。また聞き手と語り手が深いラポールを築くと、両者の間でしか分かり得ない用語や話題なども話される。そのための解説を脚注に加えるか、その部分はあえて省くか、あるいは伝わりやすいように書き換えるかといった選択を迫られる。

　例を挙げるならば、パトリックも私もカリフォルニア州ロサンゼルス郡に住んでいたことがあり、ロサンゼルスの地名に詳しかったり、地域特有の表現を交わしたりしながら会話をしていた。このような地名や表現は、本文では脚注を加えて説明した。しかし省略した部分もある。たとえば、「メキシコ人」が多く住むベル市に住んでいた頃の様子について、「銃声を聞いたり、路上で何かしらの暴力をみたり、盗難の被害にあったり」と記述してあるが、本来は "There were some bad cholos living in the hood, popping caps and stealing shit" のように語った。このようにパトリックとの会話ではスラングを多く使用したため、原文通りの翻訳をせずに日本語論文で伝わりやすい表現に変えた。原文を残して脚注を増やした例については、ナタリアの元カレの話を振り返ってみよう。私が「告白」なしに女性と「付き合う」話をしていると、唐突にナタリアは元カレとのトラウマを引き合いに出した。このような聞き手と語り手の対話ができるのは、やはり互いのラポールを築いているだけでなく、互いのライフストーリーについて熟知しており、それを前提に会話をしているからであり、語りにさらなるコンテクストを加えることができた。

　私のライフストーリーを対話的構築主義（桜井，2002）に沿って提示することで、語り手と聞き手のそれぞれの関心を描くことができた。しかし、複数言語によって語られた内容を日本語に翻訳して記述する困難があるだけでなく、深いラポールによって両者の間でしか知り得ない事情や話題に解説や脚注を加える必要性があることが分かった。何よりも、「移動する子ども」を対象とする際にライフストーリーを何語で聞き取り何語で記述するか、そして何よりも語り手が何語で語りたいのかを精査する問題は、今後の「移動とことば」研究の課題になるだろう。

　次に、相手に語るという形式で筆記するオートエスノグラフィの手法について考えてみる。相手に語ることで、より自分を対象化することが可能にな

るとともに、聞き手に度々質問をしてもらうことで、自分自身では思い至らなかったことをも思い出し、特定の出来事に関してより詳細に語ることができた。他方で、こうした手法を取ったことで、文化人類学者・調査者としての立場にいる「私」を省みることを迫られた。これまで私は、調査者という立場から調査協力者の生き方を研究するという立場で様々なことを聞き出してきた。私は「本来的には関係していないものを関連づける」(川口，2017: 10) 文化の特徴を明らかにするために、いわば文化人類学的思考を持ち合わせながら、本題に沿った質問から雑談そしてプライベートにいたることまで聞き出した。聴きとった内容には、調査協力者が今まで考えなかったことや誰にも話したことがないものや恥ずかしい内容のものまであった。今回、私が語り手になり、初めて被調査者という立場になったことで、調査者と被調査者の関係を相対化することができ、ライフストーリー調査をされ、それに応えることの恥ずかしさや難しさを感じるに至った。

　最後に、ローティ (2000) の「アイロニスト」の視点から私のライフストーリーとオートエスノグラフィを検討してみる。私のライフストーリーを振り返ってみると、私が出会った様々な文化や他者に対して持っていた姿勢と態度の変遷もアイロニーに溢れている。たとえば、韓国人やメキシコ人に対して、蔑視したり好ましくない言動を発したり否定的な態度を示す一方で、称賛したり好んだり肯定的な態度を示すこともあった。言い換えれば、私はメキシコ人の母と韓国人の父から付与されたアイデンティティに対してある種のルサンチマンを抱いていたといえる。そして、私が、日本で培われてきた文化に感銘を受け日本人というアイデンティティに親密感を持ちながらも、それに幻滅したり否定したりする言動も、やはり、「終極の語彙」(ローティ，2000: 156) だろう。すなわち、私が特定の他者あるいは自己について記述する語彙が変化を被りやすいことを常に自覚しているが故に、自分自身の言動を真面目に受け止めることができなくなっているのである。

　また、ライフストーリーの記述の仕方をとっても、語り手と聞き手の両者の主体性と関心事を提示することを目的としながらも、結果的にライフストーリーは筆者の関心に沿うように展開する。文の語りの内容は、確かにパトリックとナタリアとの会話録音とそれを文字起こしし翻訳したノートから抜粋したものだ。しかし、論文として執筆して編集する過程には私の関心や

感性が混入し、特定の主題を説明するために部分的な語りのみが選別される。すなわち筆者が1人である限り、聞き手と語り手の両者の主体性を描くライフストーリーは到底不可能なのである。

　今回示したオートエスノグラフィは、アイロニー的な思考に根差している。調査者が被調査者を調査するという本来的な立場を合理的であると受け止めつつも、あるいは被調査者に調査されることの非合理性に甘んじながらも、その屈折した関係ごと反省的に捉え、聞き手と語り手と書き手の関係を見直すのである。

参考文献

石原真衣（2021）『〈沈黙〉の自伝的民族誌──サイレント・アイヌの痛みと救済の物語』北海道大学出版会

井本由紀（2013）「オートエスノグラフィー──調査者が自己を調査する」藤田結子・北村文（編）『現代エスノグラフィー──新しいフィールドワークの理論と実践』（pp. 104-111.）新曜社

ヴァルザー，M.（1997）『自己意識とイロニー──マン，カフカ，正負のアイデンティティ』（洲崎惠三訳）法政大学出版局

川上郁雄（2018）「なぜ「移動とことば」なのか」川上郁雄・三宅和子・岩﨑典子（編）『移動とことば』（pp. 1-14.）くろしお出版

川上郁雄（2021）『「移動する子ども」学』くろしお出版

川口幸大（2017）『ようこそ文化人類学へ──異文化をフィールドワークする君たちに』昭和堂

川口幸大（2019）「東北の関西人──自己／他者認識についてのオートエスノグラフィ」『文化人類学』84(2), 153-171.

クリフォード，J.・マーカス，J.（編）（1996）『文化を書く』（春田春樹・足羽與志子・橋本和也・多和田裕司・西川麦子・和邇悦子訳）紀伊國屋書店

小林多寿子（1992）「〈親密さ〉と〈深さ〉──コミュニケーション論からみたいライフストーリー」『社会学評論』168, 419-434.

小林多寿子・浅野智彦（編）（2018）『自己語りの社会学──ライフストーリー・問題経験当事者研究』新曜社

桜井厚（2002）『インタビューの社会学──ライフストーリーの聞き方』せりか書房

桜井厚（2005）『ライフストーリー・インタビュー──質的研究入門』せりか書房

桜井厚（2012）『ライフストーリー論』弘文堂

桜井厚（2015）「モノローグからポリフォニーへ──なにが私を苛立たせ、困惑させるのか」桜井厚・石川良子（編）『ライフストーリー研究に何ができるか──対話的構築主義の批判的継承』（pp. 21-48.）新曜社

ラングネス, L. L.・フランク, G. (1993)『ライフストーリー研究入門 ── 伝記への人類学的アプローチ』(米山俊直・小林多寿子訳) ミネルヴァ書房

リーペレス, F. (2020)『ストレンジャーの人類学 ── 移動の中に生きる人々のライフストーリー』明石書店

ローティ, R. (2000)『偶然性・アイロニー・連帯 ── リベラル・ユートピアの可能性』(齋藤純一・山岡龍一・大川正彦訳) 岩波書店

Coia, L., & Taylor M. (2009) Co/autoethnography: Exploring our teaching selves collaboratively. In D. L. Tidwell, M. L. Heston & L. M. Fitzgerald (Eds.), *Research methods for the self-study of practice* (pp. 3–16). New York: Springer.

第7章

German, Japanese and beyond

How my languages made me a Psycholinguist

辻晶

1. なぜ英語で書くか

I am a researcher studying language acquisition in babies. The path that led me to this career probably begins even before my parents met and is rooted in their own experiences moving around the world and across language borders, their own 「移動とことば」. It might seem curious that I am writing this text in English, since neither my mother, nor my father, nor I are native speakers of English, and I've lived in an English-speaking country for only two years of my life. It might even seem more curious since English is definitely more my language of labor than my language of love. But it is what it is: It is the language that crosses borders, and that thus, for purely pragmatic reasons, has become the language that I automatically start writing in.

I did not actually plan to start my chapter with this observation—it just occurred to me it was worth mentioning now that I sat down to write. It is worth mentioning, because I do think my approach to my own personal history of 「移動とことば」 is decidedly pragmatic. I am acutely aware of the influence it has had on my life, but at the same time I usually do not analyze it more than necessary.

2.　バックグラウンド

So where are they, the roots to my path? My parents have both lived a life full of movement before and also after they met. My mother was born in the middle of Osaka, in Minamisemba, close to Shinsaibashi station, a bustling district for trade and business. She is a city person in the true sense, the sense that it is so self-evident for her that she probably never in her life has claimed to be a city person, who happily lives in the suburbs of a medium sized German city since almost 20 years, but who will effortlessly and without any comment readapt to the city life immediately each time she visits me in my urban apartment in the center of Tokyo. Compare that to me, who grew up in said suburbs planting potatoes and mowing grass, but who is a declared city person who never misses a beat to let everyone know of this fact, and who can describe all the many ways in which the suburbs are boring—but who couldn't sleep for the first week in her Tokyo apartment because of the street noise.

My mother left the University of Tokyo with a PhD degree in Physical Chemistry as one of the only women in her class. After this she also left Japan, motivated by a mix of curiosity to travel, scientific interest, and suboptimal conditions for female researchers in Japan at that time (which, if I may, still persist). After a stint in Israel she arrived in Germany, where she has been living since, visiting Japan once a year while her parents were still alive, and less regularly after.

My father grew up in a little village in Germany but soon grew out of it, studying in Germany but spending time in France, living in the USA for a few years after his PhD in Physics, and in general being a big traveler throughout South America and Asia.

These two travelers met in the unlikely city of Dortmund, Germany, where they both worked in a research institution. Although I could dive deeper into both their histories, for the purpose of this prologue I just want to emphasize that both of them chose mobility and independence in their lives, and that I thus started my life in an environment where at most very tiny new roots had been laid out for me to hold on to.

3. ドイツでの育ち

3.1 故郷はあるか

This environment was the city of Dortmund, a city of beer and soccer. Despite the very dynamic past that brought my parents to this place, my upbringing was rather static. I lived in the same city for the first 18 years of my life. Still, I would not say that I ever felt rooted there. The concept of *Heimat* [1] does not apply to my feelings for this city; I think my life started with too little context and roots there to ever transfer any feeling of home to the physical location of the city I grew up in. None of my family were from there, and my parents are not the types to grow roots even if they stay in a place for a long time. That is, I do not have many memories that are connected to the city itself. Still, saying I grew up there when someone asks me gives me a sense of grounding, not as a feeling within myself, but as a positioning towards the outside world. Recently, with the rising awareness of minority culture, it has finally gotten into people's awareness that asking where someone is from can be perceived as a discriminatory act. But I largely grew up before this development and thus have been asked this question much more often than I would have liked to. I am quite tired of both the question and the ensuing discussion, but I mention it to make the point that being able to say "I am from Dortmund" provides me with a way to appear grounded to the outside, because it is an unexpected answer for almost anyone that asks the question, and who usually expects a more "exotic" answer. So although I do not feel rooted there, the fact of having grown up there, and the fact that I speak German in the very down to earth accent of the area, is certainly having an impact on how I am perceived, should I choose to communicate it.

3.2 二つの家族

In addition to this safe haven towards the outside, my safe haven towards the in-side was my second, German family. My mother returned to work after 2 months of

---

1 A German word that would directly translate to "home" or "homeland" but with temporal, social, and cultural dimensions in addition to the spatial one and with connotations to feeling safe and non-alien, and which has thus no direct English translation.

maternity leave, and our landlord's wife offered to look after me. Which she did for the years to follow as if I was her own grandchild. I thus grew up eating German stew for lunch and Japanese rice for dinner and learning to knit in the afternoons and folding Origami in the evenings. More than that, where my parents incorporated movement to the fullest, with their research careers continuing to send them on business trips all over the world, our landlord's family exemplified a settled life. My landlord and his three brothers' first names all begin with the letter H, they all moved to the city together after the war and settled down in close proximity, and they founded a family enterprise together. I planted potatoes with their grandchildren and went on family vacation every year in the same beautiful hotel at the North Sea. And I learned German in a German family context. I think this is very important—I did not learn the language as an immigrant, or in a bilingual family. I learned German as a German child in a German family.

My Japanese input mainly came from my mother, who admirably addressed me in Japanese, or rather in the Osaka dialect, throughout my childhood. My Japanese was put to the test once a year, when we traveled back to my mother's urban childhood home. For me, these trips were magical. I loved the hustling and bustling city life more than anything, and I never ended a trip without finding a moment to close my eyes in the middle of the noisy shopping arcades to soak in the noise and smell. These trips made me travel not only between languages, but between worlds. But to stick to the language aspect for a bit longer, the way I learned Japanese was at the same time very intimate—since it was the language my mother spoke to me—and very patchy—since she was my main and almost only input. So I do think that one can say I learned Japanese like an immigrant learns her parent's mother tongue. It is a peculiar feeling to be the speaker of a language that one associates with one's most intimate memories and warmest feelings, but that one doesn't master as well as one masters a native language. It is a feeling that can only be shared by those that learn it the way immigrants learn their parents' mother tongue. It is a feeling of strong attachment and nostalgia, but also of insufficiency and, somewhat, misplacedness.

These two family contexts, which could not be more different in terms of movement, form the essence of who I am today. As you have seen, these differ not only in the dimension of global language or global cultural aspects, but also in terms of local language and culture. This is a point I want to stress: One lesson every psychology student learns is that within-culture variability is often higher than across-culture variability. So for me, in terms of my history of 「移動とことば」, these local aspects are as relevant as the global ones. But the global aspects are the ones that more often catch people's interest, and indeed one of the questions that I am asked as often as the ominous "Where are you from?" is "Do you feel more German or Japanese?" Now, this is a hard question to answer, and one that I, together with many others that are addressed with this question, dislike as much as the one about my origins, because it again makes a dichotomy out of something that is a continuum for most people who are exposed to different cultures. But since I have been asked so many times, of course I have a good answer to this question. I have felt more Japanese for a long time, although I am in fact more German. Since I grew up in a German environment, I adopted much more German than Japanese characteristics. However, because differences compared to one's surroundings are often more salient than similarities, the differences stand out; Thus, against the backdrop of my German environment, the fact that even a tiny bit of me is Japanese always stood out more to me than all my Germanness. Thus, at least for me, there is no definite answer to this very absolute question since my answer is necessarily a relative one. In addition, depending on the environment I am currently in my own perception of this state of affairs shifts (and this is why I only give a rather general answer). When I'm in Germany people perceive me as Asian; When I'm in Japan people perceive me as White. And it would be a lie to say that the way the majority of your surroundings perceives you and interacts with you does not influence your own perception.

One thing that came out of this bicultural state of affairs was my interest in people, and the effect of our surroundings on how people think. This is why I decided to study Psychology. I decided to do so in Berlin, faithful to my love of big cities. Now, Psychology is a vast field: There are areas that deal with our cognition on a group level, areas that deal with individual differences, and areas that look at the effect of culture and environment on our cognition. Although one of my motivations to study Psychology stemmed from my experiences in growing up between two cultures, thus corresponding to the last topic, I actually was most drawn to the first topic, namely understanding general principles of human cognition—I imagine this is because it seemed closest to what I was familiar with from the science my parents were pursuing, namely uncovering general principles in the world. Thus, I was most drawn to the science of uncovering general principles of human cognition. Nevertheless, I still had not given up on my quest of looking at the effect of our culture on our cognition. However, I did not succeed in finding a way of doing so in a way that truly convinced me. Culture is a vast term, and the many ways in which one could go about this question made it hard for me to see the right path. As we will see in the next passage, Psycholinguistics came to the rescue soon after.

4.　日本への留学

4.1　制服とルーズソックスのパワー

In this passage, I will talk about two stints in Japan, during the second of which we will get back to my studies. So we're traveling back in time now to my high school years, during which I spent 5 months in a high school in rather rural Japan, Ube in Yamaguchi prefecture. The reason for this was simple: My parents' colleague, who had spent a few years as a research fellow in their institute, had a daughter my age— with whom I had been friends in Dortmund when we were babies. Thus, when I expressed interest in doing an exchange to Japan, this colleague and his wife kindly took me in. I spent five months commuting to school by bike in a sailor school uniform. There would be so many things to say about how this life was different from what I was used to, but I'll content myself with describing two aspects. The first one relates to the fact of wearing a school uniform—which is something completely normal and unremarkable for one part of the world's school children, but totally unfamiliar and unimaginable for the other part. I really had been wondering how it would feel like to be obligated to put on a homogenized appearance at the peak of adolescence, where all we could think about was what to wear and how we looked. And indeed, I had to learn that the rules didn't stop at the uniform, but also tried to homogenize everything around it—skirt length, hair dye, etc. However, what I found out was that in the end, all these rules did not prevent students from doing exactly the same thing in spirit as students without a uniform. For instance, all the female students' interest focused on the one clothing item that the rule makers had not been able to put into too strict a category: Our socks. When I was a student there, it was the period of so-called "loose socks", which are basically legwarmers and socks all in one. Just that their function is not to warm legs (although that was a welcome side effect in winter), but a fashion statement. I think at one point I had white loose socks of one meter in length, which were then crumpled around the ankles to make a truly gigantic legwarmer, and which were my whole pride. Thus, within one month of living in a school uniform, I had focused all the energy that, in late '90s Germany, would have gone into jeans, sneakers, crop tops, baby blue nail polish, and various questionable braided hair constructions, into the length of my socks. And I wasn't missing a thing! I had white, dark blue, and black socks, ranging from a moderate length to the 1m giants, and every morning I stood in front of my closet to meticulously decide which pair of socks I would put on today. I think I, and the others, would have been miserable if we had not had this one escape from homogeneity, but once we had the socks, the socks were all we needed.

4.2　日本式教育との出会い

The other, more scholarly, aspect I would like to address is the completely different style of schooling. This was the first time I was confronted with the very structured Japanese way of teaching and learning. Where we would be asked to write a relatively free essay to interpret a given literary text in Germany, in Japan we were asked to respond to specific questions about specific phrases with a specific number of words. Where we would spend an hour on deducing a mathematical function using a practical example in Germany, we would jump right into solving example equations in Japan. In the beginning, I was completely lost. I could not get used to the idea that a piece of literature could be interpreted unambiguously and consensually enough to assume that everyone would give the same 10-letter answer. And I did not understand why one would start frantically calculating without even knowing what for. However, being in this system for several months taught me the advantages of this method: Even if one's own interpretation differs, it is not a bad thing to start from a place where one understands the consensus, or most commonplace, interpretation of a literary piece. And even if one starts solving equations without having any context, by doing so a deeper understanding emerges. It also taught me some disadvantages of the methods I was used to: Being too free can bring one too far from the right path and spending too much time explaining context goes to the expense of practice time. This scholarly experience still resonates with me in my everyday life in Japan: I can understand why the system works the way it does, and I can now understand its advantages—but it is still not "my" system and does not come naturally to me.

After this first experience of living in Japan for a longer period of time, the second one could not have been more different: Instead of a small southern city, I chose to study a year abroad in Tokyo. Let me, again, start with some observations on lifestyle before going into my studies. In particular, I want to mention the fact that being half-white, half-Japanese in Tokyo in your early twenties is a blast, at least from my very limited WEIRD (Western, Educated, Industrialized, Rich, Democratic) origin experience. Everyone wants to know you, everyone compliments you, everyone introduces you to everyone else. I met so many people, went to so many events, and had so much fun. But behind this glittery façade, there are a lot of things to question: The motives and biases behind this treatment, its implicit racism, the consequences this has on society and on those growing up in it. I will not go into this in detail, since others have discussed these aspects elsewhere. But what I will mention is the consequences this positive discrimination has had on my (and others' in the same situation) attitude when living in Japan. I think all of those in a similar situation need to admit that this privileged treatment does something to them: It is hard to not develop a faint feeling of superiority, even if one knows this is absolutely unjustified. At the same time, this treatment remains a form of discrimination which means that it creates a distance to the majority of society, and a sense of not being seen or understood as what one is. As a consequence, we either get arrogant, or angry, or we resign. Thus, we either decide to take full advantage of the special treatment, or we become fierce critics of the system, or we give up on trying to explain or change anything. I personally adopted a mix of these three strategies. I live in Tokyo without the strict corset of societal conventions that Japanese people need to obey—I can talk my mind or even, beware, bite into an apple before peeling or cutting it, without anyone being too scandalized (this is one of my favorite examples: When my completely Japanese-looking but grown-up-abroad friend bites into an apple then fellow Japanese people are shocked, because this is not how a Japanese woman is supposed to eat an apple. However, if I do so, Japanese people tend to look at it admiringly, as a somewhat exotic Western way to eat). I get angry about something every day, for instance when I go to the doctor's, talk in Japanese at the reception, fill in the intake questionnaire in Japanese and sign it with my fully Japanese name, only to be asked whether I speak Japanese when I return it. And I am resigned enough that I do not try to convince anyone of anything against their expectation, for instance that I am Japanese or that I actually can eat Natto. For most people in Japan, identity is a category. I think one needs to become a bit cynical if one wants to stay sane in Tokyo and one does not fit into the mainstream categories of society. I have found that outwardly resigning, thus catering to what people expect to see and hear, is the only way I can survive without becoming too angry. But if I do that, the angriness that remains is somewhat little enough to get counterbalanced by all the privilege I experience, and thus, overall, the outcome for me is on the positive side. Although, as I will take back up at the end of this chapter, this is not the reason that I chose to live in Tokyo later on.

4.3　心理言語学との出会い

But let me now come to the scholarly aspects of this second stint. Through a series of coincidences, including which departments at the University of Tokyo my German university had partnerships with, my department of choice was studying Psycholinguistics, thus the study of how humans process language. This was a revelation to me: Linguistics as a very systematic way to study different languages, and Psycholinguistics as a way of comparing the influence of these different languages on processing. This encounter showed me a way in which I could fulfill my wish to do cross-cultural studies in a well-defined area, and thus I became drawn to cross-linguistic studies. During my master's thesis on adult language processing, I additionally became aware of the fact that studying adults is not evident: They already possess of so much, and so diverse, knowledge, that controlling for these factors is a large part of any study. Hence, I started reading up on babies, who possess of—comparative-ly—little experience, and I got fast fascinated by their quite amazing capabilities to learn language. This, combined with my awakened love for Tokyo, made me reach out to a lab studying language acquisition in Tokyo after my exchange year; And indeed, I got a scholarship that allowed me to go there for a year and learn about language acquisition studies. I immediately told my professor that I was interested in cross-linguistic studies, and she therefore kindly nudged me towards interesting topics in that regard. As it happened, this lab was mainly concerned with the acqui-sition of speech *sound*—from phonemes to prosody. While this is only one part of language, and one that might not come to mind first for the layperson (in contrast to meaning or grammar), I quickly became captivated by the topic. Speech sounds are a basic building block of language, and one that infants acquire earliest. Moreover, speech sounds are objectively measurable with spectrograms, and thus allow clean experimental manipulation. And, what kind of speech sounds infants hear differs quite dramatically across languages. That is to say, in a sense, studying how babies learn to understand the speech sounds of their language is one way to study how humans learn to understand the particularities of their culture. So there it was: My research topic, which led me on my path to becoming a language researcher.

5.　オランダとアメリカ滞在

5.1　オランダ ── 近いから見える違い

The path towards becoming a language researcher continued in Nijmegen, a small city in the Netherlands with a famous institute in my field to be, the Max-Planck Institute for Psycholinguistics. Academically, it was a wonderful place to be: The brightest minds, the best environment and equipment. Here, I learned the tools of the trade and made connections that I am still cherishing. And I learned Dutch. This was, actually, new for me: In a sense, it was the first foreign language I had to learn. Well, I had learned Latin and French in school, but the former is dead and the latter I only had for a short period of time, with a half-retired teacher that gave up on us quickly and told us anecdotes of his life in Paris in German rather than bothering to try to hammer any French into us. So here I was, learning Dutch. It is not very hard for a German to learn Dutch, so it wasn't a complicated process. But for me, it was the first time I had to start speaking a language before I was comfortable speaking it—the classical barrier that makes it so hard for anyone to start conversing in a learned language. I experienced the feeling of not being able to say anything intelligible, let alone funny, interesting, or eloquent. Fortunately, this did not prevent me from talking, mainly out of necessity: In order to run my experiments, I was obliged to be able to speak to my baby participants' parents in Dutch. I thus was forced to start talking in Dutch when I was barely mastering to say a sentence on my own. I brought a written script to my first experimental session and somehow stumbled through. Being thrown into cold water like this helped me to lose my fear pretty soon. While the Dutch language is quite similar to German, I was quite astonished how different the two countries are culturally: For me, who grew up between Japan and Germany, the Netherlands were always something quite close to Germany in my mind. And of course, globally speaking they are. However, living in there showed me so many subtle and less subtle differences, which are quite astonishing thinking of the fact that the house I grew up in is only a bit over two hours away from the Dutch border, the time it takes to get from Tokyo to Nagoya. To not get into too deep waters, I will stick to food to illustrate these differences. For instance, there are some things that do not or do barely exist in Germany despite its proximity. In the Netherlands something called *Hagelslaag* is widely popular for breakfast. These are chocolate sprinkles that are sprinkled onto buttered bread—any child's dream! Then there are *bitterballen*, little meatballs that are served on a platter at the *borrel*, an aperitif type event. And then there's the fact that Dutch bread is nothing like German bread, and Dutch cheese stores seemingly have 100 different kinds of Gouda cheese... But although these differences seem astonishingly big to me, viewed from a non-Northern European person's perspective they will be quite small. We Germans eat chocolate spread instead of sprinkles, we have our meatballs for lunch rather than for borrel, we eat bread, and we eat cheese. I guess it is like people from Kanto looking at people from Kansai, and vice versa. When experiencing two very close cultures, it is like being able to put a magnifying glass on all the subtle ways in which they differ. It is not about chopsticks versus forks, but about thick Chinese or finer Japanese chopsticks. I do not know whether this is a shared experience, but for me, living in the culturally comparatively very close Netherlands did not feel easier or more familiar than living in the US or in France—precisely because my mind did put on a magnifying glass, and succeeded in detecting at least as many differences as my zoomed-out mind would detect for, factually, more different cultures.

But let me go back to the reason I found myself in the Netherlands in the first place: My doctoral research. Here, I investigated how the language we are exposed to affects our perception, and to what extent language-general versus language-specific factors influence the course of learning. I researched this on the level of speech sounds: To what extent does the frequency with which we encounter certain speech sounds affect how babies learn them? For me, this topic was the best of both worlds: It spoke to a generally fascinating bigger topic, namely how language influences thought, but it did so on the objectively measurable level of speech sounds, rather than anything terribly complicated to define like concepts. In addition, this very research topic allowed me to continue to be a traveler between the worlds, and to collect data both in Nijmegen and Tokyo.

5.2　アメリカ ── 「メルティングポット」の日常

And, as it turned out, my PhD project[2] gave me the opportunity to travel even more, since I was offered a postdoctoral opportunity in Philadelphia, the USA. Now, the US had never been a country where I really had wanted to live in—and this sentiment was fueled by the fact that I had grown up mainly during the Bush Junior administration, which made us in Europe have rather negative feelings towards the US as a whole. But, in my field of research, it is a good idea to spend some time in the US, since it allows researchers to make connections and experience research state-wise more closely. So, I went. I went with a bag full of prejudices, but actually: I really learned to like living there. I want to just point out one very positive experience I had during my time there. This is the often-cited phrase that the US are truly a melting pot (as

---

2　Tsuji, S. (2014). *The road to native listening: language-general perception, language-specific input*. Max Planck Institute for Psycholinguistics Series, 90. ISBN 9789076203607.

a disclaimer, Philadelphia or at least the slice I saw of it is a very liberal, alternative city and any experience I made is probably not generalizable). I think of all the cities I've lived in Philadelphia is the place where I have felt least out of place by virtue of my background. This was the only place where being from Germany, but having a Japanese name, and having moved to the US from the Netherlands was just met with "Great", and no other follow-up questions. This was the place where I had a house-mate who was from Cupertino, which some might have encountered as the default setting for their iPhone location because Apple headquarters are located there, and whose parents were from Hong Kong. We had two favorite recipes together, which for me encapsulate my identity quite well. One was sweet black sesame dumplings (that we bought frozen in the Vietnamese-run Asian store a few blocks down) sim-mered in almond milk (which is the millennials' substitute for cow milk but also my housemate's substitute for her father's home-made hazelnut milk) with cinnamon and other spices. The other recipe was oatmeal congee, where we made oatmeal and added vegetables, egg, or kimchi. I think anyone that is a millennial Western-Asian third culture kid will immediately nod and understand why these recipes are so amazing. But I might have to add a few words of explanation: Both recipes are variations of traditional dishes that exist in some form across different Eastern Asian countries. The first, for instance, would be お汁粉 in Japan. But, we made it with ingredients from other Eastern Asian countries more readily available, namely sesame balls, thus rice cakes filled with sweet sesame, instead of 白玉, rice cakes without such filling as used in Japan. We also followed a tradition that exists in Hong Kong but not in Japan and used spiced milk for the soup. Finally, the milk we used was almond milk, which for our generation is one of the "legit" milks to have your hot beverage with, for both (debatable) environmental and nutritive reasons. So, all things considered, it is an incarnation of *improvisation* (using those ingredients closest to what one wants as a substitute), *generalization of cultural practices* (focusing on the concept of ricey balls in hot sweet liquid, not on one specific manifestation), and *contemporary re-interpretation* (using ingredients we habitually consume). All of these elements are encountered frequently in our daily lives.

6.　フランス ── 第 3 の故郷

After the US, I moved to another quite different context, namely Paris. This means that I was now back in Europe, but in a Latin, rather than Germanic country, and in a metropolis again. I simply loved living there. I am certainly not the only one that loves Paris so I might not need to explain, but I still want to point out a few reasons from a cultural point of view of why I particularly enjoy living there.

One reason might be that "being Parisian" is something quite particular, and certainly not the same as "being French" (just ask almost any non-Parisian French person on their view on Parisians). I once read an article about how Audrey Hepburn was adopted by Paris as a *Parisienne*, by virtue of her style and elegance, despite her actual background. And I think there is truth in it. Now, it would be far off to state that I feel being accepted as a Parisian, but I think the attitude is something that makes me feel at ease: It is not only about being born and raised there (although it certainly helps!), but also about *who you are* to be counted in the category of a Parisian. I have not encountered other places in the world where the sentiment that this was true was so strong. And for someone like me, for whom "*Where are you from?*" is not an easy question to answer, this is a reassuring feeling. To clarify, this feeling has a different nuance than the one I described when talking about my life in Philadelphia. There, my international background is seen as unremarkable because it is so similar to the background of others in the melting pot. Here, the background does not matter but what kind of person you are. Writing it like this makes it sound quite caricatural, and even wrong, and the actual sentiment is much more nuanced and subtle.

Another reason, which might seem like the opposite of the previous one, is that *I am actually a foreigner in France*. That is to say, I am often treated as a foreigner in both my home countries, Germany and Japan, which I have come to terms with but just does not feel right. In France, however, I am treated as a foreigner and this is actually true, which actually gives me a lot of peace of mind. This second reason does not hold to the same extent for the Netherlands, since Germans are treated as much closer neighbors than nationals of other countries, which makes the fact that I am treated as more foreign obvious. As to the US, as previously stated, I am not treated as a foreigner but as part of the melting pot, which is also a feeling I was happy with, except for the fact that I am culturally from a place where cultural differences are a bigger deal, thus, in a sense having the clear delineation of being a foreigner is more familiar to me than this US concept.

Add to this the fact that Paris is a metropolis, which is something I really like, and I would say that Paris is one of the cities I could happily continue living in. And I might again, one day, but not before, as I will describe in the next passage, life brings me back to Tokyo for another time.

7.　現在の日本での生活

I moved to Tokyo to build a language development lab after my postdoc years. Although I had lived in Japan before, working full time in a very traditional Japanese university environment exposed me to a whole new level of things where I was culturally and linguistically unprepared. I have now been in this position for over two years and I still do not grasp the inner workings of the system. One trait that my history of movement has provided me with is a flexibility in thought, action, and expectations that I would consider as higher than average. Globally, this trait has brought me more advantages than disadvantages, but in my particular setting right now, I strongly feel that it is the opposite. Japanese society, especially in a form as preserved in traditional administrative systems, values consistency over change and safety over innovation. The system also lacks space for fluidity and has a strong preference for things being categorical and static rather than fluid and dynamic. Since I arrived in this system, I feel completely foreign to it, and not because I am a complete foreigner—in a sense, and as I have illustrated in a different context further above, it would be easier if I could be correctly categorized as a foreigner—, but because there is no cognitive infrastructure to capture who I am.

I am curious to see how I will look back to this period in a few more years—will I have figured out the inner workings of the system? Will the very gradual changes I am noticing in society have gained momentum? This part of my history of movement is still in the writing, and it is hard to predict how it will end.

8.　私のことば

Let me end this chapter with a few direct observations about my languages, and what changing roles they have been playing in my life. German is my mother tongue, the language that I received all my schooling in, the language in which I have read the most newspaper articles and novels, the only language in which I am always sure to be grammatically correct and to capture all semantic nuances, the language in which I can express myself the most precisely and eloquently in. But it is also that language that I am progressively using less and less. I haven't lived in Germany for 13 years, most literature I read for work is in English, and I only talk German on the phone with my friends. I am already noticing that my breadth of expression is narrowing, that my flexible language use is getting rusty. Japanese is the language that I heard most in the very beginning, and that I probably understood and spoke best first. I have an intimate connection with Japanese, it is the language I feel emotionally safe with and some of its words resonate with me like it would never be possible in German. At the same time, I never completely feel at ease using Japanese: Throughout my childhood I have only heard the very familiar versions of Japanese that you speak with friends and family, and I am lacking any intuition about the so important more formal uses of the language. As I am working in Japan, my formal language use becomes progressively better, but I will never reach the blind confidence I have when speaking German. The next language is English, which I did not speak at all until I started learning it in 5th grade, but which is now the language I use most, certainly on a daily basis and both at work and in private. English plays a curious role in my life, since I am non-native in it on all levels—I do not have a blind feeler for its grammar or expressions and I do speak with an accent. Conversely, by virtue of habit it has become so natural to me to use English that I speak it with the ease of a native language: I do not notice whether I have switched to English, I think certain thoughts in English, I code-switch between English and Japanese as naturally as I code-switch between German and Japanese, and it rarely happens that I cannot express a certain thought in English. And then there's French, which I speak much less proficiently than the three other languages. At the same time, it is a language that comes quite naturally to me—I have mostly learned it while speaking with people, and my French is decidedly more adapted to conversation than to writing. And finally there's Dutch, which I have started to forget at a speed that is astonishing given that the language is so close to German. But since it was never a language that played a big role in my life, it would make sense. In this way, all of my languages reflect my life experiences in the respective places they are spoken in: The languages of the heart, the languages of competence, the languages of function, all of these aspects intermixed and in constant motion.

The last sentence was the one I intended to end this chapter with but let me circle back to the very beginning and take up the fact that I wrote in English. Intuitively picked, I think it was actually the best choice I could have taken. This is because this choice left me struggling quite a few times and on quite a few levels. First, there is the question of audience. I know that most texts in this book and its precursor were written in Japanese. This makes it easy to establish a common point of reference, since it narrows down the readership to those that can read Japanese, and thus those that very probably have a common point of reference. This narrow focus disappears now that I have written in English, since the readership gets broader and has potentially more varied backgrounds; For instance, almost everyone that knows how to read Japanese sufficiently well to understand an essay would know what kind of city Osaka is, but this is not the case for someone that knows how to read English, but not Japanese. Second, there is the question of expression: Since I do not have a native intuition in English, I constantly question my expressions and whether they sound awkward or do not express exactly what I want to express. Third, there is the question of relating. I have experienced most of my life *not* through the lens of English, and choosing this language puts a certain distance between me and this story. But I think these different points of struggle are excellent reflections of many of the experiences I talked about in this chapter, and so it is only fitting that they are directly expressed in my language use.

Most importantly, they illustrate the core of what my research is about: How language influences our cognition, and our cognition influences our language.

第 **8** 章

移動とことばをめぐるダイアローグ

異郷に生きる関西出身者の往復書簡より

川口幸大・津川千加子

　　…黄金糖。赤白青のフランス国旗のような袋に入っており、四角錐の
　上部を水平にカットしたような形で、味は古風な黄金色の飴ちゃんだ。
　実家には切らすことなくこれがあり、よくおじいちゃんと一緒になめ
　た。(水田・川西, 2021: 131-132)

1. はじめに ── 移動とことばと私たち

　「先生、黄金糖って分かりますか？」一人の学生が、彼女のいわゆる「推
し」であるところの芸人が上掲の文章の中で言及していたという飴につい
て、その「推し」と同じ関西出身の私（川口）にたずねてきたのだった。「黄
金糖、うん、知ってるけど、そういえば、こっちやと見えへんかなあ」その
後、仙台市内の何軒かのコンビニやスーパーで探してみたが、黄金糖は売ら
れていなかった。実家の母に「黄金糖って、こっちでは売ってないわ。関西
のものなんかな？」と LINE で送ると、「冷蔵庫にあったわ」と黄金糖の写
真が送られてきた。今度はそれを学生に告げると、「常備してるものなんで
すか？」と、上の川西による「切らすことなくこれがあり」という文章と符

合することに驚いた様子だった。

　関西では黄金糖という飴はごく一般的だし、常備してある家も少なくないのかもしれない。しかし、東北ではたいていそれは知られていないし、売られてもいない。とはいえ、それはただそれだけのことである。東北では見慣れない飴を関西では食べることも、私たちのことばがイントネーションや語尾の点で周りの人たちとは違っていることも。私たちは、特定の食べ物を食べ、特定のことばを話すが、たまたま特定の民族ではない。しかし、ある人たちは、特定の物を食べ、特定のことばを話す、特定の民族である。

　私たちは移動をし、ことばをはじめとする様々な差異の遍在を意識させられる経験を通して、こうしたことがらについて改めて思い至るわけであるが、それは今回の黄金糖の一件のように、他者とのやりとりをきっかけとしていることが多い。とりわけ、私自身にも、それからおそらくは相手にも、自己と他者について省察の機会をもたらしてきたと思われるのが、同じ地域を出身とする者との出会いと関わり合いであった。私たちは国内の他所で暮らし始めても、出身地を同じくする者として同郷団体のようなコミュニティを形成したりすることは今やまれだが、相手の中に少なからず自己を見ており、周囲からのまなざしも含めて、多かれ少なかれ互いの存在を意識し合わないわけにはいかない。この点において、国内の他所で出会った出身を同じくする者たちは、異郷の同胞と言って言い過ぎならば、エスニシティらしきものを共有する関係にあるのは免れない。にもかかわらず、そうした者たちはこれまでたまたま学術的な考察の対象とはされてこなかったし、私たち自身もしてこなかったのだが、今回はあえてそれをしてみたい。なぜなら、そこから移動とことばの研究に一つの展開をもたらしうると考えるからであるが、それについてはこのプロジェクトの枠組みに立ち返って次に述べてみたい。

2.　視点を移動させる方法としてのダイアローグ

　移動や移民についての数ある研究の中で「移動とことば」が特徴的であるのは、ことばを所与の「language」としてではなく、複合的で動的で不均質を常態とする「languaging」と捉え、移動の中に生きる人々の主観的な意味世界を、研究者自身も移動を続ける主体としての自己に向き合いながら学ん

でいくことであろう（川上，2018: 7-8）。構想の段階から定式性を否定した
この姿勢はしかし、研究という営為が何らかの定式性あるいは法則性の摘出
に他の文章との差異を依拠しているのであれば、自己の尾をみずから飲み込
もうとするウロボロスのヘビの様相を呈する。いみじくも企画者の一人であ
る岩﨑が「確かにつかみどころのない主観的意味世界を表出するためには言
語、イメージなど何らかの方法で表現せざるを得ず…」と語っている通り、
記述と考察のためには対象を所与の道具立てで措定する作業は不可欠なのだ
が、同時に「同じ一人の学生でも、時期をまたいで描いた言語ポートレート
が異なっているのは、主観的意味世界にも動態性がある」、すなわち、捉え
た時にはもうそれではないという必然性からは逃れられないので、「視点を
移動させる」方法論が必要となる（三宅・岩﨑・川上，2018: 291）。

　この「視点を移動させる」という方法論を私たちなりに咀嚼してみたとこ
ろ、ダイアローグに一つの方途が開けているのではないかとの見解に至っ
た。これまでの「移動とことば」の研究では、インタビューによって得た語
りを聞き手すなわち著者が編集し、それを直接話法か間接話法、もしくはラ
イフヒストリーのかたちで提示する方法が主であった。つまり、モノローグ
である。著者とインフォーマント（調査協力者）とのやりとりを掲載してい
る場合もあるが（上田，2018；大塚・岩﨑，2018）、やはり著者はインタビュ
アーとして質問と聞き役に徹しているので、それはインフォーマントのモノ
ローグではないとしてとも、ダイアローグではない点には変わりはない。ま
た、本書では尾辻（第 2 章）、半嶺（第 3 章）、南（第 5 章）、リーペレス（第
6 章）、辻（第 7 章）が採用しているオートエスノグラフィも、主体を著者と
はしても、やはりモノローグである。これらのやり方だと、インフォーマン
ト、あるいはオートエスノグラフィの場合はその著者については動態性や流
動性も含め詳しく知り得るのであるが、視点はあくまで語る本人のところに
とどまっているので、例えば彼ら彼女らが関わりをもち、影響を受けたり、
与えたりした人たちは、あくまでそれらの語りと解釈でしか表出されない。
よって書き書かれる主体が移動を続けながら研究テーマに向き合うという点
では「地動説的研究」（川上，2018: 8）であっても、視点は主体にあり続け
る、いわばモノサイト（mono-sight）からのモノローグである。

　これとは対照的に、本稿で私たちが試みるのは、移動とことばという点か

ら関わりを持ってきた「私とあなた」が、それぞれ書く主体／書かれる対象
となり、テクスト上で対話することで、互いによる互いの変わりようを明かし
して知り合い、その上に対話を重ねて再帰性を深めながら思考を進めてゆく
ダイアローグである。より具体的に言うと、「自分／相手は、相手／自分に
とってこうであったと思う」というそれ自体ではモノローグを、その相手が
受け止め評価し返し、さらに今度はそれをこちらが評価して返すというやり
とりをもってダイアローグとするのである。相手が読むことを前提に文章を
書くにあたっては相手の視点はすでにそこに内在化されているし、翻って相
手は自己について書かれた文章を受け取りその内容を踏まえて相手に返すこ
とになるという点で、視点が両者の間で幾重にも行き来する。こうした往還
によって、ある時点にあった認識はその都度省察を余儀なくされ、自分への
／相手への向き合い方は更新されてゆくだろう。

　上述の通り、移動した先で出会った出身地を同じくする者どうしは、それ
が国内の特定の地域であれ、国外の特定の国であれ、自己の移動とことばに
ついて互いに省察を促される存在となる。自己の中に相手を見、相手の中に
自己を見ることにとどまらず、周囲は同じ地域の出身者としてひとくくりに
し、あるいは比較して評価を下すという、多分に暴力性をはらんだまなざし
を向ける（「やっぱり関西の人はよくしゃべるよね」に対して、「関西の人な
のに意外と静かで普通ですね」など）。こうして互いにとって相手の存在は
いやが上にも自己を映す鏡（クラックホーン，1971）となるのだが、今見た
とおり、自己を映すのは異文化の他者だけではなく、とりわけ異郷では、む
しろ不特定多数の他者から「同じ文化」の範疇にくくられる同郷出身者でも
あるという点で、このいささか単純な自他の二項構造に依拠したクラック
ホーンのテーゼは修正を迫られるべきであろう。移動とことばにおいて、異
郷の同郷者に着目する意義はここにもある。

　本稿では、当該者どうしが「私とあなた」としてダイアローグを交わし、
双方の視点を受け止めながら省察のありようを明かしあってみたい。ダイア
ローグを交わす当事者である私たちとは、川口幸大と津川千加子である。川
口は東北大学で文化人類学を教える教員として、津川は文化人類学を学ぶ学
生として、ともに出身地の大阪を出て移動した先の仙台で 2013 年に知り合
うに至った。以後、津川が大学院修士課程を修了する 2021 年 3 月までの 8 年

間、私たちは教師と学生という間柄に加えて、常にとは言わないまでも、折
に触れ、仙台、ひいては研究室というコミュニティにおける同郷のストレン
ジャーとして互いを認識し、その言動に少なからず影響を及ぼし合ってきた。

　以下に、私たち二人の関わり合いについて往復書簡のかたちで記述を交わ
すことで、双方の認識の交差の仕方と変わりようと向き合ってみたい。そこ
から、移動とことばという思考の方法が、モビリティーズと他者について常
に思考を迫られる今日の私たちに拓きうる道筋の一つを提示したい。

　なお、やりとりはメールに文書を添付するかたちで行っており、日付は実
際にそれを送信した日である。本書への収録にあたって文章には読みやすい
ように最低限の加筆修正を行っているが、基本的にはやりとりがなされたオ
リジナルから大きな変更はしていない。ダイアローグは私（川口）が大学入
学試験の会場で受験生であった津川を初めて認め、一方的に関西人としての
まなざしを向けた日の回想から始められる。

3.　ダイアローグ

川口から津川さんへ　2021.5.17

　津川さんと初めて出会ったのは、私が入試の監督をしていた 2013 年の 2
月で、試験開始時間が繰り下げられるほど仙台でもめずらしい大雪が降った
日でした。当時、私は東北大の教員になってからの 3 年目の年が終わろう
としていました。3 年というのは、私がその前に初めて就職した大阪での時
間とちょうど同じ長さです。学生時代の仙台での約 10 年間は「関西出身の
人」という周囲からのまなざしとそれを内面化させた自己の意識の中で過ご
してきたわけですが、大阪ではそれについては全く何のまなざしも向けら
れないという、いわば当たり前の事実を改めて感得しました（川口，2019）。
それが、仙台に戻ると、関西人であることに再び一義的にまなざしが向かっ
てきて、その頃の私はこうしたことをとても強く自覚するようになっていま
した。

　ちょうどそんな折でしたので、試験会場で受験票をパラパラと見ていくう
ち、「大阪府立生野高校」という出身高校の欄に目が行き、思わず手が止ま
りました。「大阪」はもちろんですが、「生野高校」というその高校が私の父

親の出身高校でもあったからです。すぐに、60 人ほどの受験生がいた教室で津川さんを認めました。私は試験監督として受験票と照らし合わせた本人確認をしなければいけませんから、それ自体は不審な行為ではありません。しかし、今となってはもう 10 年ほどが経ち、あのときの他の受験生の様子は全く覚えてはいませんが、紺に襟元がチェックの生野高校の制服姿の津川さんのことははっきりと思い出せます。おそらく仙台では未だ誰も知る人はいなかったでしょうから、ここで初めてまなざしを向けたのは私ということになるのではないでしょうか。

　その後、4 月になって、新入生が興味のある研究室を訪問するという時間があり、津川さんは私たちの文化人類学研究室に来ましたね。私は、あ、あの生野の子が、と驚いて、「入ったんやね。受験の時におったん覚えてるで」と声をかけました。すると、「ええ！？なんでですかぁ、髪がチリチリやからですかぁ…！？」と、素っ頓狂な答えを、関西の、語尾を甘く伸ばすことばで返してくれたことが強く印象に残っています。初々しい緊張感をまとっている様子は大学 1 年生なら誰でもそうですが、大阪から仙台に来た学生という点で、私はその時すでに津川さんの中にかつての自分を見ていたのです。「なんで東北大に来たん？」と、私も幾度となくたずねられたその問いを、津川さんにまず向けてしまいました。「父が東北大の出身で、理学部なんですけど、東北大はいいよ、って勧められて」「お父さんも関西の人？」「いえ、父は青森です」。

　この時はむしろ、津川さんは文化人類学に対する強い思い入れを、「みんぱくに行ったら、変わったお面とかがいっぱい掛かっていて、うわー、なんでこんなもんを作るんや〜っていうところから興味がわいて」のように熱く語っていました。そのみんぱく、つまり国立民族学博物館が私の前の職場だったので、ひとしきりその話をしましたが、みんぱくという津川さんをこの研究室に向かわせたきっかけが自分の職場であったという偶然よりも、私は津川さんの大阪出身であるところに意識が行っていました。しかし、津川さんは、自分と、眼前の教師、つまり私の大阪出身という共通性よりも、みんぱくというつながりに注目していたわけです。互いの共通項の中から相手に見ていたものがそれぞれに違っていたという点で、非常に興味深いファーストコンタクトだったと思います。

津川から川口先生へ　2021.5.23

　入試の際に先生が私を見つけてくださったことは、研究室でもよく話されていましたね。ところが私は試験に必死で監督者の顔など覚えておらず、その話題が上がるたびに笑ってごまかしていました。かわりに鮮明に思い出すのは隣に座っていた受験生のことです。使い込んだ赤本を食い入るように読んでいた彼女は、長野県出身だと言いました。全国のそれぞれの場で猛勉強してきた受験生たちがここに集まっていると私はようやく実感し、ぞくりとしました。また、休憩時間には、揃いの制服の受験生たちが集って東北訛りで話し込んでいたのを見て、慄きました。というのは、それまで「東北大学」とは模試のたびにマークシートで選択する漠然とした目標に過ぎず、具体的な手触りとはまったく無縁だったのです。ですから、入試当日から新入生としての生活に至る日々の中で東北、宮城、仙台のローカルな文化を垣間見るたび、私はショックを受けました。心細くもありましたが、そういう人たちを相手どって珍しい人として振る舞い、面白がらせるのが楽しく感じられました。

　入試の前々日くらいから当日にかけて、受験生の激励のために仙台駅で東北大学の応援団がパフォーマンスを行うのが風物詩になっていますね。私はそこで応援をもらった直後に、通りすがりの男性から「大阪出身ですか」と声をかけられました。男性は、チェック柄が特徴的な私の制服を見て思わず駆け寄ったのだそうです。その男性は天王寺高校の出身だと言っていましたが、もう関西弁は話していませんでした。受験にわざわざ制服を着ていったのは、生野高校生として恥ずかしくないように頑張るぞと自分を鼓舞するためでした。はからずも制服は、大阪出身者の符号になっていたんですね。

　大阪を離れた日、難波は相変わらず小汚くて騒がしかったですが、それすら大切に感じられました。風光るとはかくやという晴天です。伊丹空港に向かうバスを待っていると、傍のたこ焼きの屋台から Jakson 5 の I want you back という曲が流れてきたのを思い出します。まるで大阪の街が「戻ってほしい」と呼び掛けているような気がして、バスの中でさめざめと泣きました。その時になってようやく、育ちの土地を離れることの意味の大きさに気が付きました。

　かくして 2013 年の春、私は仙台に住み始めました。アクセントの違いの

せいですぐに出身地を尋ねられましたし、そのたびに私は「大阪やねん」と答えました。これは、以前は使ったことがない表現です。おかしな話ですが、大阪に住んでいた時は出身地を聞かれると、青森だと答えていました。私は大阪育ちであるものの、両親はともに青森市出身であり、生まれは青森なのです。ようやく「大阪やねん」と言えるようになった私は、得をした気分でした。それでも、「大阪やで」と断言せずに少し語感を弱めていたのは、本当は東北出身者でもあることから注意を逸らしている後ろめたさがあったからでしょう。

　研究室で先生にお会いしてみんぱくの話をしたとき、確かに私はまだ、同郷出身者としての関係に自覚的ではなかった気がします。ただ、「私だけやと思ってたけど、そりゃおるよなあ、大阪出身の人は」と内心で感心し、同時に少し困惑しました。ここでは「大阪やねん」の道化も使えないですし、先生と話すほどに、いかに大阪について無知であるかを自覚しました。先生の出身地である柏原も、どこにあるのか分からなかったんです。一方で先生は「秋になると日が短くて寒くて、東北に来た実感がするで」と、ご自身の経験を紹介してくださいましたね。同郷出身者であるという以前に、似たような移動を経験したという点が、私にとっての共感の足掛かりでした。あの時期には本当にたくさんの人に出会いましたし、その中には数人の関西出身者もいました。関西以外の地域の出身者の前ではおどけて振る舞い、関西出身者の前では微かな違和感を修正することで、私は大阪出身者なる者へと成長したのだと思っています。

川口から津川さんへ　2021.5.27

　私は仙台に来るまで全く知らなかったのですが、ここ、と言うよりは、関西以外の、とりわけ東日本における関西の位置づけには特別なものがあります。私も大学入学を機にこちらで暮らすようになった当初、「関西弁っていいよねー」とか、「やっぱり阪神ファンなの？」とか言われるうちに、そう振る舞わねばならないのだろうと、津川さんが言う「道化」のような言動をするようになっていました。ただ、津川さんと違うのは、私は仙台に来て初めてそれを知ったのですが、津川さんはおそらく大阪にいたときからすでによく知っていたということでしょう。例えば、入試にどんな服装で行くかは

確かに判断の分かれるところですが、私には出身高校の制服を着ていこうという発想は露ほどもありませんでした。男子の学生服はどこも同じで特色がないというのもありますが、大阪とか自分の高校といったものについての意識は当時は皆無でした。私が受験したのは1994年、津川さんは2013年で、20年もの開きがあり、津川さんが中高生のころにはすでに関西というものが、いわば再帰的に捉えられて定着していたのでしょう。関西出身のタレントが昼夜を問わず全国のテレビに出るようになり（興味深いことに、仙台のローカル放送でも常に「関西枠」タレントのような存在があります）、「方言コスプレ」（田中，2011）などと言われるようになったのは2010年以降のことです。

　それともう一つ重要なのは、津川さんのご両親が青森の出身で、大阪にいたときから自分も「青森の出身」と意識するなど、すでに自己の中に他者性を内面化させていたことだと思います。津川さんが文化人類学の研究室に入ってよく話すようになってから、私は不思議なことに気がつきました。私が会話のとっかかりにと、例えば、「買い物に行くとしたら、難波？梅田？百貨店はどこ派？阪急？阪神？」とか、「ちょうど天神さんの季節やなあ、やっぱり友達と行ったん？」とか関西ローカルの話題を向けても、「ええ…？、いや、ちょっと分からないです」「行ったことないです」と、話が膨らまなかったんですよね。その時に、同じ大阪の出身とは言っても、自分と津川さんが見ていた世界はかなり違うのではないかということに思いが至りました。そして、「移民2世」ということばが連想されたのです。その土地のネイティブの子と、親の世代で移ってきた2世代目では、社会化の過程で少なからぬ差異が生じる（Kibria, 2002）。少し考えてみれば当たり前のことですが、国内では普通は想定されないでしょう。

　同時にここからがより重要だと思われるのですが、私は続けて次のことを連想しました。すなわち、私は確かに津川さんとは違って、関西という意味では、両親、両祖父母とも関西の出身ですし、自分が生まれ育った環境にどっぷりとつかって成長してきたのですが、一方で、地元のもっとローカルな世界には実はなじめず、あまり居心地がよくなかったということです。例えば、私の地元は河内音頭で有名な地域でしたが、自分はそういう活動には全く関わっていなかったし、学校や子ども会などのコアな部分にはずっと距

離があるような気がしていました。その時に初めて有意なこととして想起したのが、上述の通り私の両親は確かに関西の出身なのですが、父親は市内の鶴橋、母親は奈良の生まれ育ちで、結婚に際して、国鉄と近鉄線の駅が等距離にあって1970年代に宅地開発されたかの地で家を構え暮らし始めたということです。つまり、彼らも「移民」だったのです。古墳時代からの長い歴史には見るべきものはあっても近世以降の大阪の中心からは距離があるこの地を、市内出身の父親はよく「田舎」と辟易するようなところがありましたし、母親も「ガラが悪い」と、2人とも終始他所のような感覚を持ち続けて一定の距離を保っていたようでした。また、周囲は今で言う新興住宅地のようなところでしたから、一緒に遊ぶ友達の両親も関西の他地域や県外の出身者が大半でした。その一方で、小学校の学区の半分ほどには、数世代にわたって住んでいると思われる地元の人たちのローカルな世界がありました。私がそうしたローカルな世界に今ひとつ入っていけなかったのは、親が地元の出身ではなく、ローカルの周辺で暮らし始めた移住者たちの世界にいたからでしょう。その意味で私もまた「移民2世」だったのです。いや我々はみな移民（松本，2021）なのでしょう。

　こう考えると、私が自分に見出す関西人性のようなものは、ローカルよりももっと上位で統合された、言ってみれば「想像の共同体」（アンダーソン，1987）にあるのかもしれません。だからでしょうか、仙台から大阪を思うとき、私もやはり地元の景色などではなく街中の騒がしい音と雑踏を連想します。私が空港バスに乗るのは天王寺からですが、難波に負けず劣らず「小汚く騒がしい」あの停留所から空港へ向かうときの高揚感と寂寥感とが入り交じった感情はとてもよく分かります。もう元の場所からは切り離されつつあるが、まだ次の場所には着いていない、通過儀礼分析で言う過渡期（ヘネップ，1995）なのでしょう。伊丹空港へ向かう阪神高速の両側にビルと看板が次々と表われる様は、仙台空港に到着して市内へ向かうバスの車窓から見える淡々とした静かな風景とは極めて対照的なものとして想起されます[1]。私たちにとっての大阪はそれぞれ違っていても、仙台で暮らすようになって初め

1　2007年に空港アクセス鉄道が開通するまで、仙台空港から市内へはリムジンバスに乗ることが一般的であった。

て、ある種の故郷としてそこをはっきりと対象化するようになったという点
では鮮やかに共通しているのですね。

津川から川口先生へ　2021.6.3

　先生も子ども時代にローカルな地域観に没入できなかったこと、ご自身の
生い立ちを「移民2世」として振り返っていることは私にとって目から鱗
でした。中途半端な私とは異なり、先生は「模範的な」大阪出身者であると
思い込んでいたのです。もちろん、大阪出身者としての振る舞いは、私たち
が2人ともそうであったように、大阪を離れた後から再帰的に築かれるも
のでしょう。それでも、先生がご実家の食卓でお好み焼きを焼いていたとい
う話や、どて焼きを作って研究室に持ってきたことは、道化を演じる必要も
ないほどに大阪人なのだと私に感じさせました。冒頭の黄金糖も、私は買っ
たことはないですし。

　先生に違和感を抱かせたように、私は府内で育ちながらも天神祭りが視野
に入っていませんでした。お祭りには大阪市外からでも遊びに行くものなの
でしょうか？そのあたりすら私はぴんと来ないのです。また、富田林のロー
カルな秋祭りであるだんじりは、嫌いではありませんが積極的に参加するに
は気が引けます。私にとってのお祭りは、青森ねぶたに他なりません。夏が
近づくとお気に入りのねぶた師の動向が気になって浮足立ってしまいます。
確か大学受験の年までは、毎年8月に青森市の祖父母の家に帰省して、夢
中になってねぶたを見たものでした。既に言及したように、私の父と母はそ
れぞれ青森市出身です。若き日の父は大阪でキャリアの根を張り始めたとい
うのに、「お嫁さん探し」は青森のツテを頼って行い、有無を言わさず母を
大阪に連れてきました。私からすれば眉を顰めるような強引さですが、当時
はそれが普通だったのでしょう。私の中でも、大阪育ちでねぶたが好きとい
うことは、全く矛盾のない取り合わせです。そういう珍妙さが売りであると
同時に、「私は別に悪いことをしてないのに、どうして変わった子として振
る舞わなければいけないんだろう」という漠然とした不満は常に感じてきま
した。

　私の家も1970年頃に大阪市のベッドタウンとして開発された集合住宅地
にあります。先生のご実家周辺と移住の背景はある程度共通しているでしょ

う。祖父母が大阪府外に住んでいること自体は近所では全く珍しくはなくて、むしろそれが普通だと思っていました。その点では私も他の子どもたちと変わらなかったはずです。ただ、東北にルーツを持つ知り合いは周囲に1人も見つけられませんでした。それがネタになると気づいたのは小学校高学年の頃でしょう。「私、青森出身やねん」と堂々と河内弁で言い、夏休みにお小遣いで買った林檎のキーチャームを友達に渡したりしました。お返しとして他県の品物、例えば土佐犬のキーチャームをもらったこともあります。

　こんな風に私は出自の宙ぶらりんさや珍しさを面白おかしく披露する態度を身につけていったのですが、郷土に対する愛着やまなざしの違いは、私が仙台で感じたカルチャーショックの一角を占めていたように思います。例えば、神社の剣舞の舞手が近所の中学校の生徒だと知った時、私は劣等感のような感情を抱きました。郷土の伝統を継承する機会はおろか郷土すら自分にはなかったのだという漠とした失望があったのだと思います。震災以降の傾向なのでしょうか、東北のローカルニュースでは地域の芸能に取り組む子どもたちや町おこしイベントの紹介がごまんとなされ、住民が一丸となって地域を盛り上げることが美談のひな型になっていました。また、仙台では、商品名や物事の愛称に「伊達な」、「みやぎの」、「東北の」というような、土地への愛着を示す表現がしきりに目に入ってきますよね。当初はこれがどうも苦手でした。どうして盲目的に自分のいる場所を賞賛できるのかなあ、という具合です。

　私が仙台に来た2013年は、被災の痕跡こそ学生の生活圏内には見当たらないものの、沿岸部は未整備の場所も多く、余震も頻繁にあったと記憶しています。いよいよ進学という折、仙台空港への着陸のために旋回する飛行機から浅黒く空っぽな浜を鳥瞰し、ようやく被災地としての東北との出会いを果たしました。私は震災前の東北も被災の急性期も知らず、ただ、テーゼとしての震災が既に強固な基盤になりつつあった仙台で、街や人々を見つめてきました。東北を盛り上げようとする前のめりの「復興」は大阪から来たばかりの私を大いに困惑させましたが、それは決して排他的な地域運動ではありませんでした。東北大学の学生という身分は、数か月前まで大阪に住んでいた人間を仙台という共同体の一員に仕立てました。そして、ボランティアやフィールドワークという形で、ローカルへの貢献の機会は私にも回ってき

ました。もちろん、そのような仙台の寛大さや心地よさは、中央から見て都合の悪い東北らしさが抑圧されてきた結果として呈されているのでしょう。大阪のローカル性や歴史観の重層的で泥沼のような様子と比べると、仙台のそれは軽やかで、拍子抜けするほどだったと思い返します。

　郷土愛やローカル文化の捉え方の違いは、土地ごとに異なって当然でしょう。その双方で適当に演じ分けることが可能であっても、私はなんだか調子が狂ってしまう心地でした。いわば、自らの出身地問題がメタ的なレベルでも複層化してしまった、という状況でしょう。そこで私は、「私は青森出身なのか」、「大阪出身なのか」、「そもそも出身地とは何か、私に郷土はあるのか」という根本的な部分まで疑わざるを得なくなりました。出身を尋ねられたら大阪出身だと答え、適当に典型的に振舞うことは、省エネで、自他に疑問を抱かせない良い方法だと思います。ところが人とは欲張なもので、自己表現を止めずにはいられません。結局私は、「それでも生まれは青森で」と面白おかしく続けて、珍しがる相手に満足するのでした。

川口から津川さんへ　2021.6.8

　ルーツへの問いかけは、実はかなり幼い頃から始まっているんですよね。私の場合は津川さんと対称的で、子どもの頃には語るべきルーツがないことが、ちょっとした引け目でした。夏休みになると、周りの子たちは、津川さんもそうであったように、たいてい両親の実家に行って過ごすので、遊ぶ相手がいなくなるのです。「田舎」と彼らが呼ぶ地から戻ってきた友達が、カブトムシを捕ってきたと見せてくれたり、いろいろなお土産をくれたりして、そういう場所があることがとてもうらやましかったのです。しかも、「田舎」は遠ければ遠いほどかっこいいみたいな感じがあって、「おれ新宮」、「おれは津」、「沖縄」、「えー沖縄！！」、などというやりとりの中で、私は父方はごく近くだし、母方も電車で 20 分ほどだけれども、仕方なく「王寺、奈良の」と答えると、「え、めっちゃ近いやん、田舎ちゃうやん」と、案の定「完敗」なんです。そんな中でも親の実家が関東や東北というのは聞いたことがなかったので、青森をルーツとする津川さんがいたら「圧勝」だったことでしょう。一方では、上述のように、完全にローカルな子たちも少なからずいたわけで、そうした子たちにとってのあの頃の夏はどういうものだった

のだろう、近接移住者の 2 世だった自分ともまた違ったふうに見えていた
のだろうと、今になって想像します。

　ルーツという点で言えば、仙台で暮らし始めたことは、自分にとって初め
て語るべきルーツができたという意味で、非常に大きな出来事でした。とり
わけ、上述の通り、仙台では関西というものに対して特異なまなざしが向け
られますから、ルーツへの意識は嫌が上でも大きくならざるを得ません。た
だ、そうした肥大化したルーツ観念をもってこの地に向き合うと、周囲の
人々はしかし津川さんが受けた印象とは全く逆に、驚くほど地元への意識が
希薄に思えて、当初はずいぶん戸惑いました。特に、東北のことばは「訛
り」として、ここでは話すべきではないという雰囲気があったことは、仙台
も東北であるにもかかわらず、と私に大きな違和感を抱かせました。東北の
こと、仙台のことにはこだわりたくないという価値観が 1990 年代当初はま
だ確実にこの地を支配していたと思います。仙台ひいては東北に、首都圏と
も関西とも違う、オルタナティブなカウンターカルチャーの可能性を期待し
ていた私は、少なからず失望したことを認めないわけにはいきません。

　もちろん、津川さんと違って、大阪にいたときの私がとりたてて自らの
ルーツを意識しなかったように、仙台や他の東北の人たちにとっても、そん
なことはいわれのないわけで、むしろ私の身勝手な「オリエンタリズム」こ
そ批判されるべきでしょう。また、他地域から私と同じような期待をして東
北に来て同じような失望を味わったという同級生らと共感しあって溜飲を下
げていたことも、後に顧みれば恥ずべき浅はかな振る舞いでした。東北の人
たちの自己認識には、明治以来、いや、大和王権以来のこの地が置かれた歴
史が関わっていることを後に知り、自らの不明を恥じたこともありました。
それに津川さんが書いたように、目をこらせば仙台にもローカルな地場のよ
うなものは実は随所にあり、さらに震災後の「東北」の前景化はまさに「想
像の共同体」を彷彿とさせます。加えて、1990 年代末からは仙台にもプロ
スポーツチームが相次いで発足したり、仙台出身もしくは在住を公言する作
家、タレント、ミュージシャンなどが活躍したりして、仙台への再帰的な意
識は確実に顕在化していると思います。今なら当時の私も、ともにルーツを
話題にできることに共感していたのか、あるいは逆に、津川さんのように、
東北の人々の肥大化した地元意識に違和感を抱いていたのか、考えると興味

深いですが、津川さんとは異なって自らのルーツへの気づきが遅かった私はきっと前者だったことでしょう。

　私が後に専門とすることになる中国というものに出会ったのは、ちょうど上記のように、自己と他者についてこだわりを持ち始めながらも、まだそれらを明確には意識して言語化するには至っていない時期でした。今では信じられないかもしれませんが、1994 年当時、中国のプレゼンスはまだそれほど大きくなく、中国語はマイナーな言語で、第二外国語の受講者数ではドイツ語、フランス語、ロシア語の後塵を拝して 4 番手という位置に甘んじていました。むしろ、当時の若い人たちにとって中国を含めたアジアは、それら欧米に対するカウンターカルチャー、あるいはオルタナティブな極としての可能性を示してくれるもので、私も確実にそれに魅せられた 1 人でした。中国語を選択したのも、学部 2 年時に初めての海外渡航先に中国を選んだのも、そこには新しくユニークな世界が広がっていると思われたからです。もちろんこれは未熟な私の主観であり印象でしかないのですが、大学で知り合った中国からの留学生たち、北京や西安で垣間見た現地社会の熱、タイ・バンコクの目抜き通りを埋め尽くす極彩色の中国語の看板などは、異郷にあることの問題系をまだ十分に咀嚼できていない私を、そうとは明確に意識させないままに、次の省察へと誘ってくれたように思います。

　それから約 20 年後、文化人類学を教えることになっていた私が、スペイン語や中南米に魅せられゆく様を熱く語るようになった津川さんに勝手ながら見ていたのは、まぎれもなく当時の自分自身でした。ルーツへの問いと移動の経験が、スペイン語と中南米というオルタナティブなカウンターカルチャーへの希望に接続されたのではないでしょうか。

津川から川口先生へ　2021.6.15

　私はヨーロッパ言語に関心がありましたが、「高尚な」独語や仏語には食指が動かず、汎用性が高く日差しの香りがするスペイン語に惹かれました。私たちがフィールドに飛び込んだ動機にまで共通点があることを、大変興味深く思います。先生の表現をお借りすると、私はまさに「新しくユニークな世界」を求めていたのでした。それが生来の好奇心の強さによるのか、国内移動の経験によるのか、測りかねるところはありますが。

　2年生に上がる春休みには、砂糖入りの紅茶の魔法瓶を携え、図書館で日がな一日スペイン語の勉強をしたものでした。その後、私はメキシコの大学に自力で受け入れの交渉を試みるも失敗し、3年生の秋セメスターに休学してメキシコ、グアテマラ、コスタリカの語学学校に滞在すると決めました。周りの学生たちが計画的にTOEICの勉強をして交換留学を果たす中で、私はなんと奇妙で無鉄砲な遊学をしたことでしょう。しかし、違っていることは面白いし自分らしいと、私はいたってポジティブでした。何より、遠くに、遠くに行かなければと、内なる声が私を急かしていました。それで親の心配と猛反対をよそに、物理的に地球の反対側まで行ってしまったわけです。

　ゆく先々で交流するのは現地の人々と欧米出身の学生ばかりで、私はいつもたった1人のアジア人でした。「ソイ ハポネサ（私は日本人です）」、それは簡素ながらも誇らしい自己紹介でした。まるで仙台に来た大阪人の道化の繰り返しですね。私は珍しい日本人として、「日本では〜」という語りや説明を期待され、また自らそれを試みました。そこでは大阪だ青森だ、いや仙台だのという葛藤を放棄して、ただハポネサであれば良いのです。ルーツの複数性は話の引き出しを増やしはするものの、こんがらがった話をする必要はありませんでした。「日本にはどんなお祭りがあるの？」と尋ねられたら、ただ、ねぶたとだんじりを並列すれば良いのです。

　他方で、観光地で日本人を見かけると —— 彼らの多くは短パンにサンダル、大きなつば付き帽子などという緊張感のない恰好をしているのですが —— どうしようもない嫌悪感を覚えました。希望と暴力が錯綜する土地の烈しさに共鳴しない浅ましさを、享楽的な彼らと自分が同一視されることを、私のプライドは許せなかったのでしょう。これでも私は小さな人類学者として胸を張っていたのです。あるいは私は、国内のローカルな文脈に引き戻そうと誘引する存在に近づきたくなかったのかもしれません。国内移動にまつわる違和感から逃れられることは、なかなか得難い経験で、開放的でした。

　私は中米3か国での遊学を通じて、身体観や歴史観の違い、ひいてはそれらの複数性を学び取りました。そのダイナミックさに魅了されると同時に、文化間のギャップを縦横無尽に超えていく人類学の逞しさに憧れ、研究を続けたいと願いました。その一方で、か細く神経質な性根は悲鳴を上げ始めていて、ノイローゼ気味になったり、うつで通院したりということを繰り

返すようになりました。移動と絶えぬ内省は、アイデンティティに関する逃れられぬ葛藤や、根なし草としての孤独という形でストレスを私に課したのだと思います。

　そうは言っても、私は中南米とスペイン語が大好きです。まさに私の歓びです。見栄っ張りなあまり、カウンターカルチャーとしての中南米に飛びついたのだとしても、もう二度とその地を踏むことがないとしても、ひとつの故郷のようにいとおしく感じるのです。

川口から津川さんへ　2021.6.18

　仙台に来たら関西を意識させられ、海外に出たら日本を意識させられる、ここまでは私もそうですが、津川さんの場合は加えて、関西にいたときから青森を意識していたわけですから、自分が何者であるかという認識の葛藤はじつに重層的です。そして、いずれにも移動とことばが深く関わっています。こうした点はやはり私自身のその後の学びの選択にも大きな影響を及ぼしていて、私が中国語の中でも方言である広東語を学び、広東で調査をすることにしたのは、首都や共通語に対する、さらなるカウンター勢力のようなものに惹かれたことを認めないわけにはいきません。仮に私がずっと大阪にいたら生まれなかった発想だったと思います。約 2 年の滞在とその後の無数の往来を通して、広東もまた自分のよりどころの一つとなりましたし、広東語は関西弁の次にうまく話せる言語だと思っています。ただ、残念ながら、広東語はいつまで経っても自分のものにはならないし、関西と関西弁は自分から遠ざかっています。

　そうして自分たちが関わる場所やことばはどんどん複層化していきます。そもそも海外にいると言っても、実際に私たちが大半の時間を過ごしていたのは、とある村だったり語学学校だったりするわけですし、戻ってくるのは仙台の大学の研究室です。しかも、その仙台は、私の場合はすでに一つ目、津川さんは二つ目の「移住先」で、ルーツや差異の問題が山積していたはずの場所です。にもかかわらず、通常、海外では好むと好まざるとに関わらず、自分のインデックスは「日本」となり、戻って来ると今度は中国なりグアテマラなりがインデックスとなってしまうので、それらと「日本」という関係性で違いを処理したり、考えを巡らせたり、あるいは説明を求められた

りしなければならなくなるのです。そのあたりのチューニングがうまくいかなくて、調子を崩してしまうケースがかなりあるのではないかと思います。

　津川さんが一度目の中米行きから戻って、卒業論文を書き始めるあたりに、いろいろなことがしっくりいっていない様子がうかがえました。よく覚えているのは、津川さんが仙台で調査をしていた施設の子どもたちの野外コンサートを見に行ったときの話です。「ああ、ここでは、若い女性が1人、街中でぼーっと歌を聴いていても、何の心配もすることがないんだなあって。」その渦中にあったときには苛まれていた緊張感からの解放は、時に巨大な空隙となって強烈なノスタルジーとメランコリーを喚起させます。私にとってそれは、津川さんが冒頭で言及している仙台の秋の日暮れでした。仙台に暮らして1年目におとずれた、大阪に比べて驚くほど短い夏の余燼の終わりは、そこでは辟易させられていたはずの闇や暴力性ごと充填された記憶と、ここでのその不在を冷たく突きつけ、両者のコントラストは大きな虚空となって確実に私を蝕んで精神的に低調な日々が続きました。初めて体験した仙台の名物行事である芋煮も、夜を徹しての河原での場所取り、豚汁——しかもさつま芋ではなく、里芋の！——で酒を飲むという行為、服にしみついた炭のにおいなどがことごとく疎ましかったですし、級友に誘われた年末のスキー旅行も行く気分になれず、授業が終わると早々に大阪へ帰省してしまいました。

　後に中国に行くようになってから分かったことですが、日本と中国との往来では、私は津川さんほどの不調を経験することはなく、それはこの時期のチューニング不良の経験があったからではないかと考えています。国内でこれだけ違うのだから、外国はさぞかしと思って行くと身構えていたほどでもなくて、むしろ国内移動の方が驚きであった。私以外の関西出身者が同じように言うのを、やはり中国で聞いたことがあります（川口，2019）。逆に、仙台や東北よりも中国広東に関西との親近性、例えばことばで言うと、あいさつや定型句を常用したコミュニカティヴな構えを見出すこともあります。また、上述のように、就職を機に約10年ぶりに大阪で暮らし、その3年後にまた仙台に戻って暮らし始めるという行き来によって、「消え去る差異、生み出される差異」（稲澤，2016）の輻輳を身をもって感得したということもありました。こうして私は差異を、当初よりは、有意に、相対的に捉

えて思考し表明するという手つきを追求するようになっていったのだと思います。津川さんが私と会ったのはちょうどこうした頃でしたので、いわば、てらいのない大阪性のようなものを私に見て、少なからず辟易したのではないでしょうか。実はそれは上述のような月日と過程を経た後に獲得されたものなのですが、津川さんには居心地の悪い思いをさせていたのかもしれません。しかし津川さんも、2 度目のグアテマラ滞在とそれを修士論文にまとめる作業、さらには修士課程修了後の大阪への帰還によって、思考の筋道や差異への省察など様々なことがさらに変わってきたのではないでしょうか。

津川から川口先生へ　2021.6.24

　2021 年 3 月、私は大学院を修了し、富田林の実家に戻りました。仙台で暮らし、ラテンアメリカの友人と語る過程を通じて、いつしか私は大阪を表象として消費するようになっていました。大阪の誇張された都市性や文化のユニークさは、我が物顔で私の精神に蔓延っていましたが、南河内はそれとはまた別の場所です。古びたコンクリートと深い緑に覆われた住宅地は、乱視の矯正があってない眼鏡で物事を眺めているような、眺めすぎると片頭痛がするような、情けない風景でした。いや、情けないのは私なのです。就職できずに大阪に帰ることになったという負い目は、消化しきれず常に心中に渦巻いて、認知をゆがめていました。そして、当然でこそあれ、以下のことを痛感しました。故郷も異文化も、それに向ける好感も嫌悪も、土地自体に染みついているわけではありません。私の心に染みついているのです。ライフイベントの移行に伴って見える景色が変わるのはさりとて、当人が精神的な不調に苦しむ最中には、どの土地だって故郷たりえないし、根なし草であることにも希望を見出せなくなるものです。6 月に入ってうつと神経症の治療が進むとともに、徐々に河内がそれなりに好ましく見えてくるのを、私は興味深く思っていたところでした。

　移動に際してこれほどのギャップに苦しんだのは、5 年ぶりということになります。前述の通り、私は 2015 年から 2016 年にかけての半年のラテンアメリカ滞在の後、精神的な不調にさいなまれ、1 年近く、ふわふわと定まらぬ世界を生きていました。平和ぼけした日常は有難い反面、緊張感のない人々に苛立ちを感じたりもしました。うまく言い表せないですが、そういう

魂の不調も移動の過程に含まれ、ラディカルに私に作用したのでしょう。あの違和を経たからこそ、ラテンアメリカの脈動は私の奥底にまで根を張り、修士課程でグアテマラの研究をしようと決意できたのです。私は腰が重い方なので、先生よりも長く順応のための時間を要したかもしれません。今回の帰阪は、自分を実験台にして移動についての思索を試みようとしていた節があります。それゆえ、無垢だった5年前に比べて悩ましさに敏感で、実感は急性であるも、早く過ぎ去る予感がします。移動は苦しい。けれども楽しい。移動することや視点の変化に、私は性懲りもなく興味を抱いています。今後一生、どこにも行かず何も見ぬなら、それは死にも等しい。こうも烈しく思うのは、人類学者の性なのでしょうか。小さな人類学者としての性根は、必死になって修士論文を書き上げた中で、それなりに私の染みついたと自負しています。グアテマラは武勇伝として面白おかしく語るものから、内在化した思考基盤そのものへと姿を変えました。皮肉なことに、そうやって地球の反対側に打ち込んだ楔は大阪や青森よりも明確に、私たる者を語る足掛かりとして機能していると私は感じています。別の言い方をすると、人類学的な思考とグアテマラ的な眼は、故郷なんてもう要らないと拗ねてしまった私の旅の通奏低音となってくれるのです。仙台は、今のところ、隅々まで読み込んだ長い抒情詩のようであり、もちろん自分の大きな部分ではあるものの、まだ触れがたく輝いています。

　今の私の目には、「ここ」、つまり富田林の生活圏は、学童たちの社交から見た世界でも、大いなる都市の一端でもなく、存続意義の転換を迫られている老いたニュータウンとして見えています。そして、大学とは違ったフェーズでグローバル化が進んでいることを痛感しています。私の家の二軒両隣には、それぞれベトナム人と韓国人の家族が暮らしていますし、放課後にはアフリカ系のきょうだい達が「ぼぉさんがへぇこいた！」と大声で叫んで遊んでいます。夜になると犬はしつこく吠え、外国人家族が母国語で会話するのが筒抜けに耳に入り、まるでラテンアメリカのような喧噪です。この前は技能実習生と思しき若者たちがベトナム語で談笑しながら国道沿いの並木道を自転車で駆けていくのを見ました。外国にルーツを持つ隣人に目が向いてしまうのは、以前に比べて数が増えたということに加え、人類学的な問題提起が習慣として身についたからでしょう。また、東北訛りに対する気まずさを

仙台で垣間見たからでしょうか、この住宅地ではベトナム語や韓国語より
も、両親の津軽弁の方が異様に聞こえ、その挙動を恥ずかしいと思ってしま
います。老いた両親が地域に根を張れずに慎ましく生きる様子は、私の目に
は惨めに映ります。他方で、母親の絶えぬ戸惑いとそれを封じ込めた諦観に
は深い共感を寄せることができるようになりました。

　今、私は、がむしゃらにスペイン語を勉強することとし、それを喜びの糧
としています。スペイン語は、私がラテンアメリカで身につけた望ましい
思考――見た目の美醜に拘わらず、愛にこそ美を見出す態度や、運命に身を
投げる気負いなき覚悟――を思い出させてくれます。また、物事を考える際
に、河内弁でも標準語でもないルートを辿れるということは、私の気分をと
ても楽にしてくれます。かつてのカウンターカルチャーへの憧れは、いつし
かそれへの依存となって、いまや私はその支えなしには生きていけません。
ラテンアメリカやグアテマラは私にとって特別ですが、他方で私は移動の引
き出しをそれだけに留めておく気もありません。いつかまた風が吹いたら、
どこにだって飛んでみたい。道化のネタが増えることを、私は内心で歓迎し
ているのです。

　先生と私は、仙台の大阪人として出会い、往復書簡もその態で進めてきま
した。次にお会いできるなら、その場所は仙台でしょうか、大阪でしょう
か。私たちが大阪で再会したら、どの街の何を見て、何を語るのでしょう
か。お互いを貫いて錯綜する仙台そして大阪の記憶に、懐かしさと気まずさ
を覚えるでしょう。そうやって私たちが更に物語を築いていけることを願
い、筆を置きます。

4.　おわりに――全てを異郷として、一丸でバラバラに生きる

　サイード（1993）がその著書『オリエンタリズム』で言及したことによっ
て、われわれにもよく知られるようになった聖ヴィクトルのフーゴーのこと
ばである。

　　　故郷を甘美に思うものはまだ嘴の黄色い未熟者である。あらゆる場所
　　を故郷と感じられるものは、すでにかなりの力を蓄えたものである。た

　だ、全世界を異郷と思うものこそ、完璧な人間である。
　　　　（サイード，1993: 138 ［聖ヴィクトルのフーゴー／アウエルバッハ］）

　私たちのダイアローグで明らかにされたのは、ともに異郷に暮らすことで
構築的に故郷を築き、その後さらにいくつかの移動によって故郷と感じうる
複数の場所を持ち、しかし結局のところ行き着いたのは、それらのどれもが
自分にはかけがえのないのものだが、自分の身勝手な期待をかなえてくれたり
本源的な結びつきを保証してくれたりすることはないという、言ってみれば
厳然たる異郷性なのであった。
　親や親族の記憶はその人のライフヒストリーの一部である（酒井，2015:
210-212）のだとすれば、私たちの移動は生まれる前に始まっていた。子ど
もだったころの私たちはまだ地理的な意味での移動は経験していなかった
が、異郷に暮らす親の元に生を受けたことは後に私たちをせき立てるかのよ
うに動かした。私たちはすでに「移動する子ども」（川上，2021）だったの
である。さらに、周辺的な環境で育った子どもであったことは、その後のカ
ウンターカルチャーへの、時に身勝手で独りよがりとも取れるような期待と
その反動による失望、あるいは共感や諦観につながっている。そして、移動
することにともなう喪失感や、其処此処で襲われる落差のギャップといった
ものをうまく調整できず、不調を来しては、しかしまた次の移動へ向かって
いく。従来の「移動とことば」研究（川上・三宅・岩﨑編，2018）や、本書
でも筆を執っている"ストレンジャー"リーペレス（2020）らをはじめとし
て、人類学や社会学の移動研究はたいてい国境を越えるトランスナショナル
な人の動きに着目してきたが、私たちのダイアローグで示されたのは、あり
きたりなようでいて、当事者たちにはそれぞれ大きく働きかけている、「一
丸でバラバラ」（栗原，2018）な生の遍歴なのであった。
　私たちはまた、同じ場面や同じ対象に対して、かなり違う印象を語っても
いる。ファーストコンタクトでは片や相手に異郷での同郷者を見、片や学
問的関心からの共感を見ているし、異郷たる仙台に感じた地元意識の濃淡
も際立ったコントラストをなしている。はからずも芥川龍之介の『藪の中』
（1922）の様相を呈した私たちのダイアローグの一部分は、他者は必ずしも
自分のようには見たり考えたりしないし、他者を知ることなど畢竟できない

という、当然でありながらナイーブにも看過されがちな厳然たる事実を突きつけたのであり、同時にそれが共感の糸口となって次の思考を導いていった。相手の記述を受け止めて、沈思し、記述し返すという、即興的な回答が求められるインタビューにはない、間と往還とで紡がれるダイアローグだからこそ可能になった省察の展開であった。

　こうした思考の往還を通して私たちは、個人としての遍歴や経験という点では個別的であるが、それは自分だけではなかったのであり、かつ他にも無数に存在するであろう、異郷を生きる者たちに思考が至るのであった。私たちはみな移民なのであり、その点では、上記した聖ヴィクトルのフーゴーのことばで言えば「完璧な人間」というよりも、「完璧に人間」、少し言葉を換えると、「ありきたりな人間」なのであろう。誰にとっても異郷となり得るこの世界で、いくつもの「移動とことば」の遍歴を持つ私たちが、バラバラに、しかしありきたりな人間としては一様に生きている。私たちのダイアローグが示したのは、にもかかわらず／だからこそ醸される違和と共鳴の交歓なのであった。

参考文献

芥川龍之介 (1922)「藪の中」『新潮』1, 57-72.

アンダーソン，B. (1987)『想像の共同体 —— ナショナリズムの起源と流行』(白石隆・白石さや訳) リブロポート

稲澤努 (2016)『消え去る差異、生み出される差異 —— 中国水上居民のエスニシティ』東北大学出版会

上田潤子 (2018)「ある中国残留孤児の系譜 —— 一世から四世までのインタビュー」川上郁雄・三宅和子・岩﨑典子 (編)『移動とことば』(pp. 149-170.) くろしお出版

大塚愛子・岩﨑典子 (2018)「国境を超えたあるろう者のライフヒストリー —— ろう者にとっての「移動」と「ことば」」川上郁雄・三宅和子・岩﨑典子 (編)『移動とことば』(pp. 190-213.) くろしお出版

川上郁雄 (2018)「なぜ「移動とことば」なのか」川上郁雄・三宅和子・岩﨑典子 (編)『移動とことば』(pp. 1-14.) くろしお出版

川上郁雄 (2021)『「移動する子ども」学』くろしお出版

川上郁雄・三宅和子・岩﨑典子 (編) (2018)『移動とことば』くろしお出版

川口幸大 (2019)「東北の関西人 —— 自己／他者認識についてのオートエスノグラフィ」『文化人類学』84(2), 153-171.

クラックホーン，C. (1971)『人間のための鏡 —— 文化人類学入門』(光延明洋訳) サイ

マル出版会

栗原康（2018）『アナキズム ── 一丸となってバラバラに生きろ』岩波書店

サイード，E. W.（1993）『オリエンタリズム（上）』（今沢紀子訳）平凡社

酒井朋子（2015）『紛争という日常 ── 北アイルランドにおける記憶と語りの民族誌』
　　人文書院

田中ゆかり（2011）『「方言コスプレ」の時代 ── ニセ関西弁から龍馬語まで』岩波書
　　店

ヘネップ，A. V.（1995）『通過儀礼』（綾部恒雄・綾部裕子訳）弘文堂

松本尚之（2021）「移動する ── 私たちもまた移民である」宮岡真央子・渋谷努・中村
　　八重・兼城糸絵（編）『日本で学ぶ文化人類学』（pp. 177-194.）昭和堂

水田信二・川西賢志郎（2021）『和牛の一歩ずつ、一歩ずつ。』KADOKAWA

三宅和子・岩﨑典子・川上郁雄（2018）「「移動とことば」研究とは何か」川上郁雄・
　　三宅和子・岩﨑典子（編）『移動とことば』（pp. 273-293.）くろしお出版

リーペレス，F.（2020）『ストレンジャーの人類学 ── 移動の中に生きる人々のライフ
　　ストーリー』明石書店

Kibria, N. (2002) *Becoming Asian American: Second-generation Chinese and Korean
　　American identities*. Maryland: Johns Hopkins University Press.

第9章

「移動する子ども」と文学

荻野アンナの文学世界を読む

川上郁雄

1.　はじめに

　幼少期より複数言語環境で成長したという経験そして移動の経験を持ち文学作品を生み出す作家が、今、世界各地に出現している。「モバイル・ライブズ」と呼ばれる現代社会 (Elliot & Urry, 2010) において、人々は、その移動の中に住まい、移動の中で他者と出会い、感じ、生きるという生活を過ごしている。その記憶と心象風景はやがて音楽となり、絵画となり、文学へと昇華する。

　本章でははじめに、幼少期より複数言語環境で成長した経験と移動の記憶を持つ作家の作品をいくつか取り上げ、本章のテーマを設定する。その上で、日本で活躍する作家、荻野アンナの文学世界を探究する。そこから、これらの作家の現代性と「移動とことば」の意味を考えたい。

1.1　ジュンパ・ラヒリ

　作家のジュンパ・ラヒリ (J. Lahiri) は、1967年にロンドンで生まれた。両親はカルカッタ出身のインド人（ベンガル人）であった[1]。幼少期に両親と

1　以下のラヒリのプロフィールは、小川 (2000) 参照。

ともに渡米し、米国北部のニューイングランド地方で成長した。アメリカで
教育を受けインドに住んだことはないが、子どもの頃、かなり長い間インド
に滞在したことがあったという。修士号3つと博士号を取得している。作
家として、これまでO.ヘンリー賞、PEN／ヘミングウェイ賞、ニューヨー
カー新人賞などの受賞歴がある。

　彼女の作品の特徴について、小川高義は「細やかさと視点」、「緻密な観
察力」、「肌理の細かい文章」をベースに、「何らかの意味でアメリカとイン
ドの狭間（はざま）に身を置いた人々の、いつもの暮らしの中に生じた悲劇や喜劇を、
じっくり味わわせてくれる」（小川，2000: 322）と述べる。

　彼女の出世作の短編『停電の夜に』の登場人物はインド系アメリカ人の若
い男女、シュクマールとショーバである。二人ともインド移民二世で、アメ
リカで成長した。ラヒリは「両親の故郷であるカルカッタへ行くと、一応は
部外者でありながら、さりとて単なる旅行者でもなかった。（中略）いわば
完全に内部でも外部でもない周辺的な位置からカルカッタを見たことに、あ
とで作家となる原点があった」（小川，2000: 324）と言う。

1.2　ケン・リュウ

　作家のケン・リュウ（K. Liu, 中国名：劉宇昆リー・ユークン）は、1976年中国の甘粛省
蘭州市で生まれた[2]。11歳のとき、家族とともに渡米。アメリカで成長し、
ハーヴァード大学で英文学を学び、ハーヴァード・ロースクール卒業後、
弁護士となった。一方、作家として2011年に発表した『紙の動物園』で
ヒューゴー賞、ネビュラ賞、世界幻想文学大賞を受賞した。

　短編『紙の動物園』では、アメリカ人の父と中国出身の母を持つ少年、
ジャックが主人公である。ジャックは「混血」「吊り目」の特徴を持つ子ど
もと他者から見られる。ジャックの顔は「チャンコロみたい」だが、英語は
「シナ人ぽくない発音」と言われる。父親は息子に英語で話しかけ、英語の
話せない母親は中国語で息子に語りかける。しかし息子は母親に返事をしな
い。母親を疎ましく思う息子は、母親に「英語を話して」という。また、ア
メリカン・フードではなく、中国料理を作る母親をなじる。大人になった

2　以下のリュウのプロフィールは、古沢（2017）参照。

ジャックは病死した母が残した中国語の手紙を前に、忘れようとした中国語が蘇ってくる。その手紙を読み、ジャックは中国から移住した母親の思いを理解することになる。

　この作品の人物設定やストーリーに、作者ケン・リュウの経験や記憶、想像力・創造力が関係していると考えられるだろう。

1.3　サルバドール・プラセンシア

　作家のサルバドール・プラセンシア（S. Plascencia）は、1976 年メキシコで生まれた[3]。8 歳のときにロサンゼルスに移住し、スペイン語を話すメキシコ系住民の多い地区で育った。家庭内では英語を話すように育てられたが、小学校 6 年生の時に 3 年生の英語クラスへ入れられたという。ニューヨークの大学で創作を学び、処女作『紙の民』でいきなり「世界で最も独創的な作家 50 人」（文芸誌 *Poets & Writers*, 2010）に選出された。

　この作品は、メキシコで暮らしていた主人公の男、フェデリコ・デ・ラ・フェが娘を連れて国境を越えてロサンゼルス郊外へ移住、花摘み労働者として働くところから始まる。その様子を上空から観察する土星と主人公率いるギャングが戦うという奇想天外のストーリーが展開する。そのストーリー性だけではなく、この作品では、多数の登場人物が一人称で主観的世界を同時展開で語る点や、小説・本の既成の形式を破壊している点が特徴である。物語の文章がページの外に消えていくラストシーンは、「悲しみに続編は存在しないのである」という 1 文で終わる。このような物語の設定や展開、ディテールにプラセンシア自身の経験と心象風景が少なからず関係し、想像力・創造力が爆発的に発揮されているように思われる。

　上記の 3 人の作家以外にも、幼少期に複数言語環境で成長した作家がいる。5 歳まで長崎で成長し、英国で教育を受けノーベル文学賞を受賞したカズオ・イシグロや、台湾で生まれ日本で育ち、数々の文学賞を受賞した温又柔もいる。幼少期より移動を経験し複数言語環境で成長した作家の経験と記憶が彼らの作品に密接に関係しているのではないか。では、その経験と記憶が文学作品にどう関係するのかというテーマを、荻野アンナという一人の作

3　以下のプラセンシアのプロフィールは、藤井（2011）参照。

家のライフストーリーを追いながら具体的に考えてみよう。

2. 荻野アンナのライフストーリーと文学活動

　荻野アンナさんは、アメリカ人の父と日本人の母のもと 1956 年に横浜で生まれた。父はフランス系で、イタリア、スペイン、クロアチアなどの血筋を引くという。小学校に入る頃まで父方の姓であったが、その後小学校では荻野姓となる。現在、フランス文学者として慶應義塾大学文学部教授を務める一方、作家として活躍する。『背負い水』で芥川賞 (1991)、『ホラ吹きアンリの冒険』で読売文学賞 (2002)、『蟹と彼と私』で伊藤整文学賞 (2008) などを受賞した。

　アンナさん[4]へのインタビューは、2017 年 6 月に慶應義塾大学日吉キャンパス内の教員控え室で、1 時間半ほど、筆者の質問に自由に語ってもらう半構造化インタビュー法で行われた。内容は主に、幼少期の様子、父母のこと、複数言語との接触、移動の経験などであった。インタビューの音声データは後に文字起こしし、その原稿をアンナさんへ送り、確認していただき、適宜修正していただいた。

2.1 幼少期の様子

　はじめに幼少期のことを尋ねた。アンナさんは、「一人っ子でしたけれども、非常に忙しく、一人で遊びまわっている子だったようです」と言った。近所に民家は 1 軒だけだったが、そこの兄弟が印象に残っているという。

アンナ：斜め前のお家（うち）が、あの、外国人の方が次々と入る、そういう、外国人用の住宅で。そこにイギリス人の歯医者さんが何年か住んでいて、そこのお子さんたちというのがお兄さんと弟で、ちょうど同じような年恰好でしたの。弟さんと私が同い年だったと思うんですけど。だから、結構一緒に遊んだりはしました。

4　インタビューを始める前に、「アンナさん」と呼ぶことを了解していただいた。

一緒に遊んでいた近所のお兄さんを「プレストンちゃん」、弟を「アング
ミちゃん」と呼んでいたという。その時、二人とどんな言葉でやりとりして
いたのかを尋ねると、「おそらく、なんか向こうは英語で、私は日本語だっ
たと思います。（中略）写真は未だに残ってるんですけども。あのー、にこ
にこ喜んで写ってるんですけども、ただ、彼らとどういうコミュニケーショ
ンの手段を取ったかはわからず。これも記憶が無いですね」という。

アンナさんの母親は画家だった[5]。1953 年、30 歳の時、行動美術家協会の
初の女性会員となった。その後、後述する夫とともに欧州をめぐり、油彩の
圧倒的な伝統に接する。帰国後は具象画から抽象画へ作風が変わった。そし
て、一気に「売れっ子」となった。その頃、アンナさんが生まれた。母親の
仕事は「実際は二畳大のキャンパスを縦横無尽にブンまわし、汗まみれ絵の
具まみれの肉体労働である」という（荻野，1998: 71）。

アンナ：私は、母が画家として忙しい盛りに生まれましたんで、関西の祖母
　がやって来て、見るに見かねて、私を、小さい間、育ててくれたんで。だ
　から、ねんねこにくるまれて祖母の背中で安らぐという子ども時代で。

その頃、アンナさんの母はアンナさんの母の母、つまりアンナさんの祖母
とは関西弁を喋っていたという。なぜなら、アンナさんの母は兵庫県明石出
身であったからだ。

アンナ：私も本当に不思議で。あの、母語は日本語ですし、おまけに関西
　弁。祖母と母は関西弁をしゃべっていますから。（中略）ええ。関西の田
　舎の子どもみたいにして育ちましたから。

アンナさんは 1989 年に発表した初めての小説『うちのお母んがお茶を飲
む』が芥川賞の候補作品となった。この作中の「お母ん」は関西弁で喋る。
この作品を書く際に、アンナさんは「方言はもうひとつ自信がない。書いて

5　女流画家の江見絹子。本名は荻野絹子（荻野，1998）。「絵描きに生まれるなら、男なら
岡本太郎、女なら江見絹子」と世間で言われたという（荻野，2003）。

いて不安になると母に確かめた」といい、「ネイティブ・チェック」を受けたという（荻野，1996b: 59）。

　また、小説『半死半生』（荻野，1996a）の「第二章の裏の裏」は、ミトコンドリアの語りが見事な関西弁で物語を展開する。『ホラ吹きアンリの冒険』（荻野，2001）ではフランスのサントンジュ地方生まれの父親アンリの独特の訛のある発話もすべて関西弁で表現されている。

2.2　名前と学校

　アンナさんの名前の表記について伺った。

アンナ：父が、あのー、英語だと「ゲイラード」、フランス語だと「ガイヤール」になりますので、幼稚園では「アンナ・ガイヤール」だったんです。小学校からは学校では荻野姓を名乗っていました。

　その後、アンナさんは、「荻野アンナ」になった。10歳の時、国籍が変わったという。

アンナ：斜め前のお宅もそうですけど、欧米系の住人が多いんで。何か、自分がちょっと…こう…血が混じっているとか外見が違うって意識が無いまま、あの、高校まではほとんどそういうの無いですね。で、東京に、大学で。東京と言っても1年目は横浜のこの日吉なんですけど、2年で横浜の外に出て。で、初めて「日本語お上手ですね」みたいな言われ方をして、びっくりするという感じでした。

　では大学へ入る前まで、アンナさんと同じような背景、つまり親が国際結婚している子どもが周りにたくさんいたのかを聞いた。

アンナ：そうでもないですねー。幼稚園は、あのー、中華街も近いんで、中国系の方も居ましたけれども。小学校になると、日本人ばかりで。で、要するに小学校入るときに、アメリカンスクールにするか、日本の学校にするかっていう問題が起こりまして。で、父はアメリカンスクールに入れた

かったんですけども、母が、こう、「日本語が書けなくなったら大変だ」って言って、日本の学校になりました。

2.3 父母の様子とことば

アンナさんの父親は遠洋航海の船長だった[6]。

アンナ：父は、船に乗っておりますので。あのー、貨物の長期航路が多いので、「時々帰って来るおじさん」みたいな感覚です。おまけに英語ですし。

川上：そうすると、お父様が帰ってこられた時には、アンナさんはどうやってコミュニケーションをとっていたんですか。

アンナ：謎なんです。で、祖母も居る訳ですけど、祖母も英語はできないし。明治生まれですから。で、母と父は当然英語なんですけれども。当然と言うか、今は、外国の方も結婚して日本に住んでたら、英語が母語でも日本語は学習すると思うんですが、父の頃っていうのはもう、「外人さん」ですから。もう、何でもかんでも英語で通しちゃって。結局、日本語はダメなまま。

アンナさんの母親は女学校で英語を学んだ。英語は好きな科目だったという。その後、画家となってから、神戸で展覧会に出品した。アンナさんの母親が自転車に乗り、長い髪をなびかせて行く途中、たまたま父親がすれ違った。その時に、父親が「Hello」と言った。すると、それに応えて母親が「Hello」と答えた。それが二人の出会いのきっかけだった。アンナさんの母親は、その展覧会に自分の自画像を出した。それを見にきた父親がその自画像を買ったという。

出会いはロマンチックだったが、後に、両親は家庭内離婚の状態になり、母親は英語も大嫌いになったという。

---

6 父親は「世界百ヵ国を股にかけ、板子一枚下は地獄の危ない渡世で、サバイバルには滅法強い性格に、世間の常識は見事に欠落していた」（荻野, 1998: 73）という。

226 ｜ 川上郁雄

　その頃、父親は若くてハンサムだった。画家の母親は、美しいものに惹かれた[7]。

　父親の背景について、伺った。

アンナ：そもそも血も、要するにフランス生まれですけれども。祖父も船乗りで。第一次大戦でその父の父ですね、その祖父の船が沈んで。で、（父の）母はフランスの田舎、あ、母っていうのはつまり私の会ったことのない祖母は、フランスの田舎での暮らしっていうのが息苦しいって、子どもを4人連れて（米国の）カリフォルニアの実家に帰った。だから、祖父はフランス人で、祖母がクロアチアとフランスの血が入ったアメリカ人。で、そこでもうフランスとアメリカっていう血があるわけですけども、他にもイタリア、スペイン、あと少しバスクも入っていて。更に、あの、ほんの僅かですけどインドとも関係があるようです。

2.4　父の記憶、家族のことば

　アンナさんの父親はフランスで生まれて、母親（アンナさんの祖母）に連れられて米国へ渡った[8]。

アンナ：父の方は、フランスの後でアメリカですので、兄弟の中で父までがバイリンガル。で、弟は、つまり、私の叔父さんに当たる人は、フランス語できなかったです。

　アンナさんの父親はフランス語と英語の両方が出来る「バイリンガル」だったのか。

アンナ：ただ、そのー…カリフォルニアの中でも、あの、フレンチ・コミュ

7　その理由として、アンナさんは「晩年の母が言ってましたけれども、「性格が良くて顔が悪い人」と「顔が良くて性格が悪い人」、つまり父ですけれど、どちらを選ぶかと言われたら、やはり性格が悪くても顔が良い方がいいときっぱり言っていました。毎日見るものなので、と。」と本インタビューで述べた。

8　アンナさんの父親が渡米したのは、9歳だったと記されている（荻野，2001: 39）。

ニティがあって、そこで暮らしているので、まあ、フランス語はキープできたんですが。ただ、そのアメリカ育ちの母のフランス語の影響か、ちょっとフランス語がおかしいところが、後になって自分がフランス語やってみると、なんか変な癖があったりというのはありました[9]。

そのような父親と、幼少期のアンナさんは話をしなかったという。

アンナ：だから国際結婚の先駆的な存在でもあるし、家庭内離婚も、その頃としては、時代の先を行っていたんじゃないでしょうか。

では、幼少期のアンナさんから見て、父親はどんな様子だったのか。

アンナ：それが、楽しそうにニコニコ英語を話していればいいんですけども、私の最初の、人生最初のはっきりした記憶というのは、父が大酒飲んで、どなって。で、母と言い合いをしている。で、それも廊下を父と母で行ったり来たりになるんですね。それをもう、例えば、トイレの中に籠ってそこから逃げている、みたいな[10]。
　　父は、私が生まれるまでは大人しくしていたらしいんですけど、生まれたとたんに「これでもう母は逃げられない」と思ったらしくて。もう、やりたい放題で。まあ、「飲む」「打つ」「買う」、あのー、「打つ」だけやらなかったのが、まだしもぐらいで。で、お酒飲むと、大声なんですね。やっぱり、体の厚みも違いますし。外まで聞こえるぐらいの大声で、どなってましたね。

9　『ホラ吹きアンリの冒険』（荻野，2001）の第六章に、アンナさんがアメリカで伯母と会った時の会話を紹介している。フランスで生まれ、アメリカで育った伯母のフランス語に「初級レベルの間違い」があることに気づき、「私の体に電気が走った」。それは、「フランス系とはいえアメリカ育ちのママンが、訛ったフランス語でわが子に話しかける姿」と映ったと記している（荻野，2001: 149）。

10　『ホラ吹きアンリの冒険』（荻野，2001）の第六章に、廊下を往復しながらわめき散らす親の様子を見て、「二歳児に珍しがる余裕などなく、トイレに避難して耳を塞いでいた」とある（荻野，2001: 137）。

アンナさんから見たら、父親はどんなふうに見えたのか。

アンナ：何か「赤い鬼」みたいな感じです。酔っぱらって、真っ赤だから。「何か赤鬼みたいな人がいる」っていう[11]。

そうすると、父親は近づけない感じなのか。

アンナ：そうですね。で、父もその頃は子どもに興味ないし。ていうか、ほんと家庭を持つべきじゃない人だったんで。そもそも私が生まれた時、生まれて一週間経って、ようやく産婦人科に父が来まして。おまけにベロンベロンで。で、その産院で、ハーフの子どもは私一人なんですけども、「誰の子かわかるかー！」って言ったらしくて。それに対して母が、「あんたの子じゃなかったらどんなに良かったかー！」と言った、と言っていました。

両親の関係は、あまりよろしくなかった。

アンナ：もう、私の物心がつくころには破たんしてまして。（私が）小学校低学年の時に、さすがに母が怒ったことがありまして。それで一旦、（父は）1年間だけ家を出たんです。で、「その時に何で引っ越しをしなかったの」って私は母に言うんですけども、自分で、建てた家、要するに、家（いえ）を建てる時父は全然関与してなかったんで。「自分が建てた家を、何で自分がのかなあかんねん」って言って。
　でも、そこにずっと暮らしているために、1年経つとそのまま父はひょんと帰って来て。で、「罪人でさえ、牢獄から出たら家に戻るんだから」って。牢獄じゃなくて、世界中その間遊びまわって、漫遊してたんですけ

11　アンナさんは子どもの頃、「悪い子でいると、パパにアメリカに連れていってもらう」と母親に言われたという。「幼いころ、言われて震え上がったことがある。「パパ」が人類に属していると思えなかった。カンペキな母と、赤鬼の父。そのハーフである私は、精一杯背伸びをし、母のクローンになろうとつとめた。母に許される部分のみが自分で、残りはカスのクズ。」（荻野，2003: 28）

ど。で、そのまま居付いて。

　そのような両親から、アンナさんはどんな影響を受けたのか。

アンナ：そうですね。マイナスの影響としては、母が後になってちょっと後
　悔していましたけれども、父との関係で、母が英語を大好きだったのが嫌
　いになって。そういうのを私が見て育ってしまったから、私が英語に熱心
　ではないんじゃないかと。

　当のアンナさんは、どう思っているのだろうか。

アンナ：中学で私、ABC から始めたんですけど、その時は「新しい言葉だ
　から」っていうんで、楽しく学び。（両親は）その頃、破たんしていると
　はいえ、仕事で海外にいる父に向かって母親が英語で、あの、たどたどし
　い英語で、（私に）手紙を書かせてましたね。

　アンナさんは自身のことを「ハーフ」と言ったが、そのような意識は、小
さい時から持っていたのだろうか。

アンナ：全然、全然。そこでアメリカンスクールに行く・行かないでほとん
　ど決まったと思うんですけども。もう家は「A インター校（仮名）」って
　いうインターナショナルの隣ですし。

　父親は、「A インター校」に行かせたかったが、母親は近くの私立のカト
リック校を選んだ。その結果、アンナさん自身は他の子と同じような意識で
成長した。特別に感じることもなかった。その気持ちは、中学、高校へ進学
しても同じだった。家庭では、父親は「完全にその存在を否定されていた」
という。

アンナ：はい。だから、祖母と母が(私の)両親[12]で、何かプラスアルファー
　で赤鬼のおじさんが家にいる、くらいで。ただ、父も色々お土産を買って
　くれるんで。「赤鬼さん」は「お土産を持って来るおじさん」になったわ
　けですが。

　そのような家族を、アンナさんは特別な家族とは思わなかったという。な
ぜか。

アンナ：自分の家庭のことを、子どもはそれが標準だと思うんだと思うん
　です。アングミちゃん、プレストンちゃんが引っ越した後っていうのは、
　周りにお家がなくて。交流もないですし。前が小学校で、上が、「Ａイン
　ター校」、およびその母体の修道院ですので、ほんと他の家のお子さんが
　違うってことがわからなかったです。
　　ただ、父が帰ってくると面倒でして。というのは、母は父と英語でしゃ
　べる。で、祖母は、日本語ですので会話に参加できない。で、父はものす
　ごくおしゃべりなんで、それを頷いて聞くだけで。母はちょっと言葉返す
　くらいで精一杯だと思うんです。だから、祖母と私がぽつねんとしていて。
　だから父が帰ってくると祖母の機嫌が悪くなって、気を使った母が胃を痛
　くするという。だから、なんかこう、いたたまれない感じっていうのは幼
　心にもあって。だから、父がいなくなると、女３人でほーっとする感じ。

2.5　母の仕事、学校選びと転校、フランス語との出会い

　母親の仕事ぶりについて、アンナさんは次のように言う。

アンナ：母はアトリエで絵を描くわけですけど、あのテレピン油の匂いがす
　るんで。アトリエのドアを開けていると、そういう匂いがして来て。で、
　その母が描いている姿を遠くから眺める、廊下の端から眺めて育ったとい
　う感じです。

12　「荒れる父に、祖母と母が協力してバリケードを張り、私の子供時代を平和なものにし
てくれた。祖母が母、母はいわば父親代わりで、幼い頃は自分が祖母の子だと思いこんで
いた」とアンナさんは回想する（荻野, 1998: 74）。

　私の小さい頃は、やはりその抽象画が大変ブームと言っていいような時代でしたので、母も忙しく、寝る時間もなく。（母が）閉じこもって絵を描いていると、小さな私がそのアトリエの扉をどんどんするらしいんです。で、それを聞こえないふりして描かなきゃいけないってのは、ずいぶん辛かったって後で聞きました。

　アンナさん自身は絵を描くことについて「絵を描くの大好きでしたし、昔は、あのチョークじゃなくて蝋石という、あれで、庭のコンクリートの部分に色んな絵を描いて」と語った。

　前述のように、アンナさんが小学校に入学する時、両親は、父親の言うアメリカンスクールか母親の言う日本の学校かで揉めた。ここには英語で学ぶか日本語で学ぶかの選択が絡む。結局、母親の強い意向で、アンナさんはカトリックの私立 B 校に入学したが、中学校の時、家庭の事情で、その学校からプロテスタントの私立 C 校へ転校した。厳しい規律を重視する前の学校から和やかで自由な校風の学校への転校は、アンナさんにとって「一つの分かれ道」であり、「カルチャーショック」だったと振り返る。つまり、転校した学校では、面白いことを面白いと自由に語らい、笑うことが「良いこと」として捉えられた。

　中学生の頃、アンナさんの興味が拡大していく。「ただ中学に入るころから、絵を自分が描くよりも、そういう、画集を読んだり、絵について書いてあるものに興味が移りまして。そこから、中学から文字の世界に移行しました」と語る。

　アンナさんは高校生になると、さらに読む世界が広がった。

アンナ：はい。ラブレーの部分訳とも出会いますし。ですから、高校三年の春休みに、渡辺一夫訳のラブレーが全て揃って。全訳出揃ったんで[13]。大学に入る頃には、その、「ラブレー、読むんだ」ってことは自分の中で決めてました。

13　フランソワ・ラブレー著、渡辺一夫訳『ガルガンチュワとパンタグリュエル』全 5 巻（第 1 之書〜第 5 之書，1943 〜 1965）白水社。

川上：それは、やっぱりお父様と関係あるんでしょうかね。

アンナ：全くないです。私立 B 校に居たら、フランス語ちょっとやるんで
　すけども、私立 C 校に移ったんで、フランス語も結局大学から勉強しま
　した。

　アンナさんは慶應義塾大学文学部へ進学する。文学に自分がどう関わって
いくかという具体的なイメージはまだ持てていなかったが、大学でフランス
語を勉強していくことになったという。
　そのフランス語について、アンナさんは次のように言う。

アンナ：父とのしがらみがない分、というか、ほんとは父もフランス人でも
　あるわけですけども、家庭の父は英語でしたから。だから、フランス語は
　すごく新鮮で、先入観なく楽しくできました。(中略)
　　大学の時から、フランス語を学び始めたことで、父とフランス語で話
　すっていうことも可能になってきて。しかし、最初、お互いに「vous」で
　呼び合っていたんです。家族同士だと、「tu」、「君・お前」を使うのに、
　「あなた」に当たる丁寧な「vous」を使って、少ない会話をしていて。で、
　いつの頃からか、さすがに「tu」になりましたけど、いかに親子として最
　初よそよそしかったか、という。父親が娘に「vous」なんて呼ばれたら、
　もうショックで泣いちゃいますね、普通なら [14]。

　父親はアンナさんがフランス語を勉強することをどう思っていたのか。

アンナ：それは、喜んでいました。

川上：そうすると、英語を交えたり、フランス語を交えたりして…

アンナ：日本語単語が混じったり。だから、「*He is very* ケチンボー」みた
　いな。

川上：それは、お互いに気持ちよかったのでしょうか。

14　『ホラ吹きアンリの冒険』(荻野, 2001) の第七章で、米国で会った伯母とフランス語で
話し打ち解けるシーンに同様の人称代名詞の変化の記述がある。

アンナ：気持ちいいっていうよりも、もう、おそらくうちが言語をそんなに
　大切にしない家庭なんだと思います。母は、それこそ言葉で表せないこと
　を絵で描くわけですし。父は日本語勉強しないし。それは、ただ単に語学
　ができないっていうだけじゃなくて、少し下に見る気持ちはあったんだろ
　うと思います。

　　それで、もう全員、ほんとに変なピジンですよね、ほんとにうちの独特
　のピジンがあって、それを喋っていたっていう。

2.6　父のことを書く

アンナ：あの、父は最初のガールフレンドが、パプア・ニューギニアの、
　ニューアイルランド島の「ハンナさん」という女性で。ドイツ人とのハー
　フで。

　　酋長の娘じゃないですけど、姪で。私、父の一代記を小説として書くこ
　とで、それまでの父の人生っていうのを追体験してきたんですけども[15]。
　そうすると、（父親は）太平洋が大好きで、太平洋の島文化が好きで。で
　すから、いろんな所に、レアなとこも行ってますし。で、お仕事も、ココ
　ヤシの油脂をアメリカに運ぶわけで。だから太平洋の島々っていうのは、
　重要な仕事場だったわけで。

　　で、その島々の文化が好きで。日本にもそういう太平洋の島としての文
　化がある上に、それがフランス人好みに洗練されていた。あの西洋人にも
　魅力的な部分と、それからエキゾチックな部分とか両方あったんで、おそ
　らく日本の女性を選んだと思います。

　父親のことを小説に書くとは、どういうことなのか。

アンナ：小説を書きながら何を追求していったかっていうと、例えば、その
　父の一代記っていうのは、自分の中で不在の父親を創造していく過程で

15　『ホラ吹きアンリの冒険』（荻野，2001）の第八章、第九章に父親の女性遍歴に関連する
　描写がある。

あったと、今にして思います。

その「過程」では、どのようなことが起こるのか。

アンナ：（小説を）書くことによって、やはり、色々な、自分の中の認められない部分とか、ゆがんだ部分というのを、書くことで認識するという行為になりました。

川上：そうすると、それは、ある意味で過去を振り返っていくような、検証していくような作業なんですか。

アンナ：そうですね。父の一代記は完全にそうで。やはり、父が私の中のタブーでしたんで。で、一方的に否定される存在で。それに対して母っていうのはほんとに完璧主義で。だから極端なんです。父と母を（足して）2で割ればいいんですけど、母は絵画の道に邁進しながら、家事も完璧にこなすという。私は整理ができない、すぐ汚い部屋にしちゃう人間なんです。母はきちっとしてて。要するに、完璧な母にすがることで、自分を認めてもらう[16]。

　要するに、自分の中に半分は母の血、つまりプラスの血があるけれども、もう半分はマイナスの血、父の血で。で、それをひたすら否定、父の血を否定することによって、自分のアイデンティティを保ってました。で、大人になってくると、やはりそこから、無意識のうちに何か新しい座標軸を作らないといけないということになっていきますし。

　アンナさんは自分の中にある「父親的な部分」を母親に認めてほしいと思うが、母親はそれを完璧に理解できない。母親は、「お父さんの子やない。100％私の子や」と言う。

　小説『半死半生』（荻野，1996a）に次のような一節がある。主人公の無理子が母親と言い合う場面。傍に半死半生のゾンビ状態の父親の無藤がいる。

16　「母の犠牲に応えることが、私の人生だった。渾身の「よい子」を演じつつ、穏やかに窒息しつつあった。よい子と自分らしさを両立させる、ぎりぎりの妥協が留学であった。」（荻野，2003: 28）

　「アレの子に生まれた私の気持ちが分かる？　アレをアレと呼ぶたび
に、私は思い知るのよ。半分は死人の子だって」
　「何を言うんだい。おまえはアレの子なんかじゃない、あちしの子だ
よ。シャクパーセント、あちしの子。あちしはそう思って育ててきたん
だよ」

（荻野，1996a: 173）

アンナ：もう。「聖母マリアの処女懐胎じゃないんだから」って言うんです
　けど。おそらく実在の聖母マリアよりもよほど、誰の助けも借りずに産ん
　だ感は（母親には）あったんだと思います。全否定で。うちは代々、母子
　密着でして。祖母と母も非常に関係性が近すぎて。
　　私が生まれる前に亡くなった祖父っていうのは、やはり子どもに興味
　のない人で。ですから、母にとっては祖母との関係性だけで十分なんで。
　「父親が不在なのは当たり前なんだから。この子はなんておかしなことを
　言うんだろう」ぐらいの勢いですね。

2.7　母の反応、父へのインタビュー、そして介護

　アンナさんが大人になってからもう一つの新しい座標軸を模索していく
ことと、小説を書くことは関係があるのだろうか。アンナさんは1989年に
発表した最初の小説から連続で芥川賞候補作品を書き、『背負い水』（荻野，
1991）で芥川賞を受賞した。

アンナ：小説を書きだして、同時にある男性とお付き合いして、それで、反
　対する母親とものすごく揉めまして。で、それが、芥川賞を取った『背負
　い水』という作品なんです。
　　そこで初めて母親から、猛烈に拒否される体験がありまして。それま
　でというのは、芸術のことを話せるっていうのは母しかいなかったんで
　すね。で、母の直感っていうのは、私、ものすごく信じていましたんで。
　「ことばの人」だったら、直感をただ、直感の結果だけを伝えるんじゃな
　くて、「こういう背景があって」とか、「こういうプロセスがあって」って
　の言えたと思うんですけど。母は「ことばの人」じゃないんで。結果だけ

パンッと言うんですね。

　ある時、雑誌に掲載された『背負い水』を読んだ母が、朝、正座をして。「この作品は不潔だ」と[17]。「お前はあの人と付き合っていると、どんどん不潔なものを書くであろう」って言われちゃって。もうどうしましょと思って。ただ、そこでその人と別れなかったことで、親離れの第一章が完結しました。

川上：作品を書かれていく中で、やっぱりさっきおっしゃったお父様のこととか、過去のご自身の思い出や記憶とか体験したものが、素材として入ってくるものなんですか。

アンナ：私の場合は結果的にそうですね。（中略）昔『半死半生』っていう小説を書いたことがありまして。まさに半死半生の、ゾンビ状態になった男と、その娘の話で。最終的な和解が作品の中にあるんです。やはり、現実の父を全否定してきた中で、その父性的なものに対するあこがれもあったんだなと、今になって思いますね。

その『半死半生』の第六章に次のような一節がある。

　　無理子は動悸も涙も鼻水も、抑えることが出来ずに、体中の水分が涸れるまで、泣きつづけた。「おとうさん」と際限なく繰り返しながら。生まれて初めて無藤のことを、「おとうさん」と呼んでいることに、気付きもせずに。

（荻野，1996a: 212）

アンナ：だから、小説で『ホラ吹きアンリの冒険』っていうんですけど。それで、父の生まれる前からの家の歴史を聞きまして。毎月毎月、父にインタビューしまして。で、父もしゃべるの大好きだから、ちょうどお互いに良かったんですよね。だからそうすることで、父を一生懸命、作り直していた、自分の中で作り直して。更にその父の介護、晩年の父の介護をする

17　「「不潔」のひとことが杭となり胸に打ち込まれた。ほどなく作品が芥川賞を受賞した。胸の杭はびくともしなかった。」（荻野，2003: 29）

ことで、ようやく親子関係が成立したっていう感じです。

アンナさんが父親にインタビューをしていたのは、フランス文学者とし
て教鞭をとっていた40歳頃という。父親へのインタビューでは、フランス
語、英語が「混ざったりして」いたという。

アンナさんにとって、フランス語や英語、日本語とはどんな距離感がある
のだろうか。

アンナ：そうですね。まあ専門（は）フランス文学なんで、フランス語って
　　いうのは、「自己表現のひとつ」って言っちゃうと、日本語で書いてる人
　　間なんですけど、フランス語っていうのは自分の専門なんで、切り離せな
　　い言語です。ただ、英語は、もう父も亡くなって落ち着いてるから、あ
　　の、もう一回やりたいなと思っています。

「落ち着いている」というのは、父親との「しがらみが切れているので。
英語に触れても、完全否定していたあの赤鬼さんが蘇ってくることはもうな
い」からと説明する。ただ、英語と父親はつながっているとも言う。アンナ
さんは父親の介護にも深く関わっていた。

アンナ：父の介護っていうのがわりと早くに、介護っていうか看病ですね。
　　まずは看病から始まって。で、手術をすると言うと、同意書にサインしな
　　きゃいけないわけで。医学用語とか、うちのような来歴では医学用語なん
　　てわからないんですよ。ですから、当時電子辞書（が）ないんで、病院に
　　英和辞典と和英辞典持って通いました。例えば、「*total anesthesia*」と。病
　　名から状況から全部説明しなきゃならなくて。
　　　母はその頃、腰を既に悪くしてたんで、そこら辺から私が父の面倒を見
　　るようになって。そういうときの英語って強いですよね。語彙が無かろう
　　が、無茶苦茶であろうが、通じさせないと。命の問題なので。

2.8 国際結婚、他者のまなざしと自己

アンナ：国際的な家庭とか国際結婚に対して私はすごく冷めた目を持ってま
　して。父の弟がアイリッシュの女性と結婚したんです。父の姉はフランス
　人であることを非常に鼻にかけてまして。で、「弟がアイリッシュと結婚
　する」って言って反対したんです。
　　アメリカの場合、アイリッシュって、ちょっとありますよね。ところが
　アイリッシュの嫁が来てみると、今度は父が日本人を嫁にするって。アイ
　リッシュの嫁に、姉は、「あんたは日本人の親戚は持ちたいか」みたいに
　言ったっていうんですね[18]。それをそのアイリッシュの嫁が、アメリカに
　来た（私の）母に教えてくれたそうです。
　　アメリカの家族はそんなでしたし、じゃあ、日本はどうかっていうと、
　こちらも大反対で。父が関西の母の実家を訪ねたときは、皆で、父の姿が
　近所に見えないように隠してたそうで。だから、国際結婚っていうのは、
　二種類の偏見がぶつかり合う現場だな、と。
川上：両方に色々あるんですよね。
アンナ：ありますね。ですから私、フランスに最初1年、博論で3年、都
　合4年いましたのに、全くフランス人と付き合わなかったです。ボーイ
　フレンドは日本人。で、やっぱりそれは、父のトラウマのせいだなと思い
　ます。

2.9 「ハーフ」の言説と自分

　インタビューの冒頭で、アンナさんから「ハーフ」という言葉が出てき
た。その「ハーフ」という言葉についてどのように感じるかを尋ねた。

アンナ：「ハーフ」も今、いろんな別の言い方ができたり。
川上：「ダブル」とか。
アンナ：ええ、「ダブル」とかね。別に何の考えもなく。私立C校の中三の
　時、友達と話していて。で、「アンナって「ハンケトウ」（半毛唐）だから

18　『ホラ吹きアンリの冒険』（荻野，2001）の第六章に関連する描写がある。

さ」って友達が言って。

川上：嫌な言い方ですね。

アンナ：私には非常にうけたんですよ。

川上：あ、うけた？

アンナ：ほんとになんか偏見が無いお友達同士だから、かえって言えるんです。「ハンケトウだからさ」って。ところがその言葉を自分の母親に言ったら、その子はものすごく怒られ…。（中略）

でも私、ひそかに「ハンケトウ」っていうの気に入ってるんですけど。本には載せられない「××」になっちゃうかもしれないですけど。未だに年を取るにしたがって余計に外見が父に似てきまして[19]。（中略）タクシーに乗って行き先を言っただけで、「日本語お上手ですね」って言われて。

川上：今でも言われるんですか？

アンナ：バリバリ言われます。で、そうするとちょっと、あの…うん、「ニホンゴ、ムズカシデース」なんて。「カンジモムズカシデース」って言ったりして一応ご要望に応えるんですけどね[20]。

私の場合、英語バージョンとフランス語バージョンがあって。フランス語版は鼻母音を効かせます。あのフランソワーズ・モレシャンさんみたいなのやったり。

そのようなタクシーの体験を、アンナさんはどう思うのか。違和感はないのか。

アンナ：いや、別に。普通です。ただ、「日本語お上手ですね」って言われたときに、「ムズカシデース」って返すか、それとも「はあ」みたいになるかで、自分のテンションがわかります。テンションが高いときは、悪ノリするんですけど、テンション低いともう、「また言わなきゃなんないの？」みたいな。（私は）日本生まれ、日本育ちなんです。「何年前から日

---

19 「母親の場合は夫がガイジン。娘は夫と容貌が瓜二つときている。」（荻野，2003: 28）

20 川上編（2010）の8章「移動する子ども⑧名古屋で育ち、アラビア語を話さなくなったフィフィ」で、フィフィさんが同様の経験を語っている。

本に」なんて聞かないでね。

2.10 どこにいても、異邦人

最後に、大学で教えていて、幼少期より複数言語環境で成長した学生から
相談されたりするのかを尋ねた。するとアンナさんは、相談はされないが、
「なんか、そういう文化のはざまで揺れた人が寄ってきやすい雰囲気が自分
にはあるんだろうなと思います」と語る。そして、もし相談されたらアドバ
イスするより、「自分ちのこと話しますね、きっと。」と言う。

アンナ：それこそもう、アイデンティティ・クライシスをずーっと、もう思
　春期になって以来、ごく最近まで、それにどう対処するか、手探りで来た
　もんですから。学生の参考になるかはわかりませんが、そういう背中を見
　せています。ただ、うちの場合は「文化が違うから」っていうよりも、赤
　鬼の父と完璧な母みたいな。それがちょうど文化の違いと重なっているわ
　けで。あの父と母の子であるってことに、落ち着くようになったのは、ほ
　んとに、最近なんです。

　　最初の芥川賞で認められた小説で、「不潔だ」（と母親は言った）。なぜ
　不潔だって言ったかっていうと、その付き合ってた彼が（新宿の）二丁目
　みたいなところに行くのが好きで、お友達にゲイの人がいて。（母親は）
　そういうのはもう、嫌だったみたいですね。でも「そういうのが嫌なの
　よ」って言えばいいのに、「お前の作品、この作品は不潔である」とか言
　われて、その時が一番危なかったですね。自分が、粉々になりました。
　で、いったん粉々になってから修復して、書く作業を通して修復して。

　　で、バイリンガルであるはずなのに、バイリンガルじゃない自分ってい
　うのも、普通に認められるようになって。それまでっていうのは、母に文
　句言ったこともあります。「この顔で日本に居るのに英語ができないと困
　るとか思わなかった？」っていったら、（母親が）んーってしばらく考え
　て、「思わなかった」って言うんです。だから父も母もそういう点では破
　天荒といいますか。ハーフなんだから、英語もできるようにして、取り繕
　おうみたいな考えが全くなかったです。

　　だから私も中一から ABC 学んで。学校の先生とかにきっと内心（この

子は）「何なんだろう」と思われていたと思いますけどね。

川上：他から見たら英語ができて当然のように見られている。でも英語は ABC から学んだっていう、そこのギャップっていうのはやっぱり中学生くらいで意識されるんですか。

アンナ：中学の時、不思議とそれは感じなかったんです。だから後になって「日本語お上手ですね」って言われる段階から。

川上：ああ、それは大人になってからですか。

アンナ：大学くらいからですね。つまり東京に出てみると。横浜ってもうそういう人多いですから。

川上：なるほど。環境って大きいですね。

アンナ：大きいですね。だから、アメリカンスクールは行かなかったけど、アメリカンスクールが合計三つあった地域なんですよね。そのうち一つはもう無くなりましたけど。

川上：だから、外見から見られた他者のまなざしに対しての意識っていうのは、やはり長く続くんですね。

アンナ：そうですね。私、恐らく一生「日本語お上手ですね」と言われ続けるだろうな、と思いますけども。でも、そういうことがあるから面白がれるっていうんでしょうか。色々、偽の自分を演出できますんで。

　さらに、どこにいても、異邦人なんです。日本だと外国人に見られるし、じゃ、フランスでフランス人に見られるかっていうとそうでもないんです。で、アメリカへ行って、私の英語を（聞いた）現地の人に、一度、東欧系のアクセントがあるって言われたこともあって。

　見事にどこに行ってもエトランジェで。それが面白いっていうんでしょうか。やっぱり物を書く人間にとっては、それはとても面白い状況なんで。余裕のある時は楽しめますし。余裕がない時はちょっと、ウザったいという。

3.　考察 —— アンナさんの語りから見えるもの

　以上のアンナさんの語りには、幼少期からの多様な経験と記憶が詰まっている。そしてその経験と記憶がアンナさんの文学世界を理解する上で欠かせ

ない要素であることがわかる。以下、この語りをもとに、作家としてのアンナさんの文学世界の特徴と現代性を考察するとともに、現代に生きる人々の「移動とことば」の意味を探究してみよう。

3.1 「移動する家族」の系譜

　アンナさんのライフストーリー・インタビューで最も大きなウェイトを占めたのは、自身のサクセス・ストーリーではなく、両親のことであった。アンナさんの成長期やその後の人生の歩み、文学作品に関する語りにも、両親の影響が色濃く反映されていた。子どもが親から影響を受けるのは自然なことであろう。しかし、アンナさんの人と作品を理解する上で重要なのは、単なる親の影響ではなく、家族の「移動とことば」の諸相である。では、具体的に、その点を見てみよう。

　アンナさんの家族は、母親のキヌコ[21]と父親のアンリが「国際結婚」してできた家族であった。母親は明石の田舎町から神戸、横浜と移り住み、さらにアンリと結婚して欧州で数年過ごし、再び帰国すると画風が具象画から抽象画へ変化したように、アンナさんが生まれるまで移動の軌跡を見ることができる。父親は7つの海を渡る船長で年中移動していた。さらに家系を遡ると、父方の親族は国際移動を経験した人が多い上、複数言語環境で暮らしていた[22]。

　父親アンリも、9歳の時にフランスから米国へ移動した。フランス語で教育を受けていたフランスから英語で教育を受ける米国へ移動した。米国ではフレンチ・コミュニティで暮らしたが、そこに住む母方の親族のフランス語は怪しいものであった。このように、父親アンリの家族も「移動する家族」であり、自身も、「移動する子ども」（川上編，2010）であった。

　つまり、アンナさんの家族はアンナさんが生まれる以前から、両親、また父方の系譜も含めて、「移動する家族」だったのである。その家族に関する

21　江見絹子（本名は荻野絹子）だが、『ホラ吹きアンリの冒険』（荻野，2001）に倣い「キヌコ」と表記する。

22　インタビューでも父方の出自が述べられていたが、それらは『ホラ吹きアンリの冒険』（荻野，2001）の内容と一致する。この作品は「小説」であるが、そこには「事実」も含まれていると考えられる。

アンナさんの語りには、後述する「移動する家族」ゆえの特徴が随所に感じられる。

3.2 移動の諸相

次に、「移動する子ども」「移動する家族」とみるときの「移動」について考えてみたい。アンナさんは、インタビューの冒頭で「現住所と同じ、横浜の山手で生まれまして」と答えた。つまり、一ヶ所に「定住」してきたということである。しかし、ここで考えたいのは、そのような「定住」概念の対概念としての「移動」ではなく、幼少期のアンナさんの生活世界[23] そのものである。

例えば、母親のキヌコは、横浜に住み仕事上のやりとりは標準語であったかもしれないが、ふだんの家庭内会話では明石の関西方言を使用していたと思われる。アンナさんは、その母親をモデルに、関西方言を使用する「お母ん」と呼ばれる「母親」を主人公にした最初の小説を発表した。また、その後の作品でも度々関西方言を使用し、独自の物語世界を構築している。つまり、アンナさんには、自身が横浜で生まれ育った時期に、母親、祖母の関西方言に晒されてきた経験があるのである。それは、ドメスティックな意味で複数言語環境と言っていいだろう。

さらに、アンナさんを含む、そのような「横浜定住家族」に、赤鬼と呼ばれる父親アンリが突然「来訪神」のように到来し、標準語とも関西方言とも異なるフランス語訛りの英語を使用しながら共同生活をすることになる。「横浜定住家族」に暮らす少女アンナの成長期の身体に外部からもたらされる多様多質な移動の経験が沈殿していく。つまり、アンナさんは定住と移動といった単純な二分法的に捉えられない、定住と移動が一体となる動態的な生活世界に暮らしてきたのである。その意味で、アンナさん自身も幼少期より複数言語環境で成長する「移動する子ども」だったといえるのではないか。

このように考えると、アンナさんの「移動する子ども」という経験と記憶は、「定住と移動」あるいは「定住する人々と移動する人々」といった二分法的な世界観で捉えられないばかりか、これまでの「定住」「移動」概念を

---

23 ここでいう「生活世界」は当事者が生きている主観的な認識の世界である。

無力化してしまう。むしろ、定住と移動が一体となる動態的な世界に暮らし
てきた経験と記憶がアンナさんの「移動する子ども」という経験と記憶の特
徴であり、それがアンナさんの人格形成に影響し、作家としての力量や発想
に繋がったと考えられるのではないだろうか。

　この点を、さらに他の視点から考察してみよう。

3.3　ことばと移動と身体性

　アンナさんの語りに母親キヌコ、父親アンリのことが繰り返し出現してい
た。アンナさんは祖母、母親、娘という女家族の中で成長した時間が長かっ
たように見えるが、父親アンリとそれに反応する母親の言動に晒されて成長
したという意味で、アンナさんは母親とも距離があり、父親とも距離をもっ
て成長した。しかし、やがてその経験が周りと異なることにも気づいていく。
初期の作品「うちのお母んがお茶を飲む」（荻野，1989: 114）に「今のわた
しが誰なのか、どんなヤツなのか、肝心のわたしにはわからない。だから思
い出のなかのわたしをしっかりと抱きしめる」という主人公の言葉がある。

　このようなアンナさんの思いは必ずしも母親キヌコには理解されない。母
親に理解されない部分の一つにアンナさんの身体性[24]がある。その身体性は
アンナさんの語りにあった「ハーフ」に関わる深い思いに連なる。インタ
ビューの中でも、アンナさんが母親に「この顔で日本に居るのに英語ができ
ないと困るとか思わなかった？」って言っても母親は「思わなかった」と言
うだけであったと語っていた。小説『半死半生』（荻野，1996a）では、主人
公の無理子が言う。

　　「あたし、死人の子なのよ。半分、死んでるのよ。まわりはみんな百
　パーセント生きてるか、そうじゃなきゃくたばってるわ。あたし一人、
　どっちつかずのハーフなんだから。どう思う？　どうしてくれる？　ど
　んな惨めだか、わかる？」

（荻野，1996a: 144）

24　アンナさんは自身の鼻を含む父系の親族の特徴を「ガイヤール鼻」と呼ぶ。『ホラ吹き
アンリの冒険』（荻野，2001）の「第六章　四つの鼻の物語」「第七章　四つの鼻、七つの海」
に関連の記述がある。

　このような思いと家庭内の言語生活は関連しているのであろうか。インタビューで、アンナさんは「もう全員、ほんとに変なピジンですよね、ほんとにうちの独特のピジンがあって、それを喋っていた」と語った。また、複数言語について、次のように語っていた。

アンナ：英語が一番遠いですね。なんか日本語があって、フランス語があって、それからちょっと間が空いて英語っていう感じです。日本語が完全に母語なんで、日本語が母語であるし、表現手段で。その次にフランス語で博士論文を書いたり、たまに学会で発表したりってことはやっぱりフランス語なわけで。それから、ちょっと間が空いて英語っていう感じです。

　小説『半死半生』の第二章に黒人男性のピエールが突然ハイチから訪ねてくるシーンがある。「フランス語ともアフリカ語ともつかないもの」というクレオール語の成り立ちを解説しながら、次のようなピエールの会話を記述する。

　「わたす、très très 困てる。無藤サのこと、こんな書かれる、mais 違う」

さらに、

　「無藤、waruï-waruï ！　ゾンビ、したたかない、non, je veux dire しかたかない、したかたない？　しかたがない、C'est ça? ゾンビ・カダーヴル、C'est moi qui ai fait. Comprenez?」

（荻野，1996a: 79）

と続く。アンナさんの家庭内言語生活を彷彿とさせる一節である。
　複数言語環境で成長する「移動する子ども」という経験と記憶はアンナさんの中で発酵し、独自の小説世界へと昇華していくように見える。では、次に「移動する子ども」という経験と記憶がなぜ小説世界へ昇華するのかについて、考えてみよう。

4. 「移動する子ども」と文学

　アンナさんはインタビューの中で、「小説を書きながら何を追求していったかっていうと、例えば、その父の一代記っていうのは、自分の中で不在の父親を創造していく過程」と述べた。また小説を書くとは、「自分の中の認められない部分とか、ゆがんだ部分というのを、書くことで認識するという行為」とも述べた。

　さらに、小説を書く際に、父親のことや過去の思い出、経験や記憶が素材となるのかという私の質問に対して、アンナさんは「私の場合は結果的にそうですね」と明快に回答した。そして、小説『半死半生』（荻野，1996a）を例に、「ゾンビ状態になった男と、その娘の話で。最終的な和解が作品の中にあるんです。やはり、現実の父を全否定してきた中で、その父性的なものに対するあこがれもあったんだなと、今になって思いますね」と答えた。

　また、小説を書くとは「ある意味で過去を振り返っていくような、検証していくような作業」かという私の問いに、アンナさんは「そうですね」と肯定的に答えた。実際、アンナさんは「駆け出しの時期に、母のこと、彼のことを変形させて小説を書いた」（荻野，2003: 28）と述べている。その初期の好例が芥川賞を受賞した『背負い水』（荻野，1991）であろう。

　インタビューからわかるように、アンナさんの作家人生において父母の存在は極めて大きい。『背負い水』の登場人物である、わたし、父、母の設定やその家族の関係性の設定には、アンナさん自身や家族とつながる要素が多く見られる。実生活においてもアンナさんと母親との関係性は、「移動する子ども」だった父親アンリとの関係性を抜きに考えられない。そのような父親からもたらされる、母親とは異なる性質や感覚がアンナさんを「移動する子ども」と化していった。この小説の最後に出てくる、ジュリーとの「とりかへばや遊び」のシーンで、「わたしは同時に母の体内でたゆたう胎児であり、棺桶の闇で腐敗していく死体であった」（荻野，1991: 85）と主人公は言う。これは、アンナさん自身の経験や境遇、家族との関係性から生まれる「自己の存在についての不安定感と浮遊感」を表していると私は思う。

　この「不安定感と浮遊感」は、アンナさんの初期の作品「うちのお母んがお茶を飲む」（荻野，1989）で、異国で暮らす主人公の「一人の異邦人は

完璧な千鳥足で、その頭上には硬質の青空がひろがっていた」（荻野，1989:
117）と述べるシーンの心情にも繋がっており、その「不安定感と浮遊感」
は、その後発表された小説『半死半生』（荻野，1996a）に引き続き反映され
ている。

　『半死半生』（荻野，1996a）には、月刊誌『野生時代』に掲載された小説
21編がまとめられている。半死半生のゾンビ状態の無藤と妻、そして娘無
理子、ミトコンドリア、ピエール、琵琶法師、解剖学教室の教授、助手、
鯨、さらには「野生時代」の編集長や著者自身など多様な登場人物が出てき
て、「第一章の表」「第一章の裏側」「第二章の表」「第二章の裏」「第二章の
裏の裏」「第二章の裏の裏の裏」といった複層的な構造と視点の中で、非日
常的な、あるいは猟奇的な世界がユーモアと駄洒落を駆使してファンタジッ
クに描かれていく内容である。アンナさんの想像力・創造力が破裂しそうな
ほど発揮された傑作である。

　この小説世界の複層的な構造と視点は、「移動する子ども」の経験と記憶
を持つ作家、サルバドール・プラセンシアのデビュー作品『紙の民』のそれ
らと共通する点であると私は思う。宮原昭夫は『背負い水』を評して、「小
説が同時に小説論になっている」「フィクション考、とでも言うべき小説論」
（宮原，1994: 256）と述べたが、この小説はアンナさんが小説論を論じたく
て書いたわけではなく、「移動する子ども」という経験と記憶から生まれた
想像力・創造力を発揮して書いた結果と見るべきであろう。

　さらに、アンナさんが「私もそうだったが、女の四十歳は、出産の最後
の可能性も含めて、前半生を振り返る契機になる」（荻野，2003: 27）と述
べ、取り組んだのが「移動する子ども」の父親の経験と記憶を探究する作
業であった[25]。その結果、生まれたのが小説『ホラ吹きアンリの冒険』（荻野，
2001）であった。その作業は、40歳代の自分探し、自分との向き合い方の
探究、そして母親や父親との関係性を回復する作業でもあっただろう。

　インタビューの中でも、「国際結婚っていうのは、二種類の偏見がぶつか
り合う現場」という語りや、父親の介護に見られた「家族のピジン語」が関

25　40歳代の「移動する子ども」の女性の作品としては、台湾人の父親の軌跡を追った一
青妙のエッセイ『私の箱子（チャンズ）』や、台湾人の母親を自分の「恥部」と表現する温又柔の小説
『魯肉飯（ロバプン）のさえずり』がある。

係性を維持したこと、互いの複言語複文化能力が相互に支える世界を生み出していたことなどが語られた。『ホラ吹きアンリの冒険』の執筆も、家族を流動化、動態化、複合化していく「移動する時代」の流れに抗い、当事者が安定や納得を求める作業に見える。

　小山鉄郎はこの小説について「「無心」の根源的力を追い求めて」と題した「書評」を書いている（小山，2001）。「無心」の根源的力とは、3歳の時に父を失ったアンリの心に潜む「三歳児」の持つ、「まだ人が近代人になる前の揺るぎない力」であるという（小山，2001: 236）。

　この小説の中で、アンナさんは中年になった父親を、「アメリカ訛のフランス語を話す小柄な紳士」（荻野，2001: 116）と描く。その、父親への愛おしさは作品の最後のシーンまで貫かれている。小説の最後に、アンナさんは、父親の軌跡を辿り南太平洋の島々をボート船で巡った際、「生きて陸を踏めればすべてを投げ出す」心境になり、生涯のほとんどを海で過ごした父親を近く感じることになったと語る。そして、揺れるボートから降りると、背後から父親アンリの声が聞こえ、振り返ると、アンリが子どもの顔で笑う。アンナさんも子どもの顔になる。この小説のラストシーンについて、小山（2001）はアンナさんが「「無心」の根源的力」を追い求めたと述べたが、果たしてそうだろうか。

　アンナさんが、「アンリが子どもの顔で笑う」映像に、幼少期から複数言語環境で成長した父親の「移動する子ども」という経験と記憶を感じ、同時に、アンナさん自身の中にもある「移動する子ども」という経験と記憶がシンクロナイズした感覚を実感したのではないかと思う。それは、アンナさん自身が無意識下に持つ不安定感と浮遊感を父親アンリの中に同様にあることに気づいた瞬間だっただろう。だからこそ、これまで否定してきた父親を初めて愛おしく思える心境になったのではないだろうか。

　アンナさんは自身を「どこに行ってもエトランジェ」と呼びながらも、それを楽しんでいると語る。「移動する子ども」という経験と記憶の根底にある、「移動する子ども」ゆえの感情・感覚・情念から生まれる不安、葛藤、哀しみを内包する不安定感と浮遊感という情念の世界を小説へ昇華する。その営みと力こそ、新たな想像力と創造力となり、小説の既成概念を打ち破る発想力と独自の物語世界を創り出す。

　「移動する時代」の現代社会にあって、「移動する子ども」という経験と記
憶を持つ作家が世界中で生まれてきているが、これらの作家に共通する特徴
は自らの「移動とことば」(川上・三宅・岩﨑編，2018) の経験と記憶であ
る。本章の冒頭で紹介したジュンパ・ラヒリ、ケン・リュウ、サルバドー
ル・プラセンシア、カズオ・イシグロ、一青妙、温又柔などの作品が生まれ
てくる背景に、「移動する時代」の現代性と「移動とことば」の経験と記憶
があり、そこから生じる不安定感と浮遊感をベースにした想像力・創造力が
新しい文学世界を構築していると言えるのではないだろうか。これこそが、
「地動説的研究」の視点 (川上，2018) から生まれる「移動する子ども」学
(川上，2021) のテーマへつながるだろうが、その点の考察は今後の課題と
したい。

参考文献

小川高義 (2000)「訳者あとがき」J. ラヒリ『停電の夜に』(pp. 320-327.) 新潮文庫
荻野アンナ (1989)「うちのお母んがお茶を飲む」『文學界』43(6), 108-130.
荻野アンナ (1991)『背負い水』文藝春秋
荻野アンナ (1996a)『半死半生』角川書店
荻野アンナ (1996b)「怒りのお母ん」池田理代子・淀川長治ほか『私の父、私の母
　　Part Ⅱ』(pp. 57-62.) 中央公論社
荻野アンナ (1998)「母の手のひら —— 画家江見絹子の歳月」『婦人之友』92(8), 70-76.
荻野アンナ (2001)『ホラ吹きアンリの冒険』文藝春秋
荻野アンナ (2003)「芸術的過保護の功罪 ——「私の人生を返せ」と責め続けたけれ
　　ど」『婦人公論』88(18), 26-29.
荻野アンナ (2007)『蟹と彼と私』集英社
温又柔 (2015)『台湾生まれ 日本語育ち』白水社
温又柔 (2020)『魯肉飯のさえずり』中央公論新社
川上郁雄 (2018)「なぜ「移動とことば」なのか」川上郁雄・三宅和子・岩﨑典子 (編)
　　『移動とことば』(pp. 1-14.) くろしお出版
川上郁雄 (2021)『「移動する子ども」学』くろしお出版
川上郁雄 (編) (2010)『私も「移動する子ども」だった —— 異なる言語の間で育った
　　子どもたちのライフストーリー』くろしお出版
川上郁雄・三宅和子・岩﨑典子 (編) (2018)『移動とことば』くろしお出版
小山鉄郎 (2001)「書評　荻野アンナ『ホラ吹きアンリの冒険』——「無心」の根源的
　　力を追い求めて」『文學界』55(4), 234-236.
一青妙 (2012)『私の箱子』講談社

藤井光（2011）「訳者あとがき」S. プラセンシア『紙の民』(pp. 281-284.) 白水社

プラセンシア，S.（2011）『紙の民』(藤井光訳) 白水社

古沢嘉通（2017）「編・訳者あとがき」K. リュウ『紙の動物園』(pp. 255-263.) ハヤカワ文庫

宮原昭夫（1994）「解説」荻野アンナ『背負い水』(pp. 254-262.) 文春文庫

ラヒリ，J.（2003）『停電の夜に』(小川高義訳) 新潮文庫

リュウ，K.（2017）『紙の動物園』(古沢嘉通訳) ハヤカワ文庫

Elliot, A., & Urry, J. (2010). *Mobile Lives*. London, UK: Routledge. ［エリオット，A.・アーリ，J.（2016）『モバイル・ライブズ――「移動」が社会を変える』(遠藤英樹監訳) ミネルヴァ書房］

あとがき

〈個〉の「移動」が照らしだす社会とことば

　『移動とことば2』は、多様な「移動」を経験した研究者がモバイル・ラ
イブズを生きる現代のすべての人たちと未来の子どもたちに向けて書いた
「論考集」であり、「語りの束」でもある。ここで描かれている様々な〈個〉
の物語が、読者の中にもある多様な「移動」を発見し、振り返り、そしてそ
れらがいかに現代的な問題を照らしだしているかを認識し、今後の探究に繋
げていく…これが本書に込められた編者の願いである。

　前著『移動とことば』(2018) は主に言語教育に携わる執筆者の論考が編
まれた。しかし私たちが探究したテーマは決して言語教育に限った議論では
なかった。そこで、2018 年の晩秋から続編の構想を考え始めた。「移動とこ
とば」を語るには、言語教育だけではなく、人類学、社会学、歴史学、心理
学、文学などに視野を広げ議論を深めようと考え、様々な専門領域からゲス
トを選び、依頼して研究発表をしていただく形で、2020 年から研究会を再
開することにした。しかし実際に対面で研究会ができたのは 2020 年 2 月の
第 1 回目の研究会だけだった。その後は新型コロナウイルスの影響を考え、
オンライン形式でゲストと編者との小さなサロンのような集まりをもち、定
期的にじっくり話し合うことにした。本の形になるまで長い時間を要した
が、編者間、執筆者間で対面で会うこともほとんどなく刊行にこぎつけたこ
とは感慨深い。

　現代の社会とことばを考える上で「移動」の視点が必要不可欠であること
を示し、研究のうねりを醸成するというもくろみは、前著から私たちが一貫
して考えていた点である。本書の構想時からも、その冒険的、挑戦的な姿勢
を貫くということを鮮明に意識しながら、既存の学問体系や研究方法の枠組
みにとらわれない新しい発想とアプローチが必要であると考えた。本書で提

唱している「地動説的研究の視点」はその一つであり、編者間の共通理念として、いわば未踏の荒野を進む道しるべとした。

　本書は、その結果、「〈個〉に徹底してこだわりつつ研究としての完成度を追求する」ことを目指した。目次を一瞥してわかるように、オートエスノグラフィとそれに関連した手法で書かれているものが多い。それらは、執筆者が自分自身の経験を振り返り、分析し、そこから「移動」の意味を問うという作業の繰り返しで執筆された。インタビューや言語ポートレートで〈個〉に迫った章も同様に、その過程に深く寄り添って進んでいる。自己と向き合い、振り返り、反芻し、発見し、再認識し、再評価し、改めて眺めるという苦痛を伴う過程の中で、そこに潜む、流動的な現代に生きる人々の生を炙り出そうとした。この課題に執筆者はそれぞれのスタンスで向き合っている。

　ただし、本書の内容は、〈個〉の「問い」が個人の問題に収斂することを阻んでいる。読者は各章を読み進めながら、そこにある感覚、経験、表現をほかの章のどこかで読んだというデジャブのような感覚を味わうはずである。それぞれ物語は異なり、意味づけは個人のものであるにもかかわらず、である。主題をめぐって奏でられる変奏曲のように、各章が独自の音色や旋律を奏でながら、相互に関連し合い、響き合っている。ここでは、社会的存在である個人にとっての「意味」が、社会とことばを問う普遍性へ繋がっている。それこそが、本書が希求した〈個〉から見えてくる地平であった。

　今回もくろしお出版に大変お世話になった。担当の池上達昭さんは、的確なご助言と編者の希望を最大限に生かす仕事ぶりで完成を後押ししてくださった。

　前著のカバーデザインを手がけてくださった桂川潤さんが2021年に他界された。編者の思いを見事に形にしてくださった美しい装丁が忘れがたく心に残っていた。もう一度使わせていただけないかという不躾な打診を、ご家族は快く受け入れてくださった。感謝を込めて本書を墓前にささげ、心よりご冥福をお祈りしたい。

2022年 弥生
編者を代表して
三宅和子

＊本書の刊行経費の一部にJSPS科研費JP20K00735の助成を受けたことを記す。

執筆者一覧

岩﨑典子 (いわさき・のりこ)＊

南山大学人文学部日本文化学科・人間文化研究科言語科学専攻教授。Ph.D.（応用言語学）。専門は日本語教育、第二言語習得研究。主著に *The grammar of Japanese mimetics: Perspectives from structure, acquisition and translation*（共編著、Routledge）、*The Routledge intermediate-advanced Japanese reader: A genre-based approach to reading as a social practice*（共著、Routledge）、『移動とことば』（共編著、くろしお出版）など。

尾辻恵美 (おつじ・えみ)

シドニー工科大学人文社会学部准教授。Ph.D.（社会言語学）。専門は社会言語学、多言語主義、批判的応用言語学、市民性とことばの教育。Alastair Pennycook とともに、街における日常多言語活動（メトロリンガリズム）を提唱。主著に *Metrolingualism: Language in the city*（共著、Routledge）、『ともに生きるために』（共編、春風社）、論文に Metrolingualism in transitional Japan（*Routledge Handbook of Japanese Sociolinguistics*）など。

川上郁雄 (かわかみ・いくお)＊

早稲田大学大学院日本語教育研究科教授。博士（文学）。専門は日本語教育、文化人類学。主著に、『越境する家族—在日ベトナム系住民の生活世界』（明石書店）、『「移動する子ども」学』（くろしお出版）、『「移動する子どもたち」のことばの教育学』（くろしお出版）、『「移動する子ども」という記憶と力—ことばとアイデンティティ』（編著、くろしお出版）、『移動とことば』（共編著、くろしお出版）など。

川口幸大 (かわぐち・ゆきひろ)

東北大学大学院文学研究科教授。博士（文学）。専門は文化人類学。主著に『ようこそ文化人類学へ—異文化をフィールドワークする君たちに』（昭和堂）、『宗教性の人類学—近代の果てに、人はなにを願うのか』（共編著、法蔵館）、『中国の国内移動—内なる他者との邂逅』（共編著、京都大学学術出版会）など。

津川千加子 (つがわ・ちかこ)

独立研究者。東北大学大学院文学研究科博士前期課程修了。修士（文学）。専門は文化人類学。主なフィールドはグアテマラ。

辻 晶 (つじ・しょう)

東京大学ニューロインテリジェンス国際研究機構講師。ドイツのベルリン・フンボルト大学で心理学の修士号を取得した後、オランダのナイメーヘン・ラドバウド大学で博士号（心理言語学）を取得。その後、ペンシルベニア大学、ならびにエコール・ノルマル・シュペリウールで博士研究員を経て現職。2020 年、世界経済フォーラムにより世界の若手研究者 25 名に選出された。

半嶺まどか (はんみね・まどか)

名桜大学国際学群准教授。Ph.D.（教育学）。専門は、第二言語習得、言語政策、言語 教 授 法。主 論 文 に Educated Not to Speak Our Language: Language Attitudes and Newspeakerness in the Yaeyaman Language.（*Journal of Language, Identity and Education*, 20）, Framing Indigenous language acquisition from within: An experience in learning and teaching the Yaeyaman language.（*The Language Learning Journal*, 48）,「琉球諸語の教授法確立に向けて」（『琉球諸語と文化と未来』所収、岩波書店）など。

MARK Laura Sae Miyake ／**三宅ローラ冴** (みやけ・ろーらさえ)

サセックス大学言語センター上級講師。ロンドン大学キングスカレッジ博士課程。専門は談話分析、言語民族誌。「ハーフ」を自称する人々のアイデンティティ交渉やラベルづけを研究。主論文に We are hafugods: A case study of narrative co-constructions of mixed-Japanese identities and community-building on Instagram（King's College London）., Identity and interaction in second language acquisition: An investigation of Chinese learners' use of 'English' names（University of Hull）. [Unpublished Masters Manuscripts].

南誠／**梁雪江** (みなみ・まこと／りょう・せつこう；LIANG Xue Jiang)

長崎大学多文化社会学部准教授。博士（人間・環境学）。専門は歴史社会学と国際社会学。主著に、『中国帰国者をめぐる包摂と排除の歴史社会学』（明石書店）、『パスポート学』（共著、北海道大学出版会）、『マルチ・エスニック・ジャパニーズ：〇〇系日本人の変革力』（共著、明石書店）など。

三宅和子 (みやけ・かずこ) *

東洋大学名誉教授。博士（文学）。専門は社会言語学、日本語学、語用論。主著に『メディアとことば』1 巻、2 巻、4 巻（共編著、ひつじ書房）『日本語の対人関係把握と配慮言語行動』（ひつじ書房）、『「配慮」はどのように示されるか』（共編著、ひつじ書房）、『移動とことば』（共編著、くろしお出版）、『モビリティとことばをめぐる挑戦—社会言語学の新たな「移動」』（共編著、ひつじ書房）など。

リーペレス・ファビオ（LEE PEREZ Fabio）
東北大学大学院文学研究科助教。博士（文学）。専門は文化人類学。主著に、『ストレンジャーの人類学—移動の中に生きる人々のライフストーリー』（明石書店）。

＊は編者。所属は 2022 年 1 月現在。

移動とことば 2

発　行　　2022 年 3 月 30 日　初版第 1 刷発行

編　者　　川上郁雄・三宅和子・岩﨑典子

発行人　　岡野秀夫
発行所　　株式会社くろしお出版
　　　　　〒 102-0084　東京都千代田区二番町 4-3
　　　　　TEL: 03-6261-2867　FAX: 03-6261-2879
　　　　　URL: http://www.9640.jp　e-mail: kurosio@9640.jp

装丁原案　　桂川　潤
印刷所　　シナノ書籍印刷株式会社